REMERCIEMENTS

La rédaction de cet ouvrage a été sensiblement améliorée grâce aux conseils et commentaires de bon nombre de mes collègues universitaires :

— Pierre-Louis Dubois, professeur à l'Université de Montpellier, a relu et commenté l'ensemble de la troisième partie, consacrée à l'étude des décisions stratégiques, et le Chapitre 8 traitant de la gestion des produits.

— Alain Jolibert, professeur à l'École Supérieure des Affaires de l'Université de Grenoble II, a contribué à une meilleure approche du Chapitre 3, consacré au comportement du consommateur.

— Marie-Laure Gavard-Perret, maître de conférences à l'Université de Savoie, a relu et amélioré le Chapitre 10 consacré à la communication.

— Jean-Luc Giannelloni, maître de conférences à l'Université de Savoie, a contribué à une meilleure rédaction des Chapitres 1 (approche marketing) et 4 (études de marché), grâce à ses nombreuses remarques.

Enfin, je tiens à remercier Jean-Louis Malo, professeur à l'IAE de Poitiers, pour ses conseils et sa confiance, ainsi que Bernard Pras, professeur à l'Université de Paris-Dauphine, pour son soutien et ses encouragements constants depuis de nombreuses années.

AVANT-PROPOS

La collection Gestion propose des manuels clairs et synthétiques conformes aux programmes des universités et axés sur les « Connaissances, Mécanismes et Vocabulaire de Base ».

Indispensables pour aborder de nouvelles matières, et pour préparer les examens, les ouvrages de la collection s'attachent à exposer soigneusement les fondements de chaque discipline et comportent des définitions (cf. index, lexique ou lexique-index).

Ils s'adressent à tous les débutants en gestion :

— particulièrement en Premier Cycle Universitaire : DEUG, DEUST et DUT Droit, Sciences Économiques et Gestion.

— en Écoles Supérieures de Commerce.

— mais aussi en Second Cycle des Diplômes intégrant une formation à la gestion : en Lettres, Activités Physiques et Sportives, Médecine, Pharmacie, Sciences et Écoles d'Ingénieurs.

— et en formation initiale comme en formation permanente.

Table des matières

INTRODUCTION

Parmi les disciplines des sciences de gestion, le marketing est probablement l'une des branches les plus ambitieuses et les plus riches. L'ambition majeure du marketing est de démêler, puis de contrôler, le faisceau de liens qui relie le consommateur, le produit et l'entreprise. Cet objectif est particulièrement ambitieux, pour plusieurs raisons. Cela suppose tout d'abord que l'entreprise connaisse les mécanismes d'achat du consommateur ; puis que l'entreprise soit capable de présenter un produit conforme aux attentes des acheteurs, tout en tenant compte de ce que les concurrents proposent de leur côté.

Ces préoccupations multiples rendent parfois les frontières du marketing imprécises, voire ambiguës. La compréhension des mécanismes d'achat du consommateur conduit le marketing à pénétrer le domaine des sciences humaines. La volonté d'offrir un produit supérieur à ceux des concurrents amène le marketing à orienter la conception et la fabrication du produit, tout en fixant un prix de vente compatible avec la rentabilité de l'entreprise. Encore faut-il acheminer le produit jusqu'au consommateur, en utilisant au mieux les arcanes des différents réseaux de distribution, et en annonçant clairement au consommateur les qualités du produit. Ces échanges s'établissent généralement dans un climat de compétition et d'incertitude : les concurrents élaborent de grandes manœuvres pour obtenir une fraction suffisante du marché, l'entreprise ne pouvant maîtriser toutes les règles de cette lutte concurrentielle.

De quels moyens dispose le marketing pour atteindre ces objectifs ? En schématisant, on peut dire que la démarche marketing fonctionne en deux temps : une phase de réflexion orientée vers le consommateur et la concurrence, et une phase d'action focalisée sur la gestion de ressources spécifiques. La phase de réflexion privilégie les techniques d'études ou d'expérimentation, nécessitant l'usage de méthodes de collecte et d'analyse des informations ; cette étape se clôt par un constat lucide sur la situation globale de l'entreprise. La phase d'action démarre dès que l'entreprise a déterminé une ligne stratégique ; c'est l'aspect opérationnel du marketing correspondant à la gestion du produit, du prix, de la communication et de la distribution.

Objectifs et articulation de l'ouvrage

Cet ouvrage est un ouvrage d'initiation au marketing. En ce sens, il n'a pas la prétention d'être exhaustif comme un manuel, ni le désir de se focaliser sur un aspect du champ marketing, comme le ferait un ouvrage de spécialisation. Nous avons cependant tenté d'éviter deux écueils : la présentation sèche de l'ensemble du domaine et l'énumération patiente des principales définitions et techniques propres au marketing. En conséquence, l'ouvrage s'articule autour de quatre axes, repris chacun dans quatre parties distinctes :

un axe de synthèse. Il a pour objectif de proposer d'emblée au lecteur un « tour du propriétaire », où l'on s'attachera à faire ressortir les aspects-clés du marketing et à montrer comment l'entreprise peut remplir sa mission marketing. La première partie corrrespond à cet objectif ; elle est conçue pour se suffire à elle-même, le cas échéant. Le Chapitre 1 présente l'approche marketing, le Chapitre 2 offre un aperçu des moyens de l'action marketing.

un axe technique. Le marketing repose sur un grand nombre de techniques destinées à recueillir et à analyser l'information nécessaire à la justification des choix opérés. Mais l'homme de marketing utilisera d'autant mieux ces techniques qu'il pourra replacer sa quête d'informations dans un arrière-plan théorique capable d'éclairer les décisions du consommateur. Aussi le Chapitre 3 analyse-t-il le comportement du consommateur, avant la présentation des techniques d'études de marché effectuée dans le Chapitre 4.

un axe stratégique. On assiste ces dernières années à un double phénomène : d'un côté, on dispose de techniques d'investigation de plus en plus sophistiquées, et de l'autre, la lutte concurrentielle devient de plus en plus sévère sur des marchés fréquemment saturés. Le plan marketing cherche à utiliser au mieux l'information fournie par les premières, pour sélectionner la voie stratégique gagnante. Les Chapitres 5 et 6 présentent les options stratégiques dont dispose le marketing, en s'appuyant au passage sur quelques techniques d'analyse des informations stratégiques. La structure du plan marketing est mise à plat dans le Chapitre 7.

un axe opérationnel. La dernière partie de l'ouvrage présente les méthodes de gestion respectives des quatre éléments du marketing-mix : la gestion des produits fait l'objet du Chapitre 8, la gestion du prix est présentée dans le Chapitre 9, la communication est exposée dans le Chapitre 10, et la vente et distribution sont abordées lors du Chapitre 11. Le caractère opérationnel de cette dernière partie n'exclut pas, lorsque cela se justifie, la référence au domaine stratégique ou la présentation de techniques propres à la gestion des quatre variables.

Orientation et présentation pédagogique

Chaque chapitre se présente sur un même modèle. La première page comporte la présentation des objectifs, les difficultés et conseils éventuels de lecture. Le corps du chapitre suit, agrémenté de nombreux schémas[1] et figures récapitulatives.

[1] Bon nombre de dessins ont été construits sur la base d'îcones proposées par le logiciel Hypercard (version 1.25) d'Apple Computer.

Les questions techniques sont présentées séparément dans des fiches techniques, et peuvent, le cas échéant, être mises de côté lors d'une première lecture. Les « Flash marketing », généralement extraits de la presse des affaires, illustrent, avec des exemples concrets, l'un ou l'autre des aspects du chapitre. On trouve, en fin de chapitre, une synthèse, une bibliographie d'approfondissement et un bref test d'auto-évaluation des connaissances.

PREMIÈRE PARTIE :

REPÈRES ESSENTIELS DE MARKETING

CHAPITRE 1

COMPRENDRE L'APPROCHE MARKETING

Objectifs et articulation du chapitre

Au terme de ce chapitre, vous pourrez :

— maîtriser les définitions de base du marketing

— comprendre la trilogie fondamentale du marketing : **consommateur**, **concurrence**, **environnement**.

Une difficulté majeure de compréhension du marketing vient, en grande partie, de l'imprécision des termes utilisés. Aussi, il est impératif que vous soyez en mesure d'assimiler, puis de redonner une définition simple et rigoureuse des concepts que vous allez aborder dans ce chapitre.

Il est important d'acquérir d'emblée une vision globale du marketing, articulée sur quelques éléments fondamentaux, tels que la compréhension d'un marché. Ce « chapitre de chevet » recense ces points-clés.

I — LOGIQUE DU MARKETING

I-1 Définitions commentées

Il est facile de comprendre intuitivement ce qu'est la finance, la vente, la production. C'est loin d'être le cas du marketing. Généralement les néophytes pensent qu'il s'agit des « différents moyens de vendre un produit » ou encore de « faire de la publicité de masse ».

Le recours aux ouvrages spécialisés renforce ce malaise : les définitions proposées sont longues (jusqu'à 5 lignes) et, en apparence, divergentes. Les objectifs du marketing semblent, de même, très fluctuants selon les auteurs. Nous en avons extrait trois courants ; ils sont plus complémentaires qu'opposés.

1. « Le marketing, c'est la mise en œuvre de toutes les techniques de l'entreprise qui dirigent le flux de biens et services vers le consommateur »

Commentaires :

C'est une vision économique (notion de flux de biens et services), encore marquée par une optique de l'offre : le produit est dirigé vers le consommateur.

2. « Le marketing, c'est détecter les besoins des consommateurs pour réaliser le produit adéquat, ce qui facilite la vente »

   Commentaires :

   L'accent est mis sur la prédominance du consommateur : l'identification de ses besoins est la clé du succès de l'entreprise. Dans un second temps, le vendeur n'a plus qu'à rappeler au client que le produit correspond exactement à ses attentes.

3. « Le marketing, c'est conquérir des marchés rentables, en utilisant des méthodes scientifiques »

   Commentaires :

   Le marketing apparaît ici sous un angle guerrier. Il dispose de techniques sophistiquées et d'un plan d'attaque mûrement réfléchi, pour s'opposer à ses adversaires. Le profit est un but indispensable.

Synthèse : Ces trois courants illustrent bien la diversité des objectifs et des moyens du marketing. Chacun d'eux représente une facette du marketing. Mais ils ne soulignent pas son caractère dynamique. Le paragraphe suivant se place dans cette optique en s'articulant autour de la dynamique du couple produit/marché.

I-2 Trois conceptions du marketing

La compréhension du marketing est facilitée si l'on raisonne en s'appuyant sur le couple produit/marché, c'est-à-dire en observant la nature des relations qui relient le produit à son marché. On peut identifier trois manières de pratiquer le marketing ; chacune d'entre elles correspond à un degré croissant de maturité marketing.

I-2-1 Conception unilatérale (mode traditionnel)

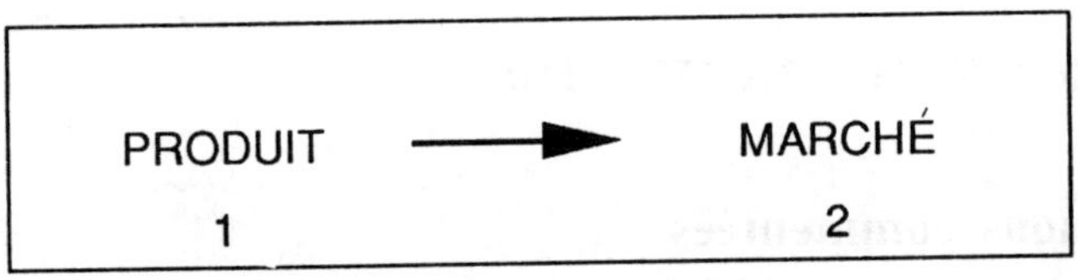

Figure 1-1 : Marketing unilatéral

L'optique produit prédomine dans cette conception. Les producteurs imposent leur point de vue dans l'entreprise. On fabrique d'abord, on interroge ensuite le marketing : « J'ai un produit génial, qui pourrait en vouloir ? ». Le marketing repère, dans un deuxième temps, les consommateurs les plus intéressés par ce produit.

Deux cas sont possibles :

— Le marché existe bien. L'intuition créatrice de l'ingénieur se confirme. Le nouveau produit est alors un franc succès, ou un demi-succès, selon les qualités du plan de mise sur le marché du produit.

— Le marché n'existe pas. C'est l'échec, généralement rejeté sur le service commercial qui n'a pas su vendre le produit.

Historiquement, cette conception correspond à la période qui a suivi la Seconde Guerre mondiale ; elle s'inscrit dans le cadre d'une économie de pénurie. Ce type de conception du marketing est à l'origine de réussites éclatantes (la 2 CV ou la DS de Citroën, la série des Mirages de Dassault, etc.), largement contrebalancées par nombre d'échecs. Une bonne illustration de ces derniers est fournie par les produits issus des grands projets gouvernementaux des années 1960 et 1970 : le Concorde, les produits informatiques d'Honeywell-Bull, le procédé de télévision couleur SECAM, etc. La perte de vue des exigences des consommateurs, favorisée par la dimension politique de ces projets, est directement sanctionnée par le marché qui refuse les produits proposés, même si technologiquement ces derniers sont excellents.

Il faut cependant noter que la complexité des innovations technologiques actuelles (télématique, micro-informatique, biotechnologies, etc.) conduit à un retour en force paradoxal de cette vision du marketing. Le consommateur étant supposé dans l'incapacité de préciser ses attentes, la tentation pour l'entreprise de se tourner vers un marketing unilatéral (appelé « marketing de l'offre ») est grande. Les techniques classiques d'études de marché montrent leurs limites face à ces marchés de haute technologie.

I-2-2 Conception bilatérale (mode intermédiaire)

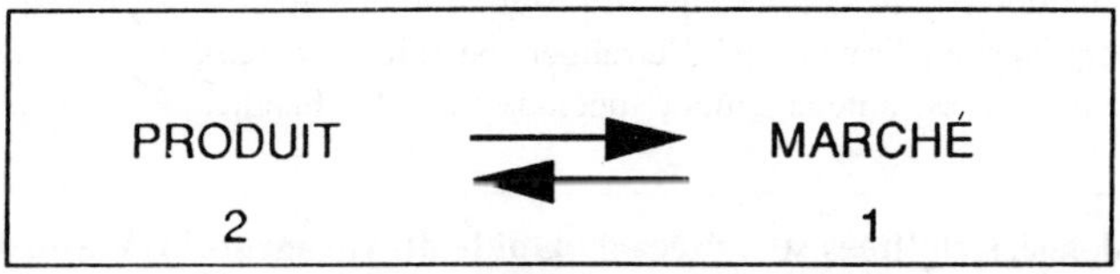

Figure 1-2 : Marketing bilatéral

Conformément à la seconde définition du marketing que nous avons recensée, le marché est étudié dans un premier temps, afin de guider la création du produit dans un deuxième temps. Le rôle des études du marché est crucial pour la réussite du produit. Le rapport d'études cerne les attentes du marché, et formule une recommandation marketing capable d'orienter clairement les ingénieurs. Les exigences des consommateurs sont traduites dans le cahier des charges du produit, rédigé par le responsable marketing de l'entreprise. Il s'agit alors pour les ingénieurs de résoudre « un problème consommateur ». La mise en marché du produit s'effectue ensuite selon un plan de lancement calqué sur les informations fournies par les études de marché initiales. La réalisation du programme TGV Sud-Est illustre cette conception (voir Flash marketing 1-1).

I-2-3 Conception intégrée (mode évolué)

La conception du marketing intégré repose sur un système dynamique qui boucle en permanence sur lui-même. Elle prolonge la conception précédente.

Flash marketing 1-1 : Le TGV Sud-Est

Le TGV Sud-Est est une réussite : plus de 100 millions de voyageurs en 8 ans d'existence. Innovation, performance et sécurité constituent les trois principes-clés qui ont permis de mener à bien ce projet. Son taux d'occupation moyen est aujourd'hui de 80 %, avec de très fortes pointes. Le tableau suivant schématise la démarche de marketing bilatéral, suivie par la SNCF. Les exigences indiquées pour le marché n'ont qu'un caractère d'illustration pédagogique.

Le produit réalisé (2e temps)	Les exigences du marché (1er temps)
* rouler à 270 Km/h * plus de 20 liaisons par jour	* gagner du temps, souvent
* tarif de base SNCF * supplément heures de pointe	* ne pas payer ce gain trop cher
* réservation obligatoire * ligne spéciale	* voyager en sécurité

Plusieurs améliorations notables ont été apportées au cours de l'année 1990 : nouvel aménagement des voitures et des sièges, installation de cabines téléphoniques permettant de téléphoner en France et à l'étranger, bar plus spacieux, suspension nouvelle qui accroît le confort, aménagement spéciaux pour les handicapés.

Source : Les données chiffrées sont tirées du **Guide du voyageur TGV Sud-Est**, Documentation commerciale de la SNCF, 1990. L'analyse proposée n'a qu'un caractère pédagogique.

On identifie trois temps forts décrits dans la Figure 1-3 :

1. Marché → Produit :
   Ce premier temps est semblable à celui de la conception du marketing bilatéral : on étudie les attentes du marché qui sont transmises, dans un cahier des charges, aux ingénieurs.
2. Produit → Test(s) → Marché
   Le produit est élaboré progressivement, par modifications successives, sur la base des résultats des différents tests réalisés auprès des futurs consommateurs. Il peut s'agir de test d'acceptabilité du produit, de marché-tests, etc. (voir Chapitre 8). Enfin, après un délai qui peut être de plusieurs années, la version finale du produit est mise sur le marché.
3. Marché → Produit
   Le troisième temps de cette conception concerne l'*effet retour* (*feed-back*) en provenance du marché. Il souligne le fait qu'un marché n'est jamais figé, mais évolue constamment : les exigences des consommateurs varient, des concurrents

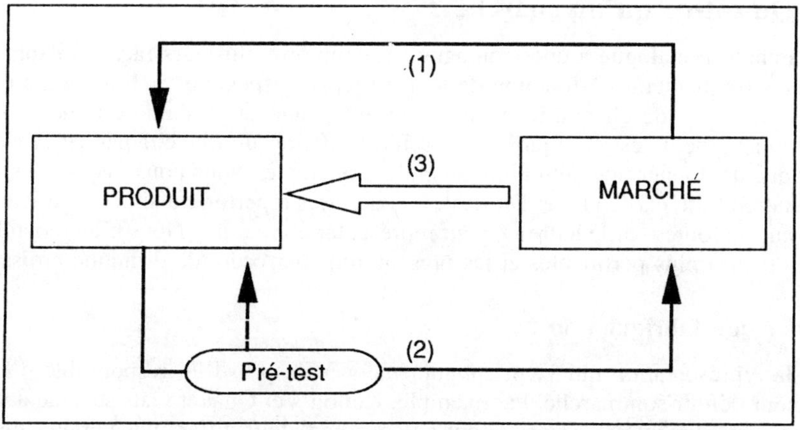

Figure 1-3 : Marketing intégré

proposent de nouveaux produits. Le chef de produit marketing suit régulièrement cet environnement, et gère en conséquence son portefeuille de produits : élargissement de la gamme, rajeunissement des produits existants, etc. Le couple produit/marché est, par nature, dynamique : un succès en marketing reste provisoire.

Flash marketing 1-2 : Pampers et la gestion d'un produit

Chez Procter & Gamble, la gestion de la gamme Pampers (couches-culottes) correspond à une conception de marketing intégré. Le suivi permanent des attentes des consommatrices conduit à améliorer le produit de base, et débouche sur le lancement de Pampers Ultra en 1987. Le problème à résoudre était ardu : concevoir un produit d'une grande capacité d'absorption, tout en offrant aux bébés le confort d'une couche sèche en surface. L'addition d'un gélifiant à la texture de la couche a permis de résoudre ce problème, en offrant en plus une réduction de volume de la couche. Ce succès immédiat a amené les concurrents à lancer des produits très proches. Deux ans après, Procter lance la gamme Pampers filles et garçons, qui perfectionne l'« ancien » nouveau produit et répond à de nouvelles attentes : disposer d'un produit capable de tenir compte des différences anatomiques des bébés. Plus récemment, lancées fin 1990, les « couches-compactes » concilient esthétique et confort : ultra-minces tout en restant ultra-absorbantes. Ces lancements successifs illustrent bien le va-et-vient permanent entre les attentes du marché et la conception des produits.

II — CONTOURS D'UN MARCHÉ

Nous avons utilisé, dans le paragraphe précédent, le terme de marché. Il s'agit d'un des mots les plus utilisés en marketing, mais dont les définitions sont fluctuantes. Or la façon dont on définit son marché conditionne ultérieurement les décisions stratégiques. C'est la raison pour laquelle ce paragraphe doit être bien assimilé.

II-1 Qu'est-ce qu'un marché ?

Un marché est analogue à une montagne : il comporte plusieurs faces qui sont plus ou moins fréquentées, en fonction de leur difficulté respective. Si l'on veut en faire le tour, la vision de chaque face est changeante, bien qu'il s'agisse toujours de la même montagne. C'est pourquoi nous préférons définir un **marché** par ses *contours*, plutôt que de donner une définition générale inopérante. Nous nous inspirerons de la présentation faite par Kotler et Dubois[1]. Ces derniers répertorient six caractéristiques, commençant toutes par la lettre O, pour représenter un marché. Nous n'en retiendrons que les quatre plus pertinentes et les présenterons par ordre de difficulté croissante.

Objets : que fabrique-t-on ?

C'est la représentation qui vient spontanément à l'esprit d'un responsable d'entreprise pour définir son marché. Par exemple, Kellog's et Quaker Oats se situent sur le marché agro-alimentaire, et proposent au consommateur différentes variétés de mélanges de céréales prêtes à consommer. Cette perspective est commode : elle permet de créer des classifications simples et d'identifier clairement ses concurrents. C'est la solution que retiennent les grandes sociétés d'études, spécialisées dans le suivi régulier (par exemple, Nielsen ou Sécodip) de marché. On distinguera ainsi, dans le marché des boissons sans alcool, les boissons plates aux fruits, les limonades, les colas, les tonics, etc.

C'est en adoptant ce contour d'un marché que les économistes distinguent les biens durables, non-durables et les services : les deux premières catégories sont de nature palpables (tangibles), alors qu'un service est généralement immatériel (intangible).

Figure 1-4 : Le marché de l'alimentation, selon les objets

Occupants : qui achète nos produits ?

Ce deuxième contour se focalise sur les caractéristiques des consommateurs qui achètent les produits de l'entreprise. D'où l'obligation de collecter, puis de traiter les informations recueillies sur les profils de clientèle. Cela permet généralement de dégager des groupes de consommateurs très proches : les segments (voir Chapitre 5). On cherche donc à décrire, de façon synthétique, ces différents groupes (les « occupants ») afin de mieux cerner leurs attentes et mieux communiquer avec

[1] KOTLER (P.) et DUBOIS (B.) — **Marketing Management**, Publi-Union (4e éd.), 1981.

chacun d'entre eux. Cette deuxième caractéristique d'un marché prolonge la caractéristique « objet » et affine la vue globale du marché. En conservant l'exemple du marché des céréales prêtes à consommer, les fabricants peuvent vouloir calculer l'âge moyen des consommateurs ou leur niveau de revenu, selon le type de produit acheté. On parle alors du marché des adolescents ou des jeunes enfants.

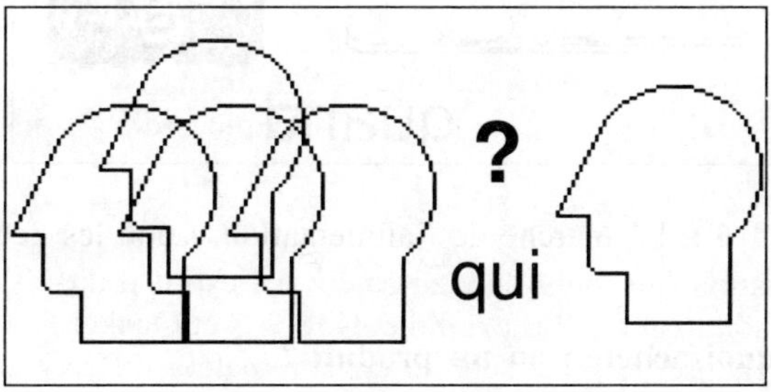

Figure 1-5 : Le marché de l'alimentation, selon les occupants

Occasions : quand consomme-t-on le produit ?

En se posant cette question, le responsable marketing découvre son marché sous une pespective comportementale : à quel moment de l'année, ou de la journée, l'acheteur consomme-t-il notre produit ? La première partie de la question renvoie à la notion d'achat saisonnier, la seconde à la notion d'activité.

La consommation de certains produits suit un cycle saisonnier marqué : la bière en été, le ski en hiver, les montres et bijoux lors des fêtes (fin d'année ou fêtes des mères), etc. Cela a des incidences évidentes pour la gestion de la production et du personnel, mais aussi pour la gestion financière (accroissement du besoin en fonds de roulement, écarts de trésorerie). Pour le marketing, il s'agit surtout de bien veiller au respect du planning pour la campagne de promotion et pour la mise en place du produit dans les points de vente. Cependant cette perspective offre peu d'ouvertures sur le plan stratégique.

A l'inverse, la nature de l'activité pendant laquelle le produit est consommé conduit à une vision stratégique plus pertinente du marché. Revenons à notre exemple des céréales prêtes à consommer. Quand les consomme-t-on le plus ? Essentiellement lors du petit déjeuner. Vu sous cet angle-ci, le marché français n'offre qu'un volume de ventes restreint, par rapport aux marchés anglo-saxons. A quels autres moments de la journée pourrait-on consommer ce type de produit ? Durant une pause, en pique-nique, en randonnée, devant la télévision, etc. En reconditionnant le produit initial sous forme de barre et en ajoutant d'autres ingrédients (miel, fruits secs...), on aboutit à une nouvelle vision du marché : le marché du grignotage, et non plus seulement celui des céréales pour petit déjeuner. Les marques concurrentes ont changé (Mars, Nuts, Lion, Treets...), mais les barres céréalières apportent quelque chose de plus au consommateur : plus d'énergie fournie par des produits plus naturels : blé, maïs, fruits, noisettes...

Figure 1-6 : Le marché de l'alimentation, selon les occasions

Objectifs : pourquoi achète-t-on un produit ?

Ce contour d'un marché est probablement le plus riche sur le plan marketing, mais aussi le plus difficile à cerner. Il renvoie à l'analyse des motivations d'achat (voir paragraphe IV), et de façon plus large à l'étude du processus d'achat du consommateur (voir Chapitre 3).

L'hypothèse de base est que le consommateur n'achète pas un produit en lui-même, mais parce qu'il en attend une certaine satisfaction, provenant des bénéfices retirés lors de l'utilisation du produit. L'identification des bénéfices que recherche le consommateur n'est pas simple ; elle nécessite une démarche rigoureuse (voir Chapitre 5). On peut illustrer ce contour du marché, avec quelques exemples classiques : on n'achète pas une perceuse pour elle-même, mais des trous d'un certain diamètre. De même, on n'achète pas une crème anti-rides, mais du rêve ou de la séduction. Cette nouvelle perspective du marché est très puissante : elle est à la base de la distinction entre concurrence directe et indirecte que nous verrons dans le paragraphe suivant.

Comment le marché des barres céréalières se transforme-t-il, avec ce nouveau contour du marché ? Il faut se poser la question de savoir pourquoi le consommateur achète ce produit. Plusieurs réponses sont, a priori, envisageables : pour s'alimenter certes, mais peut-être aussi pour éviter de trop grossir (produit coupe-faim), ou encore pour conserver du tonus durant un effort intense (produit énergétique). En reprenant le bénéfice « ne pas grossir », l'homme de marketing peut décliner cette idée et concevoir une ligne de barres céréalières diététiques ou allégées !

II-2 Implications

L'analyse d'un marché par ses contours débouche sur deux conséquences majeures. Selon la pespective que l'on adopte, d'une part, les consommateurs visés par un produit ne sont pas les mêmes, et d'autre part, les concurrents changent. C'est en ce sens que donner une définition de son marché revient implicitement à opérer un choix stratégique. Cette possibilité d'opérer pour l'entreprise sur un marché à géométrie

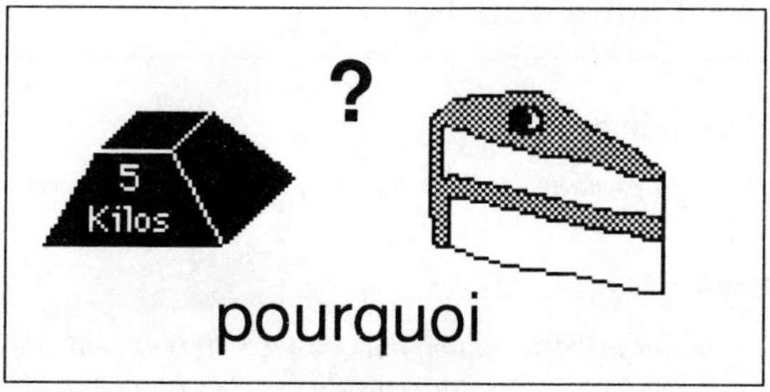

Figure 1-7 : Le marché de l'alimentation, selon les objectifs

variable est à la fois source d'opportunités marketing, mais aussi d'erreurs d'analyse : on risque d'identifier un consommateur fictif, véritable « fantôme du marketing[2] ».

II-3 Indicateurs de mesure

Après avoir défini les contours d'un marché, il est indispensable de le quantifier globalement, puis d'apprécier la position de l'entreprise par rapport aux concurrents présents. Pour cela, le manager marketing dispose de plusieurs indicateurs : **chiffre d'affaires, part de marché, taux de pénétration**.

II-3-1 Chiffre d'affaires

La Fiche technique 1-1 présente la définition d'un chiffre d'affaires et indique comment calculer une variation entre deux grandeurs. La compréhension d'un chiffre d'affaires et de ses variations est importante pour le marketing.

1/ Interprétation d'un chiffre d'affaires

Le chiffre d'affaires en volume est un indicateur économique relativement pauvre : on peut difficilement apprécier le poids global d'une entreprise diversifiée, les unités de mesures étant différentes. Même pour une entreprise monoproductrice, il ne reflète pas le niveau de qualité technique des produits vendus, ce qui rend très délicate toute comparaison de chiffres d'affaires en volume de deux entreprises différentes.

A l'inverse, le chiffre d'affaires en valeur est plus intéressant pour apprécier le poids commercial d'une entreprise, car il permet des comparaisons directes avec des concurrents ou des entreprises d'autres secteurs. Cependant, l'évolution d'un chiffre d'affaires en valeur est délicate à apprécier.

[2] WILSON (A.) et ATKIN (B.) — « Exorciser les fantômes du marketing », **Harvard-l'Expansion**, printemps 1977, p. 48-60.

Fiche technique 1-1 : Chiffre d'affaires

Chiffre d'affaires en volume :

Quantités physiques d'un produit vendues durant une période donnée (années, mois, jours)

Exemple :

Renault (1989) : automobiles = 1 970 000 véhicules
poids lourds = 83 000 véhicules

Chiffre d'affaires en valeur :

(Quantités physiques vendues) × *(Prix de vente moyen d'une unité)*

Exemple :

Salomon (1984)

	Quantités (en milliers d'unités)	X	Prix moyen de vente (en francs)	=	Chiffre d'affaires (en millions de francs)
Fixations	2 060		253		521
Chaussures	618		584		361
Fond	340		308		105

Chiffre d'affaires total $= 521 + 361 + 105 = 987$ *millions de francs*

Calcul des variations d'un chiffre d'affaires :

$$\text{Variation CA } t2/t1 = \frac{\text{CA } t2 - \text{CA } t1}{\text{CA } t1}$$

Exemple :

$$CA\ t1 = 100$$

$$CA\ t2 = 150$$

$$Variation\ t2/t1 = \frac{150 - 100}{100} = 0,5 = 50\ \%$$

2/ *Analyse des variations de chiffre d'affaires en valeur*

C'est une technique simple, utilisée en marketing notamment pour déceler l'origine d'un problème ou pour justifier une décision.

Voici quelques principes simples d'analyse :

1. Choisir une base de départ représentative.

   Le choix de l'année de départ (t1) doit correspondre à un résultat normal de l'entreprise : ni exceptionnel, ni catastrophique. Ainsi, l'année 1976 pour les fabricants de bières est peu significative, compte tenu de la sécheresse.

2. Repérer les variations exponentielles.

   Des variations de chiffres d'affaires très fortes (+ 50 %, + 80 %...) sont généralement très brèves dans le temps, et témoignent d'un marché en phase de décollage. Le concept de courbe de marché permet d'affiner l'analyse (voir Chapitre 6).

3. Contrôler l'effet de l'inflation nationale.

   En période d'inflation galopante, les hausses de chiffres d'affaires sont trompeuses, et ne signifient plus grand-chose. Un moyen rapide (mais approximatif sur le plan mathématique) pour défalquer l'effet de l'inflation consiste à retrancher le taux de l'inflation, du taux de variation global du chiffre d'affaires. Par exemple, un taux de croissance de 14 % obtenu avec une inflation de 4,5 % donne un taux de croissance net de 9,5 %.

4. Confronter une variation avec celle des concurrents proches.

   Obtenir un taux de croissance de 12 % est a priori satisfaisant, sauf si les concurrents les plus proches ont obtenu des taux de 15 % ou 20 %.

5. Comparer la variation avec la moyenne du marché.

   Ce même taux de 12 %, comparé avec une moyenne du marché de 14 %, signifie que l'entreprise prend du retard sur la plupart de ses concurrents, et que sa part de marché baisse.

II-3-2 Part de marché

La part de marché est un indicateur majeur (voir Fiche technique 1-2) pour apprécier la position concurrentielle d'une entreprise sur un marché : les stratégies concurrentielles (voir Chapitre 6) l'utilisent comme un repère essentiel. Par ailleurs, les résultats d'un important programme de recherches (Profit Impact of Market Strategies), mené aux États-Unis, montrent qu'il existe une corrélation entre le profit et la part de marché : la rentabilité s'accroît avec la part de marché. C'est donc un paramètre important du tableau de bord marketing. L'analyse de son évolution permet d'évaluer l'efficacité des choix marketing opérés par une entreprise.

II-3-3 Pénétration d'un marché (consommateurs et non-consommateurs)

Le **taux de pénétration** permet d'évaluer les possibilités de croissance d'un marché : existe-t-il encore un potentiel de ventes supplémentaires auprès de nouveaux consommateurs ? On dira qu'un **marché est saturé** si le taux de pénétration est proche de 100 % ; à l'inverse, un marché faiblement pénétré (taux de pénétration < 20 %) est un **marché porteur**.

Fiche technique 1-2 : Part de marché

Définition :

La part de marché traduit le poids représenté par une marque donnée, par rapport aux marques concurrentes présentes sur le même marché.

$$\text{Part de marché} = \frac{\text{Chiffre d'affaires de la marque X}}{\text{Chiffre d'affaires total des marques du marché}}$$

Exemple de calcul :

Le marché mondial automobile est estimé à 3 500 milliards de francs en 1989 ; General Motors, leader du marché, réalise 723 milliards ; Toyota (3ᵉ rang) arrive à 273 milliards.

Part de marché :

General Motors = 20,6 % (723/3 500) et Toyota = 7,8 % (273/3 500)

Le calcul d'un taux de pénétration implique que l'on définisse, au préalable, plusieurs termes (voir Fiche technique 1-3). Il ne doit être utilisé qu'avec prudence, comme simple indicateur de la maturité d'un marché.

L'imprécision de la notion de non-consommateur relatif (selon quels critères, pour quelle durée ?) impose une grande prudence pour la détermination d'un marché potentiel. C'est souvent à cause d'une surestimation de ce marché que des entreprises échouent dans le lancement de leur produit nouveau (Fiche technique 1-3).

III — CONCURRENCE

III-1 Concurrents directs et indirects

Définitions

Les concurrents directs sont ceux qui fabriquent le même produit que le nôtre. Cela revient à définir un marché par son contour « objet ».

Les concurrents indirects sont ceux qui fabriquent des produits répondant aux mêmes motivations (ou attentes) que le nôtre. Le marché est analysé par son contour « objectif », défini dans le paragraphe II–1.

Fiche technique 1-3 : Taux de pénétration

Le taux de pénétration[3] définit comme le rapport des consommateurs actuels d'un produit (ceux qui l'ont déjà effectivement acheté au moins une fois), sur le marché potentiel. Soit dans notre schéma $\frac{B}{A+B}$.

Le marché potentiel se décompose entre les consommateurs actuels et les non-consommateurs relatifs (NCR, c'est-à-dire, les consommateurs qui ne consomment pas encore le produit, mais qui sont susceptibles de le consommer à court ou moyen terme). Les non-consommateurs absolus (NCA) sont les consommateurs qui, pour des raisons physiques ou économiques, ne consommeront pas le produit à court ou moyen terme. L'identification du marché potentiel suppose donc que l'on soit en mesure d'évaluer les NCR. C'est un des objectifs des études de marché (voir Chapitre 4).

Exemple :

Calcul du taux de pénétration du Minitel en France

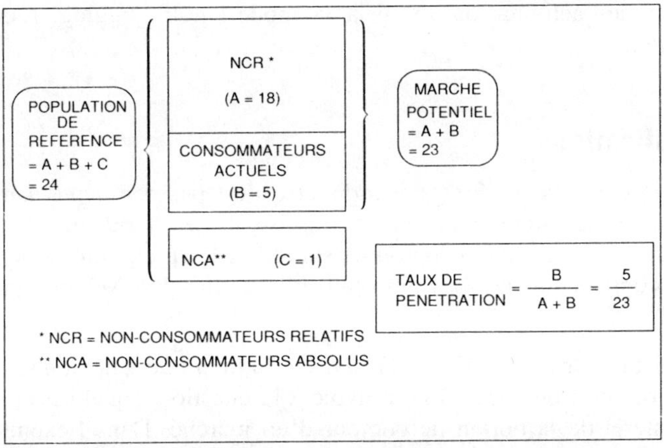

L'unité de référence est ici le nombre total de ménages français, ainsi que le nombre d'entreprises. En 1990, on estime qu'il existe 21 millions de ménages (au sens de l'INSEE) et environ 3 millions d'entreprises (au sens large), soit une population totale de référence de 24 millions. Le facteur d'exclusion logique est de ne pas avoir le téléphone, soit donc environ 1 million de ménages non-consommateurs absolus : le marché potentiel est donc de : 24 - 1 = 23 millions d'unités. Le nombre de Minitels en service est de 5 millions au début 1990 (source France Télécom). D'où le taux de pénétration : 5 / 23 = 21 %. Il s'agit d'un marché, en apparence, faiblement pénétré, donc porteur. En éliminant certaines personnes physiquement inaptes (aveugles,...), et en considérant qu'au-delà de 75 ans le frein culturel est trop fort pour pouvoir utiliser un Minitel, il faut retirer environ 7 millions de ménages. Le marché potentiel passe à 16 millions, et le taux de pénétration monte à 31 %.

---

[3] La définition de ce concept varie souvent d'un ouvrage à l'autre. Nous suivons d'assez près celle adoptée par DUBOIS (P.L.) et JOLIBERT (A.) — **Le Marketing**. Économica, 1989, p. 18.

Exemple

La division chaussures de ski de chez Salomon a pour concurrents directs les autres marques de chaussures de ski : Nordica, Trappeur, San Giorgo, Raichle, etc. L'évaluation des concurrents indirects suppose que l'on réponde à la question : pourquoi fait-on du ski ? Plusieurs réponses sont possibles a priori :

— pour pratiquer un sport

marques des fabricants présents dans d'autres sports : Adidas, Lacoste, TBS, Nike...

— pour se détendre

marques qui correspondent à d'autres moyens de se détendre : voyage, cinéma, télévision, jogging, jeux de société...

— pour suivre une mode

marques des activités ou sports à la mode : golf, jogging, relaxation, raid-aventure...

III-2 Implications

La distinction concurrents directs et indirects, n'est pas pertinente dans le cadre de l'activité marketing quotidienne de l'entreprise. Il serait ridicule de conseiller au directeur marketing de chez Salomon de surveiller les programmes de télévision de TF1, ou la construction de tout nouveau village du Club Méditerranée (sauf à la montagne) !

Mais cette distinction est fondamentale dans le cadre d'une réflexion stratégique (voir troisième partie de l'ouvrage). Elle renvoie à la question « quel est le marché ? » et souligne l'intérêt de la notion de contour d'un marché. Dans l'exemple ci-dessus, il est dangereux de restreindre le marché de Salomon à celui des sports d'hiver. Il est important d'évaluer la part des consommateurs qui considère le ski comme une (ancienne) mode, et qui est donc prête à partir en hiver au bord de la mer (« les soleils d'hiver ») ou à remplacer le forfait de ski par une leçon de golf. De même, les skieurs-loisirs (encore appelés les « récréationnels ») peuvent être fortement tentés par d'autres activités de loisirs : jogging, parcs de loisirs, trekking, bricolage. La stagnation du marché des sports d'hiver s'explique, en partie, par un glissement de clientèle vers d'autres produits de la concurrence indirecte.

IV — COMPRÉHENSION DU CONSOMMATEUR

Après avoir cerné les contours d'un marché, puis les formes de concurrence, il importe maintenant de se tourner vers le consommateur. Comment réagit-il devant l'éventail de marques offertes ? Pourquoi achète-t-il cette marque, plutôt qu'une autre ? Nous allons apporter quelques éléments de réponse dans ce paragraphe, mais l'essentiel de la question sera traité dans le Chapitre 3.

IV-1 Besoins, motivations

Selon la théorie des « motivationnistes », l'étude des besoins et motivations permet d'expliquer le comportement d'un individu. On applique en marketing cette théorie pour expliquer l'achat d'un produit.

Définitions

— **besoin** = situation inconfortable provoquée par un état de manque physiologique (faim, soif...) ou psychologique (affection, reconnaissance...).

— **motivation** = force qui pousse à l'action, déclenchée par un besoin impérieux. Le contraire d'une motivation est un **frein**.

Remarques

1. Un besoin peut être conscient ou inconscient. Dans le premier cas, le consommateur est capable de l'exprimer spontanément, mais parfois de façon confuse. Dans le second cas, le besoin est latent ; sa verbalisation est délicate. Les techniques d'études qualitatives (voir Chapitre 4) tentent de le mettre à jour.

2. Tous les besoins ne se transforment pas en motivation : ils doivent atteindre un niveau critique d'intensité, pour que l'individu agisse. La traduction marketing de cela est que le consommateur, confronté à un nombre quasi illimité de besoins, ne peut à chaque fois satisfaire ses besoins par un achat. Il procède à un arbitrage en fonction de ses priorités personnelles du moment. Maslow[4] a proposé de classer, puis de hiérarchiser ces besoins (voir Fiche technique 1-4).

Intérêt pour le marketing

1. On cherche à identifier la nature des besoins sous-jacents à l'acte d'achat du produit, afin d'orienter la création publicitaire.

2. Il peut être intéressant d'intensifier, ou de dramatiser les conséquences, pour le consommateur, liées à la non-satisfaction d'un besoin. Cela revient à transformer ce besoin en motivation d'achat ou, au contraire, à libérer les freins qui bloquent l'achat. Ce faisant, on manipule fortement la hiérarchie initiale des besoins du consommateur, dans un sens favorable à la marque. C'est un des rôles de la communication publicitaire. Il ne faut cependant pas exagérer la puissance publicitaire, car le consommateur dispose de nombreuses protections face à cette pression (voir Chapitre 10).

La Figure 1-8 illustre ces mécanismes : elle montre que seuls quelques besoins se transforment en motivation d'achat. Ces besoins représentent des forces qui poussent le consommateur à l'achat d'une marque, forces fréquemment contrebalancées par des courants contraires, appelés freins. Dans l'exemple de la figure, les besoins 1 et 3 constituent les fondements de la motivation d'achat d'un téléviseur ; mais ils se heurtent à un frein financier.

---

4 MASLOW (A.) — **Motivation and Personality**, New York : Harper and Row, 1954.

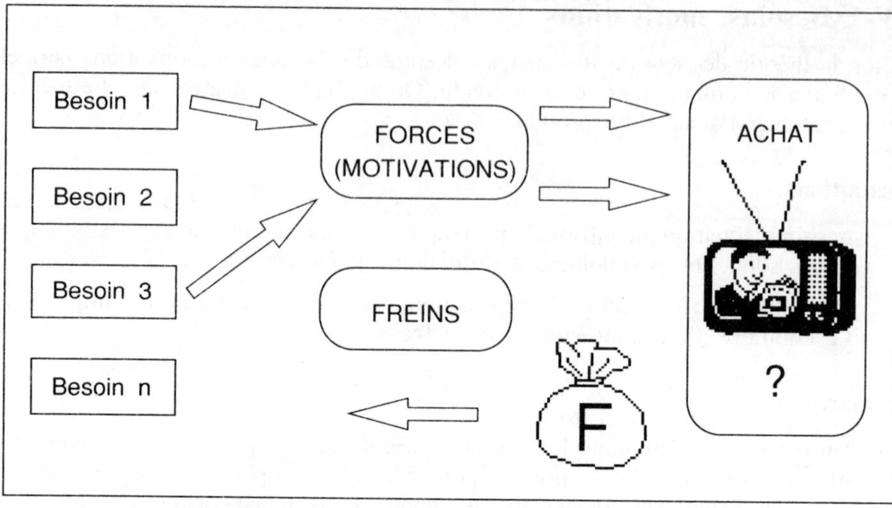

Figure 1-8 : Besoin, motivation, frein et achat en marketing

IV-2 Évaluation des produits, image de marque

Les implications du paragraphe précédent restent assez globales : on identifie des forces, on constate un résultat : y a-t-il eu achat ou pas ? Ce paragraphe permet d'aller plus loin. Il explique, notamment, pourquoi certaines marques sont appréciées par le consommateur, alors que d'autres ne le sont pas.

Les recherches, portant sur la façon dont le consommateur sélectionne une marque, ont abouti à trois découvertes importantes, qui seront largement approfondies dans le Chapitre 3 :

1. L'acheteur compare plusieurs marques avant le choix final, généralement de 2 à 9, selon le type d'achat. Il les compare sur différentes caractéristiques : par exemple, l'esthétique ou la solidité.
2. L'acheteur a en tête un certain nombre de **croyances** personnelles sur ce que valent ces marques, lorsqu'il les évalue sur les caractéristiques précédentes. Ces croyances peuvent être exactes ou fausses, nettes ou floues ; le consommateur en appréciera certaines, en détestera d'autres.
3. Les croyances propres à une marque sont combinées en un jugement global, appelé **image de marque**. La marque ayant la meilleure image aura une forte probabilité d'être choisie par le consommateur, sauf si un éventuel frein trop puissant bloque l'achat.

Il est précieux, pour un directeur marketing, de connaître le processus qui conduit un consommateur à avoir une image favorable, ou défavorable, vis-à-vis de sa marque. On cherche alors à influencer favorablement les croyances des consommateurs : c'est encore un des objectifs de la publicité. On peut ainsi attirer l'attention du consommateur sur une caractéristique d'évaluation qu'il néglige, par exemple : « Avez-vous pensé à vérifier les délais de livraison de nos concurrents ? » L'idéal

Fiche technique 1-4 : La théorie de Maslow

Hypothèses sur l'individu :

— *les individus éprouvent des besoins illimités*

— *les besoins sont hiérarchisables en 5 niveaux*

— *il faut d'abord que les besoins de niveau inférieur soient satisfaits, pour éprouver le besoin de niveau immédiatement supérieur*

— *un besoin satisfait ne motive plus l'individu*

Les 5 degrés de la hiérarchie des besoins

1. *Physiologique : faim, soif*
2. *Sécurité: protection contre des menaces*
3. *Appartenance et affection : être aimé, bien intégré dans son entourage*
4. *Estime et reconnaissance : reconnu comme compétent, être considéré*
5. *Accomplissement de soi : se réaliser pleinement et harmonieusement*

Évaluation de l'application de cette théorie, au marketing

L'hypothèse de hiérarchisation, et sa conséquence sur la progression par niveau de la satisfaction, est criticable : cela supposerait, par exemple, que le consommateur n'éprouverait un besoin d'affection que si ses besoins primaires (faim, sécurité) sont satisfaits. L'évolution de la communication publicitaire des assurances sur la vie montre bien les limites de ce point. Aprés avoir longtemps joué sur un besoin de niveau 2 (« Que deviendra votre entourage si vous disparaissez ? »), le niveau 3 (« Montrez-leur que vous les aimez »), voire le niveau 5 (« Vivez intensément, nous serons toujours là »), se sont avérés plus efficaces.

est de choisir une caractéristique pour laquelle la marque est en position de force par rapport à ses concurrents.

IV-3 Satisfaction ou insatisfaction

Lors de la consommation du produit, le consommateur est en mesure de vérifier si ses attentes initiales, vis-à-vis de la marque achetée, sont satisfaites : les promesses ont-elles été tenues ? Si la réponse est favorable, le consommateur aura tendance à racheter la même marque, lors de son prochain achat. On dit alors qu'il y a **fidélité** à la marque.

Au contraire, une déception se traduit par une insatisfaction globale qui amène le consommateur à modifier ses croyances initiales vis-à-vis de la marque achetée. Les chances de rachat de cette marque diminuent sérieusement.

V — ENVIRONNEMENT MARKETING

L'environnement constitue la dernière branche de la trilogie marketing. Il s'agit de tous les éléments qui gravitent autour de l'entreprise, et qui sont susceptibles de perturber son activité. On distingue traditionnellement deux types d'environnement : **interne** et **externe**. Le premier correspond aux éléments qui sont plus directement sous contrôle de l'entreprise : le savoir-faire, les relations humaines, la surface financière ; nous l'aborderons dans le chapitre suivant. Le deuxième type d'environnement, qualifié d'externe, comporte quatre composantes.

V-1 Composantes

— Technologique : il s'agit du progrès technique, matérialisé par les découvertes fondamentales, puis par les applications industrielles. Le dépôt d'un brevet correspond à un titre de propriété sur une parcelle de cet environnement.

— Économique : c'est le résultat des politiques monétaires (niveau des taux d'intérêt, taux de change...) et sociales (revenu horaire, durée du travail...) des gouvernements. Sa dimension s'analyse, de plus en plus, dans un contexte international.

— Culture : elle regroupe un ensemble complexe d'habitudes, de valeurs et de croyances communément admises, à un moment donné, par une société. On peut y ranger, pêle-mêle, l'art, la religion, la morale, etc.

— Législatif : c'est l'ensemble des lois, décrets et réglementations en vigueur dans un pays donné. Il délimite les champs et les moyens de l'action marketing.

V-2 Attitudes stratégiques

Face à ces quatre composantes de l'environnement externe, le responsable marketing dispose de trois types d'attitudes stratégiques :

1. Subir : on considère que l'environnement représente une contrainte inéluctable.
2. S'adapter : l'entreprise cherche à neutraliser une menace, en évaluant systématiquement l'existence d'opportunités.
3. Modifier : l'entreprise agit sur l'environnement pour créer un nouvel état qui lui soit favorable.

Peut-on recommander à l'entreprise une attitude stratégique particulière ? Nous avons croisé, dans la Figure 1-9, les quatre composantes d'environnement avec les trois attitudes stratégiques. Les jugements portés doivent être interprétés avec prudence, car dans le domaine stratégique les contre-exemples sont fréquents. Nous allons, cependant, brièvement illustrer quelques cases de la Figure 1-9.

— **Case n° 1** : Lip, entreprise prestigieuse de l'horlogerie française, a disparu, en quelques années, pour avoir considéré que la technologie du quartz n'était pas un métier d'avenir pour un horloger à image haut de gamme.

— **Case n° 2** : la stratégie des fabricants de voitures japonaises (Honda, Toyota) a été durant les années 1970 d'imiter avec soin les fabricants européens ; ils proposaient simplement en série des accessoires que les Européens n'offraient qu'en option.

TYPES	CONTRAINTE	NEUTRALITÉ	ACTION
TECHNIQUE	→ suivre de loin en loin les concurrents : économique à court terme, dangereux à moyen terme MAUVAIS (1)	→ copier les concurrents et corriger un détail mineur rachat de brevets BON (2)	→ Etre innovateur dépôts de brevets TRÈS BON (3)
ÉCONOMIQUE	→ application stricte des décisions MOYEN (4)	→ faire preuve d'imagination recherche d'une «faille» TRÈS BON (5)	→ modifier par pression les règles du jeu MAUVAIS (6)
CULTUREL	→ respecter les exigences des consommateurs = règle de base du marketing TRÈS BON (7)	→ rechercher les groupes de consommateurs les plus réceptifs BON (8)	→ refuser les exigences des consommateurs MAUVAIS (9)
LÉGISLATIF	→ application stricte des décisions BON (10)	→ chercher des zones d'ombre, contourner l'obstacle TRÈS BON (11)	→ modifier par pression les règles du jeu MAUVAIS (12)

Figure 1-9 : Environnement et attitudes stratégiques

— **Case n° 3** : c'est la stratégie actuelle d'entreprises telles que Sony (« J'en ai rêvé, Sony l'a fait »), ou encore de Compaq (« La concurrence va peiner pour nous suivre »).

— **Case n° 5** : le Club Méditerranée en 1982, dans le contexte défavorable du contrôle des changes, a fait immédiatement savoir à sa clientèle qu'elle ne serait pas touchée par les restrictions en devises : sa formule du « tout compris » permettait d'éviter l'essentiel de ces inconvénients.

— **Case n° 8** : Mac Donald a pénétré le marché français en s'attaquant d'abord à un groupe jugé plus réceptif : les adolescents et jeunes adultes. En effet, la modification culturelle des habitudes culinaires exigée par sa formule, imposait de viser d'abord le groupe de consommateur le plus innovateur.

— **Case n° 9** : le marketing ne joue pas, habituellement, de rôle éducatif. Il est possible, sur le long terme, de modifier un environnement culturel défavorable, mais cela exige des investissements publicitaires onéreux. De plus, les concurrents peuvent tranquillement attendre que le marché évolue, sans supporter ces investissements.

— **Case n° 10** : les marques de cigarettes font preuve d'une grande créativité pour contourner les différentes lois françaises qui limitent (et interdiront bientôt) la publicité sur le tabac : publicité pour des briquets, voyages, lignes de vêtements, sponsoring, etc. Marlboro capitalise depuis des années sur son image liée à la présence, dans ces publicités, de cow-boys ou de chevaux ; en 1990, sa publicité est très bien reconnue, alors qu'elle ne mentionne même plus le nom de la marque.

SYNTHÈSE DU CHAPITRE

La démarche marketing repose sur un va-et-vient permanent entre les exigences des consommateurs, d'une part, et la réalisation de produits conformes à ces attentes, d'autre part.

La difficulté majeure pour le responsable marketing d'une entreprise est de définir correctement son marché. En analysant successivement le même marché selon quatre contours (objets, occupants, occasions, objectifs), les concurrents et les attentes des consommateurs varient sensiblement. Ensuite seulement, la taille du marché potentiel et la position de l'entreprise face aux concurrents peuvent être évaluées. Trois indicateurs sont utilisables : le chiffre d'affaires, la part de marché et le taux de pénétration.

En résumé, l'activité marketing s'exerce dans une triple perpective : étudier les attentes des consommateurs, surveiller les concurrents, contrôler l'environnement.

BIBLIOGRAPHIE

Les ouvrages indiqués sont des manuels de base en marketing. Ils sont classés par ordre de complexité croissante.

(1) LINDON (D.) — **Marketing**, Nathan (2e édition), 1989.

(2) MARION (G.) et MICHEL (O.) — **Marketing, mode d'emploi**, Éd. d'Organisation, 1990.

(3) HELFER (J.P.) et ORSONI (J.) — **Marketing**, Vuibert (2e éd.), 1988.

(4) LENDREVIE (J.), LINDON (D.) et LAUFER (R.) — **Mercator**, Dalloz (3e éd.), 1989.

(5) KOTLER (P.) et DUBOIS (B.) — **Marketing Management**, Publi-union (6e éd.), 1989.

(6) DUBOIS (P.L.) et JOLIBERT (A.) — **Le Marketing**, Économica, 1989.

TEST DE CONNAISSANCE

Choisir une seule réponse par question :

Q1 — « L'effet retour » en marketing, c'est :

1. un produit défectueux retourné par un consommateur mécontent
2. une remontée d'informations en provenance du marché
3. un pré-test pour un produit nouveau

Q2 — L'image de marque, c'est :

1. la publicité faite pour une marque
2. une marque prestigieuse connue des consommateurs
3. les croyances des consommateurs au sujet d'une marque

Q3 — Les concurrents indirects font :

1. des produits identiques aux nôtres, mais vendus à des prix différents
2. des produits différents des nôtres, mais correspondant aux mêmes occasions d'achat
3. des produits différents des nôtres, mais correspondant aux mêmes objectifs d'achat

Q4 — Le taux de pénétration est le rapport :

1. du chiffre d'affaires de la marque, et du chiffre d'affaires total du marché
2. des consommateurs actuels, et des consommateurs potentiels
3. des non-consommateurs relatifs, et des consommateurs potentiels

Q5 — Le chiffre d'affaires en volume d'une entreprise indique :

1. les quantités vendues aux clients
2. le bénéfice
3. les quantités achetées aux fournisseurs

Réponses : Q1 = 2 ; Q2 = 3 ; Q3 = 3 ; Q4 = 2 ; Q5 = 1

CHAPITRE 2

ACTION MARKETING DE L'ENTREPRISE

Objectifs et articulation du chapitre

Ce chapitre vous permettra :

— d'acquérir une première **vision stratégique** de l'entreprise,

— de découvrir les **outils** marketing de l'entreprise qui lui permettent d'agir sur son marché,

— de situer la place de la **fonction** marketing dans l'entreprise.

Vous aurez ainsi déjà en tête, après la lecture de ces deux premiers chapitre, les répères essentiels pour la maîtrise du marketing.

Vous devez vous attarder sur la compréhension du marketing-mix et bien mémoriser le contenu de chaque variable : ces éléments sont à la base du travail d'un homme de marketing. Veillez aussi à bien intégrer la notion de **diagnostic**.

I — ANALYSE DES FORCES ET FAIBLESSES DE L'ENTREPRISE

Nous avons vu dans le Chapitre 1, les concepts de base utilisés en marketing. Dans ce paragraphe, nous allons voir comment apprécier la position d'une entreprise face à son environnement, ses concurrents, compte tenu de ses ressources.

I-1 Analyse interne

L'entreprise dispose de trois sortes de ressources internes : son savoir-faire, son potentiel humain, ses moyens financiers. Avant d'entamer un combat, il faut dresser l'état des lieux, pour chaque type de ressources. C'est l'objectif de l'analyse interne qui cherche, d'une part, à détecter les éventuelles faiblesses et à dégager les points forts de l'entreprise, d'autre part.

Figure 2-1 : Le savoir-faire d'une entreprise automobile

I-1-1 Savoir-faire

C'est la technologie que maîtrise l'entreprise. Il peut s'agir d'une opération de fabrication (moulage d'une pièce plastique) ou d'un enchaînement complexe d'opérations (montage d'une voiture). Pour un service, le savoir-faire résulte plus d'un « tour de main » (coupe d'un coiffeur) ou d'une compétence intellectuelle particulière (le diagnostic d'un grand médecin). Le savoir-faire s'acquiert et se transmet par la formation. Il se protège par le dépôt d'un brevet, dans le cas d'un produit.

L'accumulation des connaissances techniques de l'entreprise définit son **métier**. L'identification des composantes de ce métier est une phase majeure de la réflexion stratégique, car c'est souvent ce qui permet de dégager des points de supériorité (ou des faiblesses), face aux concurrents. La question clé est : « Qu'est-ce que l'entreprise sait faire de mieux que les concurrents ? ». Par exemple, pour un hypermarché, cela peut être de savoir acheter des produits plus frais que ses concurrents ; pour un fabricant de voitures, l'avantage peut résider dans un excellent contrôle de qualité de fabrication, ou dans la capacité à imposer un nouveau style qui se transforme en mode (voir Figure 2-1).

I-1-2 Potentiel humain

Les hommes sont à l'origine du savoir-faire de l'entreprise. Ils forment une organisation qu'il convient de motiver, de commander et de coordonner. C'est un des objectifs de la gestion des ressources humaines. Cet art de faire travailler harmonieusement quelques hommes, ou des milliers, constitue la deuxième ressource interne de l'entreprise. Le climat interne de l'entreprise est-il bon ? Les salariés sont-ils fiers d'appartenir à l'entreprise ? Quelles sont les relations avec les syndicats : partenaires ou adversaires ?

La réponse à une batterie de questions du type précédent permet de comparer la situation de l'entreprise par rapport à celle des concurrents. Ainsi, il est largement reconnu qu'une des forces des entreprises japonaises réside dans la qualité de leur potentiel humain : niveau élevé de formation, esprit de corps, fidélité à l'entreprise, etc.

I-1-3 Capacité financière

Chaque entreprise dispose de capitaux propres (capital social apporté par les actionnaires, bénéfices non distribués) et d'une possibilité d'emprunt bancaire. Ce volume détermine sa surface financière. Le lancement d'un nouveau produit impose de construire un plan de financement : ressources disponibles et emplois prévus. Si le solde du plan fait apparaître un besoin de financement, ce besoin ne peut être satisfait qu'avec une santé financière de l'entreprise jugée saine par les offreurs de capitaux. Les banques ont établi des listes de ratio, variables selon le type d'activité de l'entreprise, pour évaluer cette santé.

Il est important que l'homme de marketing ne perde pas de vue ces contraintes financières, avant de décider un investissement marketing. Les possibilités d'appel à des capitaux extérieurs (nouveaux actionnaires, emprunt bancaire) varient considérablement selon la taille des entreprises, le secteur d'activité et la situation financière. C'est encore un objectif de l'analyse interne de déterminer si la surface financière de l'entreprise est compatible avec les choix marketing. Les techniques d'analyse correspondantes sont du domaine de la gestion financière.

I-2 Analyse externe

L'analyse externe a pour objectif d'identifier les menaces et opportunités qui résident dans chaque composante de l'environnement externe.

I-2-1 Environnement technique

En confrontant le savoir-faire actuel de l'entreprise et les choix technologiques des concurrents, on apprécie l'avance ou le retard de l'entreprise. La surveillance systématique de cet environnement prend la forme d'une **veille technologique** (voir Flash marketing 2–1). Il s'agit de suivre régulièrement les découvertes réalisées et les brevets déposés, parfois dans un secteur d'activité très éloigné de celui de l'entreprise. On incorpore dans le produit les applications les plus intéressantes. Par exemple, des puces électroniques sont insérées dans les produits électro-ménagers, l'automobile ou les cartes de crédit. Ce suivi technologique est fondamental, car il impose parfois à l'entreprise d'apprendre un nouveau métier pour rester compétitif.

I-2-2 Environnement culturel

L'analyse de l'évolution de l'environnement culturel est riche d'opportunités pour le lancement de nouveaux produits. Des sociétés de conseil en marketing, telle que la Cofremca, réalisent périodiquement des enquêtes afin d'identifier et de prévoir les tendances lourdes de cet environnement. Par exemple, les produits « gain de temps » sont favorisés par le développement du travail féminin, et par un courant culturel de « satisfaction immédiate » : le four à micro-ondes, le développement photo en une heure, le lave-linge séchant, la restauration rapide, etc.

Flash marketing 2-1 : Les PMI et la veille technologique

« Neuf PMI sur dix ne font pas appel à des prestataires en information technologique, et quand elles le font, c'est souvent trop tard. Pourtant, il n'est pas nécessaire d'être à la pointe de l'innovation pour observer ce que font les concurrents ou pour repérer les laboratoires intéressants (...)

Auprès de qui s'adresser ?

Les organismes publics.

Le rôle de l'Anvar consiste plus à financer le recours aux « brokers » qu'à fournir de l'information. Mais l'Agence gère toujours un portefeuille de brevets (issus de la recherche publique), qui représentent autant d'opportunités technologiques.

« Les parapublics ».

L'information scientifique et technique constitue l'une des missions des centres techniques industriels : renseignements téléphoniques, magazines, revues techniques et banques de données. Les ARIST, mises en place par les Chambres régionales de commerce et d'industrie depuis quinze ans, offrent quatre produits. **Flash :** réponse à une question du genre : « Mon idée est-elle brevetable ? » Réponse dans les 2 jours, pour 2 000 francs environ. **Alerte :** il s'agit d'assurer une veille technologique (information sur les inventions, surveillance de la concurrence) à la demande d'une entreprise. **Synthèse :** une prestation plus lourde et onéreuse (30 000 francs environ), qui se traduit souvent par l'étude technique et commerciale d'un nouveau produit. **Transfert :** le plus ambitieux, puisqu'il s'agit de la mise en relation directe avec un « offreur de technologie » (grande entreprise, laboratoire de recherche...).

Les cabinets-conseils.

Classique, mais limité, le rôle des conseils en brevets d'invention consiste à réaliser des prestations de surveillance technologique, en interrogeant les bases de données de l'Inpi. »

Source : MERLANT (P.) — **L'Entreprise**, n° 31, mars 1988, p. 94-95.

I-2-3 Environnement économique et législatif

Leur suivi est facilité par le grand nombre de périodiques économiques (*Les Echos, L'Expansion, Le Nouvel Economiste*) disponibles. La publication de tableaux de bord avec les principaux indices économiques et sociaux donne un profil rapide de la conjoncture. A l'entreprise de repérer, dans ces informations, celle qui la menace ou qui la favorise directement. Par exemple, une baisse du taux de base bancaire a une influence directe sur le marché immobilier : le nombre d'emprunteurs potentiels s'accroît.

I-3 Tableaux de synthèse

Pour apprécier la position globale de l'entreprise face à son environnement interne et externe, il est utile de construire des tableaux (voir Figures 2-2 et 2-3). Le manager identifie les dimensions de l'environnement qui lui paraissent pertinentes pour son entreprise. Puis, après une série d'analyse, il complète les cases concernées. Un profil de forces/faiblesses et de menaces/opportunités apparaît clairement. Cela

ENTREPRISE	FAIBLESSES	FORCES
technologie		
finances		
humain		

Figure 2-2 : Analyse interne

TYPES D'ENVIRONNEMENT	MENACES	OPPORTUNITÉS
économique		
technologique		
législatif		
culturel		

Figure 2-3 : Analyse externe

facilite l'établissement du diagnostic stratégique que nous verrons dans le paragraphe suivant.

II — DIAGNOSTIC ET ACTION STRATÉGIQUE

II-1 Définition

Le diagnostic indique l'état de santé de l'entreprise et les raisons majeures qui ont conduit à l'état présent. Il s'apparente à un verdict fondé sur une série d'analyses préalables. Une forte analogie existe avec le diagnostic médical. Le médecin indique d'abord, en quelques mots, au patient si son état général de santé est satisfaisant ou alarmant ; puis, il explique les raisons de cet état de fait. Par exemple, un médecin peut diagnostiquer « une insuffisance hépatique, favorisée par une alimentation déséquilibrée ». Le diagnostic d'entreprise comporte ces deux temps : le jugement global, puis, la (ou les) causes majeure(s) expliquant la situation actuelle.

Plusieurs sortes de diagnostic existent :

— le diagnostic stratégique global : c'est celui qui s'appuie sur l'analyse interne et externe.

— les diagnostics spécifiques : il s'agit d'un diagnostic propre à une fonction de l'entreprise : finance, production, marketing, commerciale. Nous présenterons le diagnostic marketing, lors de l'analyse du plan marketing (voir Chapitre 7).

L'établissement d'un diagnostic global relève de la compétence de l'état-major de l'entreprise, les diagnostics fonctionnels étant plutôt établis par les directeurs de la fonction concernée. Il existe des sociétés de conseil spécialisées, extérieures à l'entreprise, dont la mission est de formuler ce diagnostic, puis de préconiser des recommandations. Quelques grands noms de sociétés de conseil en stratégie, en France et aux États-Unis, sont répertoriés dans le Flash marketing 2-2. Nous aurons l'occasion de reparler de certains d'entre eux.

Flash marketing 2-2 : Les conseils en stratégie

« La stratégie constitue l'activité la plus noble du conseil : la plupart des cabinets affirment intervenir dans ce domaine. L'essentiel des concepts et outils ont pris naissance dans les sociétés américaines comme Arthur D. Little (fondée en 1886), Mc Kinsey (1910). Mais c'est le Boston Consulting Group — essaimé par ADL en 1963 — qui a le plus contribué à la formalisation des outils d'intervention stratégique (...)

A la fin des années 1980, le nombre de cabinets exerçant en France dans la stratégie est estimé à 25, totalisant 400 consultants, contre plus de 5 600 professionnels aux États-Unis, pour seulement 8 cabinets (Mc Kinsey, Booz Allen & Hamilton, Arthur D. Little, A.T. Kearney, le BCG, Bain & Co, Strategic Planning Associates et Braxton Associates, A.F.T. Paynes). En France, quelques sociétés qui interviennent dans d'autres domaines d'activité (audit, formation, recrutement) sont présentes dans la stratégie : Bossard Consultants, Cegos, Eurequip, Sema. »

Source : Extraits d'A. BONFOUR — **Revue Française de Gestion**, n° 76, nov/déc 1989.

II-2 Choix stratégiques

II-2-1 Qu'est-ce qu'une stratégie ?

Bon nombre de définitions sont proposées par les auteurs. Beaucoup s'appuient sur une analogie entre la stratégie militaire et la stratégie d'entreprise. Notre définition tente d'établir une synthèse.

La **stratégie** est un mouvement d'ensemble opéré par une entreprise en vue d'atteindre un objectif fixé à l'avance. Elle repose sur un engagement des forces disponibles (technologie, investissements, hommes), selon un plan : le **plan stratégique**.

II-2-2 Logique stratégique

Le choix d'une stratégie s'effectue après deux étapes : l'analyse des forces et faiblesses de l'entreprise, et le diagnostic. La Figure 2-4 illustre cette démarche. C'est la direction générale de l'entreprise, parfois aidée d'un staff (état-major), qui

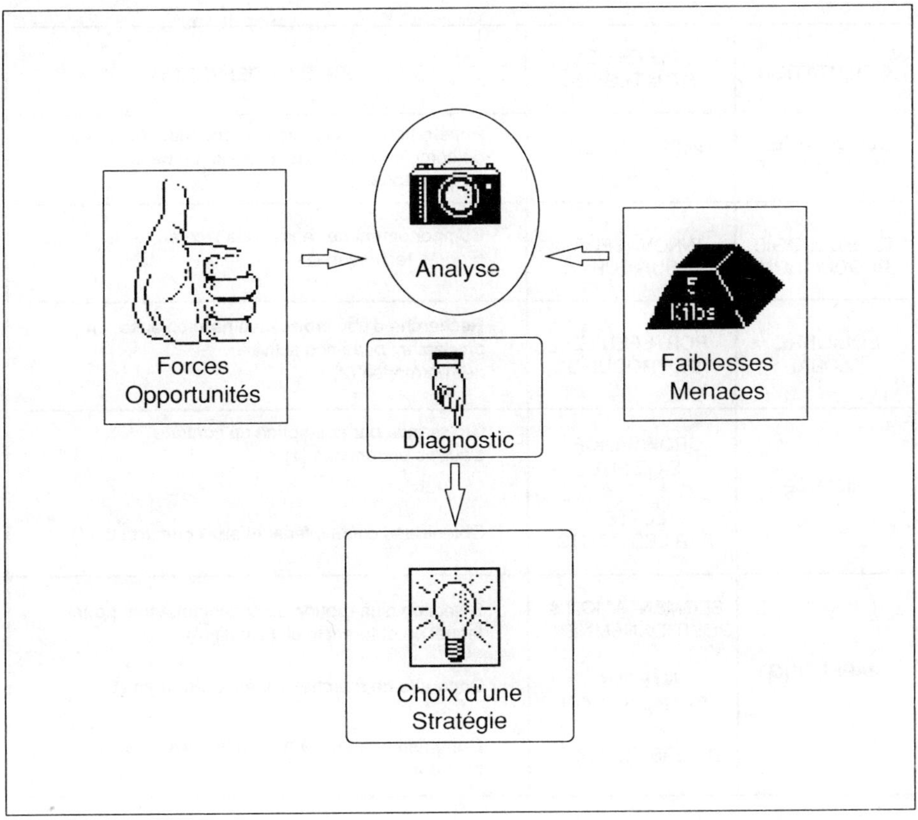

Figure 2-4 : La réflexion stratégique de l'entreprise

en détermine les grandes lignes. Ce choix est risqué car il engage l'entreprise pour une longue période : l'échéance est souvent comprise entre trois et cinq ans. Le marché est le point de rencontre des différentes manœuvres stratégiques effectuées par les concurrents : chaque entreprise cherche à modifier à son avantage, ou à stabiliser, sa position du moment.

II-2-3 Panorama stratégique

De même qu'il existe plusieurs niveaux de diagnostic, on répertorie plusieurs niveaux stratégiques : le niveau d'ensemble (plan stratégique général) et le niveau fonctionnel (stratégie marketing, financière, production) qui adapte pour chaque fonction de l'entreprise le plan global. Mais, dans la réalité, ces niveaux se chevauchent fréquemment. Aussi nous préférons présenter les stratégies à partir de la nature de leur orientation, dans la Figure 2-5. Seules quelques-unes de ces stratégies rentrent dans le cadre de cet ouvrage ; pour les autres, nous indiquons quelques références de base.

ORIENTATION	TYPES DE STRATÉGIES	ÉLEMÉNTS DE DÉFINITION
ÉCONOMIE INDUSTRIELLE	INTÉGRATION, FILIÈRE	Pénétration de secteurs interdépendants ou complémentaires de l'activité de base de l'entreprise (1)
TECHNOLOGIE (PRODUCTION)	INNOVATEUR, SUIVEUR	Comportement de l'entreprise face au progrès technique (1)
ÉQUILIBRE GLOBAL	PORTEFEUILLE DE PRODUITS	Recherche d'une croissance harmonieuse, en privilégiant certaines activités de l'entreprise (2)
FINANCE	CROISSANCE EXTERNE	Croissance par absorption ou contrôle d'autres entreprises (1)
	LUTTE PAR LES COÛTS	Obtenir des coûts inférieurs aux concurrents (3)
MARKETING	SEGMENTATION & POSITIONNEMNENT	Sélection d'un groupe de consommateurs pour lequel on différencie un produit (4)
	INTERNA-TIONALISATION	Conquête de marchés situés à l'étranger (5)
	DIVERSIFICATION	Conquête de nouveaux marchés avec de nouveaux produits (6)

Bibliographie et chapitres d'approfondissement

(1) MARTINET (A.) — **Stratégie**, Vuibert-Gestion, 1983.
(2) Voir Chapitre 6, paragraphe II.
(3) Voir Chapitre 6, paragraphe I.
(4) Voir Chapitre 5.
(5) USUNIER (J.C.) — **Management international**, PUF, 1987.
(6) DÉTRIÉ (J.P.) et RAMANANTSOA (B.) — **Stratégie de l'entreprise et diversification**, Nathan, 1987.

Figure 2-5 : Panorama des principales stratégies

III — LES OUTILS DE L'ACTION : LES VARIABLES DU MARKETING-MIX

III-1 Le marketing-mix

Pour atteindre les objectifs fixés, lorsque les choix stratégiques ont été arrêtés, le manager marketing combine, selon un dosage délicat à réaliser, quatre sortes d'outils : les variables du **marketing-mix**. Ces variables constituent les ingrédients de base de l'action marketing pour lutter sur un marché. On les désigne souvent

PRODUIT	PRIX	PROMOTION	DISTRIBUTION
Qualité intrinsèque Gamme de produits Options, tailles couleur Garantie Service après-vente	Tarif de base Remises Conditions de paiement	Publicité Force de vente Promotion des ventes Relations publiques Sponsoring et mécénat	Canaux de distribution Logistique Merchandising

Source : adapté d'HELFER (J.P.) et ORSONI (J.) — **Marketing**, Vuibert-Gestion, 1988.

Figure 2-6 : Les variables du marketing-mix : les « 4 P »

comme les « **4 P** », parce qu'en anglais ces variables commencent toutes par la lettre P : Product, Price, Promotion et Place. Chaque variable se décompose en sous-variables. Nous les recensons dans la Figure 2-6, puis nous en donnons un bref aperçu dans les paragraphes suivants. Nous reviendrons largement sur ces points, dans le cadre de la gestion du marketing-mix (voir 4e partie de l'ouvrage).

III-2 Sommaire de la variable produit

La **qualité intrinsèque** d'un produit représente son niveau effectif de qualité technique, mesurable à l'aide d'une échelle physique admise par tous. Elle est fonction du savoir-faire technologique de l'entreprise et du choix stratégique retenu.

> **Exemple :** Un lave-vaisselle consomme 20 litres d'eau, nécessite 1,8 kilowattheure d'énergie pour un temps de lavage de 74 minutes ; sa cuve est en acier inoxidable mono-bloc de 2 millimètres d'épaisseur.

L'entreprise fabrique rarement une seule référence d'un produit. La référence de base peut être disponible en différentes tailles, coloris ; elle peut ensuite donner naissance à une version plus élaborée (« le haut de gamme »), ou au contraire, plus dépouillée (« le bas de gamme »). Cette collection de références constitue la **gamme** de produits d'une entreprise, gérée par un **chef de produit** (voir paragraphe IV).

> **Exemple :** La gamme 205 Peugeot comprend un bas de gamme (205 junior), une moyenne gamme (205 GR), un haut de gamme (205 GTI). La plupart des modèles sont disponibles en version 3 ou 5 portes, avec un choix d'une douzaine de couleurs. Une vingtaine d'autres modèles s'insèrent entre ces 3 modèles, et forment la « gamme 205 ».

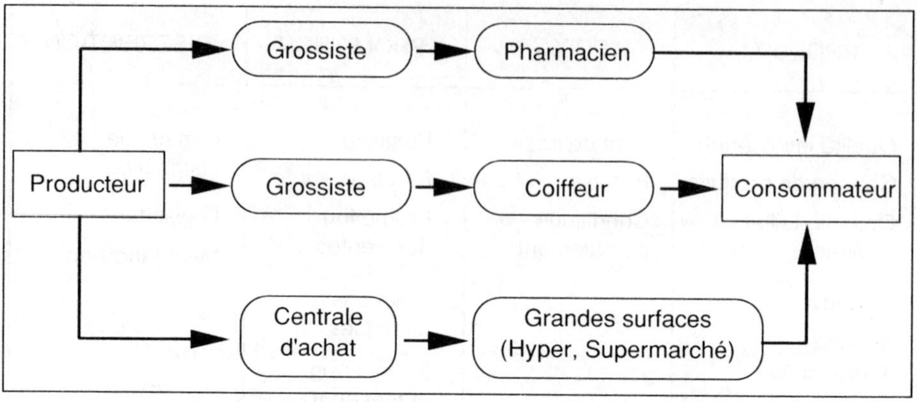

Figure 2-7 : Circuits et canaux de distribution d'un shampooing

La garantie d'un produit est exprimée en durée (mois, année) ou en fonction de l'utilisation (kilométrage, nombre de pièces produites, etc.) ; elle est gratuite ou payante. Il en va de même, pour le service après-vente (livraison, installation, maintenance, pièces détachées).

III-3 Sommaire de la variable distribution

Avant de parvenir au consommateur, un produit passe par un certain nombre d'intermédiaires : c'est le **canal** de distribution. L'ensemble des canaux, sélectionnés par une entreprise pour écouler ses produits jusqu'au consommateur, forme le **circuit de distribution**. Le nombre d'intermédiaires, par lesquels transite le produit, détermine la longueur du circuit. La Figure 2-7 montre que le circuit de distribution d'un fabricant de shampooings se compose de trois types de canaux : les pharmacies, les coiffeurs et les grandes surfaces ; compte tenu du nombre d'intermédiaires (deux entre le producteur et le consommateur), ce circuit est qualifié de long. La logistique couvre l'ensemble des opérations de transport et de livraison des produits, de la sortie de l'usine jusqu'au premier intermédiaire d'un canal. Ces opérations peuvent être sous-traitées.

Le **merchandising** désigne les techniques de mise en avant du produit sur le point de vente : choix de l'emplacement, agencement du rayon, etc.

III-4 Sommaire de la variable prix

Le tarif de base de la gamme s'applique à tous les acheteurs potentiels des produits de l'entreprise. Un certain nombre de remises, qui sont souvent fonction du volume de la vente, viennent minorer le prix de base du produit.

Un fabricant doit suivre deux sortes de prix : le **prix de vente facturé au distributeur**, et le **prix de vente public** facturé au consommateur final. Le prix-distributeur détermine le **chiffre d'affaires** de l'entreprise ; il est directement contrôlable par le fabricant. Le prix public est librement fixé par le distributeur (mais ne peut être inférieur à son prix d'achat) ; tout au plus, le fabricant peut conseiller à son distributeur un niveau de prix public. Pourtant, le suivi du prix public est important pour le fabricant : il détermine la marge moyenne du distributeur, et contribue à la formation de l'image de marque, pour le consommateur final. Plusieurs techniques existent pour contrôler à distance ce prix public (voir Chapitre 9).

Le paiement d'un produit se fait soit au comptant, soit à crédit. Pour les distributeurs, le règlement comptant est assorti d'une remise particulière (l'escompte) ; les conditions usuelles de règlement se calculent en jours : crédit de 30, 60 ou 90 jours. Le crédit gratuit au consommateur est assimilable à une opération de promotion.

III-5 Sommaire de la variable promotion (communication)

Cette variable est aussi appelée « communication », pour souligner qu'il s'agit d'un ensemble de techniques qui ont un but commun : communiquer avec un acheteur potentiel (distributeur ou consommateur final).

La publicité forme la branche la plus connue. Elle nécessite l'achat d'un emplacement payant dans un média de communication : télévision, presse, radio, cinéma, affichage extérieur. Chaque média se décompose en plusieurs supports : ainsi le média télévision regroupe six supports principaux : TF1, France 2, France 3, Arte, M6, Canal+. La ventilation du budget publicitaire d'une entreprise, entre l'ensemble des supports publicitaires, constitue le plan média de la campagne publicitaire.

L'ensemble des vendeurs d'une entreprise constitue sa force de vente. Directement en communication avec les distributeurs, les vendeurs sont une composante importante de la variable promotion.

Les techniques de promotion des ventes sont nombreuses. On distingue : les concours (« Gagnez une semaine au Maroc »), les primes de fidélité (« Un disque laser pour 50 points »), l'animation sur le lieu de vente (« L'anniversaire d'un centre commercial »), l'essai gratuit (« Essayez pendant un week-end cette voiture »), et les échantillons de produit. Une autre technique, utilisée très souvent, complète ce dispositif : les **remises exceptionnelles**. Il ne faut pas les confondre avec les remises liées au tarif de base, qui font partie de la variable prix. Il s'agit d'opérations *temporaires* (par exemple, du 1er au 15 janvier) de réduction sur le prix de vente. Les coupons de réduction, les offres spéciales (« + 15 % gratuit »), la vente par lots (« 3 pour le prix de 2 ») rentrent dans cette catégorie.

Les relations publiques consistent à entretenir de bonnes relations avec des personnes dont les avis ont un poids important : journalistes, vedettes, notabilités, etc. L'objectif est de faire parler, en bien, de l'entreprise ou de ses produits ; ou encore, d'influencer le cours de décisions politiques, économiques, jugées importantes pour le développement de l'entreprise.

Le sponsoring et le mécénat reviennent, pour l'entreprise, à parrainer une manifestation (sportive, culturelle, caritative, etc.). Dans le cas de sponsoring, le nom de l'entreprise ou de la marque apparaît de façon visible : c'est une forme d'achat d'un espace publicitaire sur une personne ou sur un objet. Pour le mécénat, la présence de marque est plus discrète, voire absente ; l'effet de communication est essentiellement obtenu par le relais des relations publiques qui complètent cette action, en associant le nom de l'entreprise à l'événement.

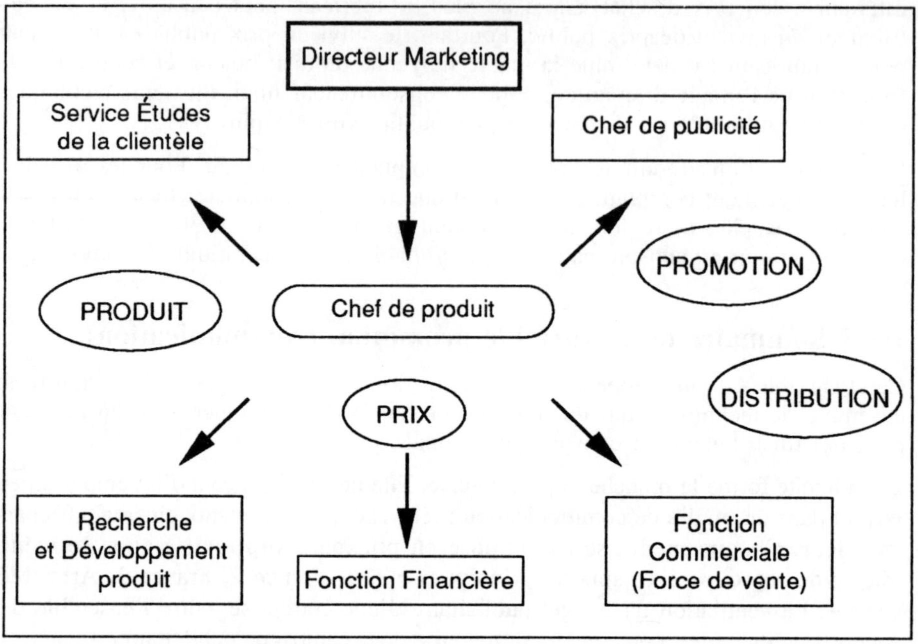

Figure 2-8 : La fonction chef de produit

IV — ORGANISATION DE LA FONCTION MARKETING

IV-1 Postes marketing

La fonction marketing offre plusieurs métiers. Nous n'en présenterons que deux, particulièrement importants.

IV-1-1 Chef de produit

Ses missions varient sensiblement d'une entreprise à l'autre. D'une façon générale, son rôle consiste à traduire les attentes du marché en recommandations pour la fabrication du produit. Ces recommandations sont regroupées dans un cahier des charges, transmis au service de Recherche et Développement de l'entreprise. Le chef de produit conçoit le marketing-mix de son produit ; il précise aux vendeurs, à qui et comment, il convient de vendre son produit.

La difficulté du métier réside dans le fait que le chef de produit est responsable du succès commercial de son produit, bien qu'il ne le vende pas directement. Son rôle consiste à coordonner un ensemble de partenaires, pour assurer le succès final de son produit : la direction financière pour la fixation du prix de vente, les ingénieurs pour le développement et la fabrication, les commerciaux pour la vente, etc. (voir Figure 2-8).

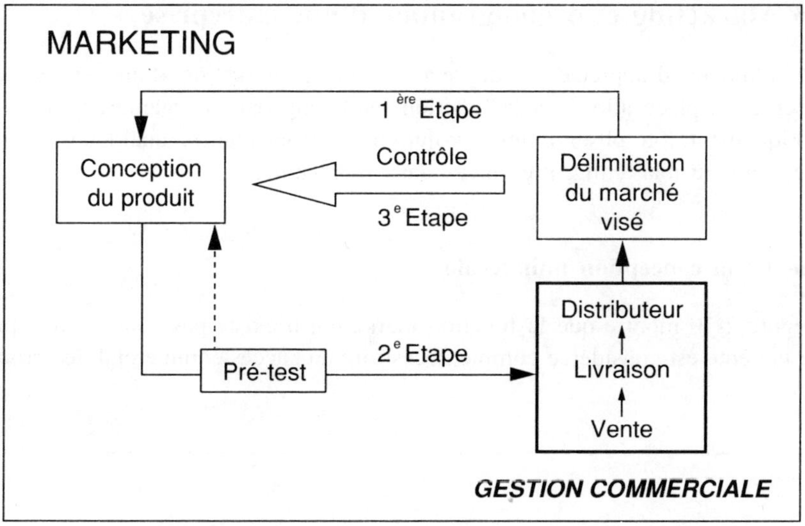

Figure 2-9 : Marketing et gestion commerciale

Il est possible de faire carrière dans cette fonction : on débute comme assistant, puis chef de produit, et enfin chef de groupe. Mais cette fonction est aussi un excellent tremplin vers des responsabilités de direction marketing ou commerciale, voire de direction d'une division produit (cf. paragraphe IV-3). Le profil de recrutement est double : formation ingénieur ou commerciale. On peut intégrer cette fonction, après une brève expérience professionnelle, dès la sortie de l'enseignement supérieur. Les salaires annuels sont compris, environ, entre 200 000 et 400 000 francs.

IV-1-2 Directeur marketing

Il est responsable des choix stratégiques de marketing, de la coordination et du contrôle des différents plans marketing, lorsqu'il y a plusieurs chefs de produits. Son profil de carrière varie suivant le type de produit : origine commerciale ou marketing pour les biens de grande consommation (lessive, alimentaire, etc.) ; origine ingénieur de fabrication ou recherche et développement, pour les biens industriels (électronique, machine-outil, etc.). Sa rémunération dépend du chiffre d'affaires de l'entreprise et de son expérience ; la fourchette est large : de 300 000 à 600 000 francs annuels.

IV-2 Marketing et gestion commerciale

Ces deux éléments sont souvent, à tort, assimilés. En réalité, si l'on adopte la conception du marketing intégrée (voir Chapitre 1), la gestion commerciale (techniques et administration des ventes) n'est qu'une partie du marketing. Outre la gestion commerciale, le marketing supervise les études de marché, oriente la conception du produit, définit et contrôle la réalisation du marketing-mix. La Figure 2-9 retrace cette distinction.

IV-3 Marketing et organigramme d'une entreprise

Un bon moyen d'apprécier le degré de maturité marketing d'une entreprise est d'observer la place allouée à la fonction marketing dans l'organigramme général. Historiquement, on observe une évolution en trois étapes, analogues aux trois conceptions du marketing, présentées dans le Chapitre 1.

Étape 1 : la conception unilatérale

La Figure 2-10 montre que la fonction marketing n'existe pas. Dans cette optique, seule la vente est considérée comme nécessaire au succès commercial des produits.

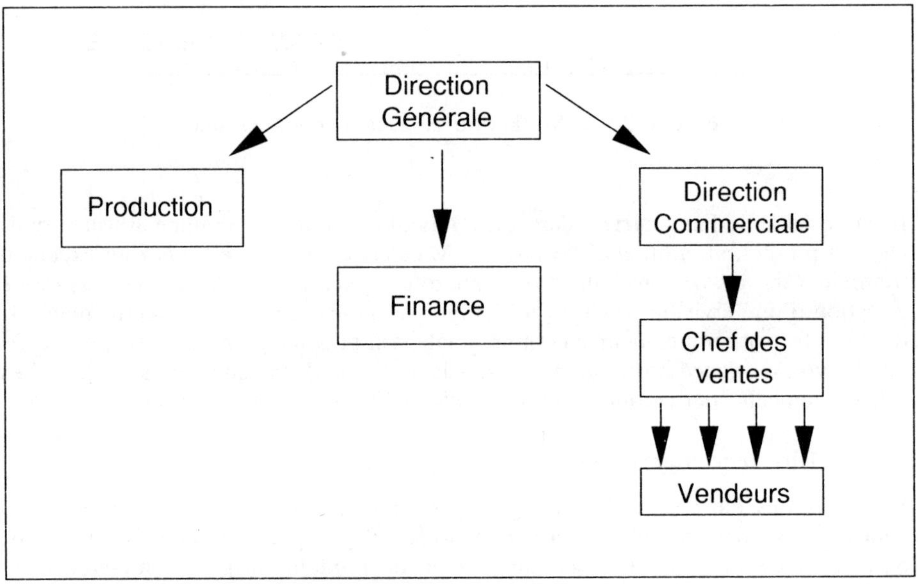

Figure 2-10 : Étape 1 = conception unilatérale du marketing

Étape 2 : la conception bilatérale

La fonction marketing fait d'abord une timide apparition au sein de la fonction commerciale ; puis progressivement, la reconnaissance du marketing s'accroît : un poste de directeur marketing est créé. Ce dernier gère une équipe qui progressivement s'étoffe : chargé d'études, chef de produit, chef de publicité. Mais hiérarchiquement le marketing reste sous les ordres du directeur commercial (voir Figure 2–11).

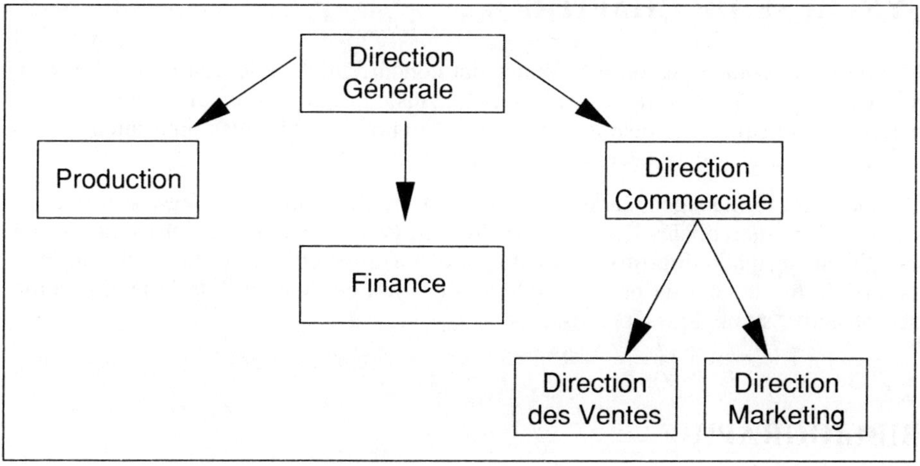

Figure 2-11 : Étape 2 = conception bilatérale

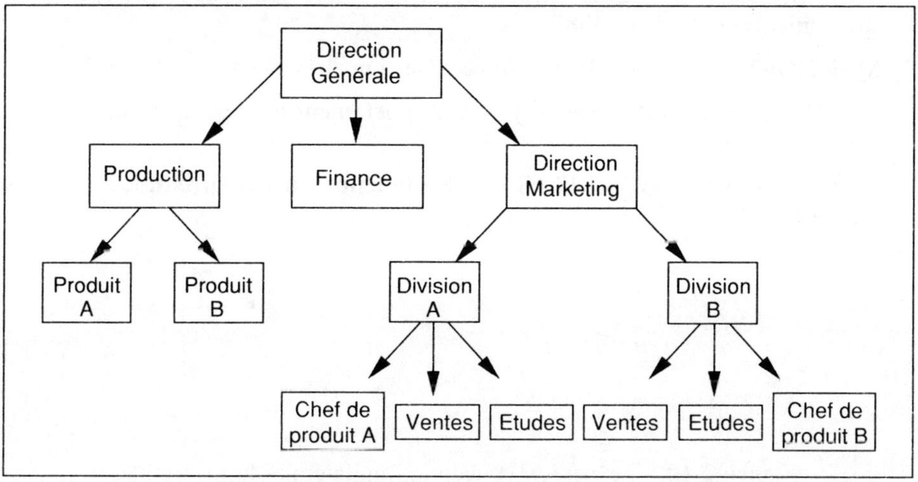

Figure 2-12 : Étape 3 = conception intégrée

Étape 3 : la conception intégrée

Ce dernier stade consacre la prédominance du marketing sur la fonction commerciale (voir Figure 2-12). Dans le cas d'une entreprise fabriquant plusieurs produits, cette étape s'accompagne fréquemment d'un bouleversement de son organisation. On passe alors d'une organisation par grandes fonctions (production, finance, commerciale) à une organisation par lignes de produits (appelées divisions produits).

SYNTHÈSE DU CHAPITRE

L'entreprise évolue dans un environnement concurrentiel : elle doit d'abord être en mesure d'apprécier ses forces et ses faiblesses, ce qui la conduit à formuler un diagnostic. Ensuite, elle dispose de plusieurs options stratégiques pour atteindre les objectifs fixés : d'où la nécessité d'opérer un choix.

De son côté, le manager marketing intervient en élaborant un dosage délicat entre 4 sortes d'outils (appelés les « 4 P » = Produit, Prix, Promotion et Distribution) qui constituent le marketing-mix de l'entreprise. La mise en œuvre du marketing-mix est opérée par le chef de produit ; elle a pour mission de contribuer à la réalisation des objectifs stratégiques prévus.

BIBLIOGRAPHIE

Ces ouvrages approfondissent l'un ou l'autre des aspects du chapitre. Leur lecture permet d'acquérir rapidement une bonne culture en matière de stratégie et d'organisation d'entreprise, ce qui est profitable en marketing.

(1) DÉTRIÉ (J.P.) et RAMANANTSOA (B.) — **Stratégie de l'entreprise et diversification**, Nathan, 1987.

(2) MARTINET (A.) — **Stratégie**, Vuibert-Gestion, 1983.

(3) ROJOT (J.) et BERGMANN (A.) — **Comportement et organisation**, Vuibert-Gestion, 1989.

(4) YON (B.) et PANIGYRAKIS (G.) — **La fonction chef de produit,** Éd. d'Organisation, 1987.

TEST DE CONNAISSANCE

Choisir une seule réponse par question :

Q1 — Le diagnostic se fait :

1. avant l'analyse des forces et faiblesses
2. après l'analyse des forces et faiblesses
3. après le choix d'une stratégie

Q2 — Le cahier des charges, rédigé par le chef de produit, c'est :

1. un résumé des points forts et faibles du produit
2. un plan de production du produit
3. les problèmes à résoudre pour satisfaire le consommateur

Q3 — Le merchandising est une variable du marketing-mix qui a pour but de :

1. offrir une réduction de prix au consommateur
2. attirer le consommateur vers la marque
3. améliorer la qualité intrinsèque du produit

Q4 — La veille technologique, c'est :

1. suivre les produits des concurrents et les nouvelles technologies
2. acheter des nouvelles technologies
3. déposer des brevets à la suite d'une recherche appliquée

Q5 — Le prix de vente public, c'est équivalent au :

1. prix facturé au distributeur
2. prix d'achat du distributeur
3. prix d'achat du consommateur final

Réponses : Q1 = 2 ; Q2 = 3 ; Q3 = 2 ; Q4 = 1 ; Q5 = 3

DEUXIÈME PARTIE :

L'INFORMATION MARKETING

CHAPITRE 3

LES DÉCISIONS DU CONSOMMATEUR

Objectifs et articulations du chapitre

Avec ce chapitre, nous entrons dans la deuxième partie de l'ouvrage : la recherche de l'information. C'est une étape indispensable avant l'action marketing.

Après la lecture de ce chapitre, vous pourrez :

— comprendre les décisions du consommateur : pourquoi le consommateur choisit-il une marque plutôt qu'une autre ?

— retracer l'arrière-plan théorique du comportement du consommateur qui constitue les fondations du marketing,

— comparer la décision individuelle d'achat, et celle faite avec plusieurs partenaires.

Ce chapitre vous semblera peut-être un peu ardu. Pourtant, il constitue un point de passage impératif, si vous souhaitez étayer les décisions stratégiques en marketing (3e partie) et maîtriser la gestion du marketing-mix (4e partie). Vous pouvez aussi le mettre de côté, pour une première lecture ; vous le reprendrez comme approfondissement, après la lecture complète de l'ouvrage.

I — LA RECHERCHE D'INFORMATIONS SUR LES PRODUITS

Comment le consommateur reçoit-il l'information sur un produit, ou sur une marque ? Comment l'interprète-t-il ? Comment l'utilise-t-il dans ses décisions d'achat ? C'est à ce type de questions que ce paragraphe souhaite répondre. La recherche menée sur le comportement du consommateur fournit des éléments de réponses fructueux, notamment pour orienter la publicité d'un produit.

I-1 Acquisition et traitement de l'information

I-1-1 Processus d'information

Le consommateur est soumis, consciemment ou inconsciemment, à une somme considérable d'informations sur les produits ou sur les marques.

Monsieur Quonso se promène en ville : il passe devant la vitrine alléchante d'une bijouterie, prend machinalement en main un prospectus qui annonce un grand choix de moquette à des prix intéressants ; il s'arrête ensuite, quelques instants, pour observer le style d'une nouvelle marque de voiture stationnée à proximité.

Monsieur Quonso a été confronté à une série de bribes d'informations : publicités, prix, noms de marques, formes de produits. Chaque unité d'information correspond à un **stimulus**, qui cherche à faire réagir Monsieur Quonso. Face à ces sollicitations, plusieurs réactions sont possibles. Elles sont présentées dans la Figure 3-1.

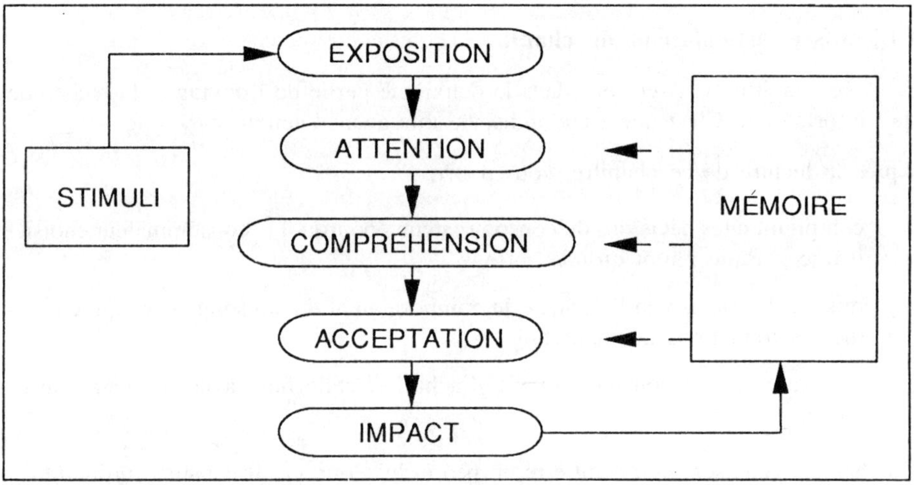

Source : ENGEL (J.), BLACKWELL (R.) et MINIARD (P.) — **Consumer Behavior**, Dryden Press 1990, p. 364.

Figure 3-1 : Les étapes du processus d'information

Exposition : C'est la confrontation physique entre une personne et un stimulus ; elle sollicite l'un des cinq sens du consommateur. Généralement, cette exposition est réalisée par l'intermédiaire d'un **média**.

Attention : Le consommateur commence à décoder le stimulus. L'attention du consommateur est sélective, parce qu'elle est confrontée à de nombreuses sollicitations. Donc, la difficulté pour l'entreprise est de construire un stimulus capable d'émerger de la masse des autres sollicitations. Nous verrons comment faire dans le Chapitre 10.

Compréhension : L'information est interprétée par le consommateur, selon ses propres structures mentales. L'information traitée est prête à être utilisée.

Impact et mémorisation : L'impact représente la capacité d'une information à être retenue par le consommateur ; cela dépend, notamment, de la force de conviction du message transmis et de sa crédibilité. L'information est alors stockée dans la mémoire du consommateur, c'est-à-dire mémorisée. Elle pourra être réactivée ultérieurement, lors de l'évaluation de marques.

I-1-2 Quantité d'informations stockées

Pourquoi un consommateur retient-il ou non une information ? La réponse à cette question intéresse vivement les publicitaires ; elle n'est pas simple. La recherche sur le comportement d'achat du consommateur a mis en évidence deux types de variables :

Facteurs liés à la personne : Les experts ont tendance à emmagasiner une plus grande quantité d'informations que les autres, et à la remettre régulièrement à jour. Les experts sont des consommateurs très familiers d'une catégorie de produit, parce qu'ils sont passionnés par ce produit ou parce qu'ils en consomment de grandes quantités.

Facteurs liés à la situation d'achat : Pour les achats routiniers (i.e. achats courants), la quantité d'informations stockée est faible ; à l'inverse, pour les achats jugés importants, la recherche d'information est forte, et s'étale sur une plus longue période. Ces points sont importants pour bien comprendre les décisions d'achats du consommateur ; nous allons les développer dans le paragraphe suivant.

I-2 Contexte de l'achat

I-2-1 Perception du risque lié à l'achat

Quand le consommateur est conscient qu'un mauvais choix d'une marque peut produire un résultat désagréable, l'achat est considéré comme risqué.

> Poursuivons la promenade de Monsieur Quonso ; celui-ci souhaite acheter une nouvelle paire de chaussures. Il pénètre dans un magasin d'allure classique dont les prix semblent corrects. Monsieur Quonso essaie plusieurs paires : « Celle-ci me fait trop mal aux pieds ; de quoi aurais-je l'air avec celle-là, avec cette grosse semelle ? cette autre paire me semble très fragile ; dans six mois, je devrai recommencer cette corvée d'achat. Que vaut cette marque que je ne connais pas, et qui me semble bien chère ? » Le vendeur le rassure : cette dernière est une marque italienne, très solide et qui convient tout à fait à quelqu'un comme lui. Après avoir conclu l'achat, Monsieur Quonso doute : « Quest-ce que ma femme va en penser ? » Il ne peut s'empêcher de regarder d'autres vitrines, pour se conforter dans son choix.

Plusieurs types de risques ont été inventoriés :

1. Le risque financier est lié à une possible perte d'argent : « Que vaut cette marque que je ne connais pas, et qui me semble bien chère ? ».
2. Le risque physique correspond à d'éventuelles dégradations résultant de la consommation : « Celle-ci me fait trop mal aux pieds ».

3. Le risque psycho-social intègre l'avis de l'entourage : « De quoi aurais-je l'air avec cette grosse semelle ? » ; « Qu'est-ce que ma femme va en penser ? ».

4. Le risque de perte de temps est une conséquence indirecte due à l'achat d'un produit défectueux : « Dans six mois, je devrai recommencer cette corvée d'achat ».

I-2-2 Implication de l'acheteur

Certains achats provoquent une forte réaction chez le consommateur, alors que d'autres l'indiffèrent. Pourquoi ? La théorie de l'**implication** fournit plusieurs réponses. Un achat à caractère impliquant est un achat qui est perçu comme risqué et (ou) qui présente un grand intérêt pour le consommateur : par exemple, l'achat d'une paire de ski pour un skieur de compétition, le voyage de noces pour des jeunes mariés. Il est possible de mesurer le degré d'implication d'un consommateur, grâce à différentes techniques. Le processus de décision du consommateur varie selon son degré d'implication pour la catégorie du produit à acheter. Dans le cas d'une faible implication, le consommateur recherche peu d'informations sur les produits, et a tendance à estimer que toutes les marques se valent. A l'inverse, un consommateur fortement impliqué recherche activement des informations et distingue plus nettement les marques les unes des autres.

I-2-3 Pression du temps

Que se passe-t-il si le consommateur dispose de peu de temps pour effectuer son achat ? Ce type de situation se rencontre fréquemment dans la réalité commerciale : achats du week-end dans les centres commerciaux, périodes de fêtes, etc. Plusieurs recherches montrent que l'acheteur simplifie sa tâche : il n'utilise que peu d'informations, et a tendance à donner la préférence aux marques les plus connues. Ces résultats sont aussi valables, lorsque le consommateur est distrait par une forte musique, ou fatigué par des courses interminables.

I-3 Conséquences pour le marketing

Produit et prix

Sur quelles caractéristiques d'une marque le consommateur recherche-t-il de l'information ? Consulte-t-il le prix de vente ? Sur combien de caractéristiques compare-t-il les marques ? Les réponses à ces questions canalisent l'action du chef de produit. Nous allons y répondre dans le paragraphe II.

Communication

Connaître la manière dont le consommateur recherche, traite et mémorise l'information a des implications majeures pour accroître l'efficacité d'une publicité : Que faut-il dire et comment ? Quand le dire et à qui ? Ces réponses seront données dans le Chapitre 10.

II — LE CHOIX D'UNE MARQUE PAR LE CONSOMMATEUR

Pourquoi le consommateur choisit-il une marque plutôt qu'une autre ? Sur quels éléments fonde-t-il son choix ? Nous allons ouvrir « la boîte noire » du consommateur, et mettre à jour quelques mécanismes et règles de décision.

II-1 Attributs, critères de choix

Les marques peuvent s'apprécier et se comparer sur un ensemble de caractéristiques ou d'attributs : par exemple, le prix, la couleur, la solidité, l'esthétique, etc. Parmi cet ensemble de caractéristiques, certaines apparaissent fondamentales au consommateur : elles déterminent son choix. Ces caractéristiques-clés sont appelées **critères de choix**, ou encore **attributs déterminants**. L'acheteur compare les marques sur un petit nombre de critères de choix (généralement compris entre 5 et 9).

> Revenons sur l'achat de Monsieur Quonso. Qu'avait-il en tête au moment du choix ? Il a regardé les **prix** des chaussures exposées en vitrine (« Les prix semblent corrects ») ; puis il a testé le **confort** d'une marque (« Celle-ci me fait trop mal aux pieds »), évalué l'**esthétique** d'une autre (« De quoi aurais-je l'air avec cette grosse semelle ? ») et la **solidité** (« Cette autre paire me semble très fragile »). Enfin, il s'interroge sur la **réputation** de la marque (« Que vaut cette marque que je ne connais pas ? »). Dans ce cas, on dira que Monsieur Quonso a comparé les différentes marques présentes dans le magasin sur **5 critères de choix**.

Implications marketing

Il est important de comprendre que seules certaines carctéristiques des marques sont déterminantes lors du choix : c'est sur ces seuls attributs que le chef de produit doit se concentrer lors de la création d'un nouveau produit. Par exemple, Monsieur Quonso n'a pas regardé les couleurs des chaussures, ni leur mode de fermeture, etc. ; en revanche, il a plusieurs fois évalué le prix, l'esthétique et la solidité des marques. On admet qu'un attribut devient déterminant s'il est *à la fois* important *et* s'il permet de bien distinguer les marques les unes des autres. Par exemple, Monsieur Quonso considère que les marques exposées en vitrine présentent des différences de prix assez marquées, et que leur solidité varie sensiblement d'un modèle à l'autre ; comme il s'agit, par ailleurs, d'attributs qui comptent fortement pour lui, ces attributs sont donc devenus déterminants du choix.

Le **cahier des charges**, élaboré par le chef de produit, permet d'indiquer au bureau d'étude les problèmes prioritaires qu'il faut résoudre techniquement pour satisfaire le consommateur. Il s'appuie principalement sur les critères de choix du consommateur : par exemple, « faire un marque très solide, confortable, mais qui pourra être vendue à un prix élevé ».

La communication publicitaire est facilitée par la connaissance des critères de choix utilisés par les consommateurs. Le publicitaire cherche à démontrer que sa marque est excellente sur les critères considérés par les acheteurs potentiels : en d'autres termes, la marque correspond exactement aux exigences des consommateurs.

Méthodes d'identification

Comment le chef de produit peut-il isoler les attributs déterminants, des autres attributs ? Il existe une bonne vingtaine de méthodes ; leur présentation sort du

Fiche technique 3-1 : La méthode de citation directe

Comment recueillir les informations ?

1. *Bâtir un scénario d'achat du produit précisant l'usage prévu, l'environnement de l'achat, etc. ;*

2. *Réunir un échantillon de 30 à 50 consommateurs ; présenter à chaque interviewé une liste de 5 à 7 marques ; éliminer celles qu'il ne connaît pas ;*

3. *Poser une question ouverte : « Qu'est-ce qui vous vient spontanément à l'esprit, sans réfléchir, quand vous pensez à l'une ou l'autre de ces marques, pour votre prochain achat ? ».*

Comment identifier les critères de choix ?

4. *Faire un tri dans les informations fournies : éliminer, regrouper les attributs qui se répètent ;*

5. *Classer les attributs en commençant par celui qui est le plus souvent cité par les interviewés, puis celui qui vient en second rang, etc.*

6. *Sélectionner comme critère de choix tous les attributs qui ont été cités par au moins un interviewé sur deux (= fréquence de citation ≥ 50 %).*

cadre de cet ouvrage[1]. Nous avons cependant choisi de présenter l'une d'entre elles, particulièrement intéressante et simple à mettre en œuvre, dans la Fiche technique 3-1.

II-2 Évaluation des marques avant l'achat

II-2-1 Processus d'évaluation

Le consommateur évalue les marques en procédant par étapes. Il recherche d'abord dans sa mémoire des informations pour juger les marques qui s'offrent à lui, au point de vente. Certaines sont connues de nom ; d'autres sont familières, parce que déjà essayées ; d'autres enfin sont inconnues. Les informations stockées dans sa mémoire peuvent être complétées par des stimuli qui émanent du point de vente : les conseils d'un vendeurs, l'emplacement dans le rayon, une offre spéciale, etc.

Cet ensemble d'informations conduit à la formation de **croyances** sur les attributs déterminants. Ces croyances peuvent être favorables ou défavorables. Elles peuvent être très solides ou floues, selon la confiance du consommateur dans ses jugements, ou selon son expérience. Par exemple : « Je suis sûr que cette marque de chaussure est très confortable, mais son esthétique ne me plaît pas ; cette autre marque est très

[1] Pour approfondir, voir PRAS (B.) et TARONDEAU (J.C.) — **Comportement de l'acheteur**, Sirey : Paris, 1981.

belle, mais vraiment son prix est trop élevé pour mon budget ; je ne suis pas sûr que celle-ci soit très solide, vu son faible prix de vente... ».

Enfin, le consommateur se forge une **attitude** globale sur chaque marque : « J'aime beaucoup celle-ci, je déteste celle-là... ». La compréhension de la notion d'attitude est fondamentale (voir Fiche technique 3-2). Cette attitude est le résultat de l'intégration d'une série de croyances, vis-à-vis d'une marque donnée, effectuée selon des règles de décision propres à chaque consommateur. La recherche en marketing a identifié plusieurs schémas types, appelés modèles de choix que nous allons présenter dans la paragraphe suivant.

Fiche technique 3-2 : Qu'est-ce qu'une attitude ?

Définition

C'est une prédisposition favorable ou défavorable vis-à-vis de personnes, d'objets ou de marques ; l'attitude repose sur une organisation de croyances durables ; une attitude favorable, vis-à-vis d'une marque, débouche sur une préférence pour celle-ci.

Comment se forme-t-elle ?

L'attitude prend ses racines dans la culture, la famille et l'éducation ; elle évolue en fonction des expériences personnelles de l'individu, de l'image de soi et des nouvelles informations acquises (notamment par la publicité) sur les produits ou marques.

Les trois composantes d'une attitude :

— ***cognitive*** *: ce que le consommateur connaît sur une marque ou un produit. Ces éléments cognitifs peuvent être exacts, incomplets ou erronés : c'est la base des croyances.*

— ***affective*** *: ce que le consommateur aime ou n'aime pas dans une marque.*

— ***conative*** *: c'est la prédisposition à l'acte d'achat ; lorsque cette troisième branche existe, on considère que l'attitude devient une intention d'achat.*

Exemple

Monsieur Quonso s'interroge : « Que vaut cette marque que je ne connais pas, et qui me semble bien chère ? » Ses éléments cognitifs vis-à-vis de cette marque sont réduits : il ne connaît pas la réputation de la marque, mais il considère le prix comme trop cher. Le vendeur fait sensiblement évoluer l'attitude — défavorable au départ — de Monsieur Quonso, en jouant sur deux composantes : la cognitive, en apportant des informations : « cette marque est italienne, (donc) très solide »; l'affective : « elle convient tout à fait à quelqu'un comme lui ». Le résultat est que la composante conative apparaît rapidement (Monsieur Quonso est séduit), puis se transforme en un achat effectif.

II-2-2 Modèles utilisés pour comparer les marques

On a pu montrer que le consommateur utilise une règle de décision pour juger les marques en présence. Trois types de modèles ont été identifiés. Leur formulation est illustrée dans la Fiche technique 3-3.

Fiche technique 3-3 : Les modèles de choix du consommateur

Monsieur Quonso a rempli un questionnaire juste après son achat. Pour simplifier, seules deux marques de chaussures (LALA et LOULOU) ont été évaluées. On a utilisé une échelle graduée de 1 à 5, pour enregistrer ses réponses. Un score de 5 pour une marque correspond à une note excellente de cette marque sur le critère (ou à un poids extrême pour le critère) ; 3 correspond à un score moyen, etc. Supposons, dans la réalité, que notre consommateur ait choisi la marque LALA ; quelle règle de décision ce consommateur a-t-il utilisée pour faire son choix ? Les résultats montrent qu'il s'agit d'un règle conjonctive.

Critères de choix	Importance (poids) du critère	Notes des marques sur les critères LALA	LOULOU	Notes minima exigées
Prix	5	2	5	2
Esthétique	2	3	3	3
Solidité	4	4	2	3

Résultats :

Règle compensatoire : *LOULOU est choisi, parce que son score global est le plus élévé:*

LALA = 5(2) + 2(3) + 4(4) = 32
(5 = poids du critère prix, multiplié par 2 = note pondérée de LALA sur le critère prix, etc.)

LOULOU = 5(5) + 2(3) + 4(2) = 39

Règle lexicographique : *LOULOU est choisi, parce qu'il obtient une meilleure note (= 5) que LALA (= 2) sur le critère prix qui est jugé le plus important.*

Règle conjonctive : *LALA est choisi, parce que c'est la seule marque à avoir des notes, pour tous les critères, supérieures aux notes éliminatoires ; LOULOU est éliminé sur le critère solidité (note = 2, note éliminatoire = 3).*

Règle compensatoire (modèle linéaire additif) : le consommateur juge chaque marque sur la liste des critères de choix qu'il a en tête ; chaque marque obtient une série de notes qui sont additionnées pour former leur score global ; l'achat se porte sur la marque qui obtient le meilleur score global. Le modèle est dit compensatoire, parce qu'une mauvaise note sur un critère peut être compensée par une bonne note sur un autre critère.

Règle lexicographique : la marque choisie est celle qui obtient la meilleure note sur le critère de choix considéré comme le plus important, par le consommateur. Si deux ou plusieurs marques sont à égalité, le consommateur les départage sur le deuxième critère, le cas échéant sur le troisième, etc.

Règle conjonctive : l'acheteur a en tête des seuils minima d'exigences que doit atteindre la marque achetée. Il s'agit en quelque sorte de notes éliminatoires sur la liste de critères. La marque retenue est celle qui est au-dessus de ces notes. S'il n'en existe aucune, le consommateur transige : il baisse certaines de ces exigences, jusqu'à ce qu'une marque « passe la barre ».

II-2-3 Implications marketing

Ces résultats de la recherche en marketing sont utiles pour la gestion d'un produit. Supposons que le chef de produit de la marque LOULOU constate une stagnation des ventes pour sa marque. Il pense que son produit n'est plus compétitif par rapport aux concurrents, mais il ne sait pas exactement ce qu'il convient de modifier : le prix, l'esthétique, la solidité ? Imaginons que l'étude de marché, faite sur un échantillon d'acheteurs potentiels, conduise à des résultats identiques à ceux de la Fiche technique 3-3 : c'est-à-dire que les consommateurs utilisent, dans leur grande majorité, une règle conjonctive. Dans ce cas, il faudrait améliorer la solidité de la marque LOULOU, jusqu'à ce qu'elle atteigne une évaluation supérieure ou égale à la note éliminatoire.

Bien d'autres implications se dégagent de la connaissance des mécanismes de la « boîte noire » du consommateur, particulièrement pour le choix d'une stratégie ou pour la gestion de la communication. Le lecteur intéressé se reportera aux références bibliographiques fournies à la fin de ce chapitre.

II-3 Choix final et après-choix

II-3-1 Choix final

L'achat d'une marque traduit un **comportement,** c'est-à-dire un choix observable et mesurable. On admet que, fréquemment, le choix d'une marque découle d'une intention d'achat, qui est elle-même prédite par l'attitude favorable du consommateur vis-à-vis de la marque achetée.

L'acheteur ne considère pas sérieusement, lors du choix final, toutes les marques qu'il connaît. La marque retenue appartient à l'**ensemble évoqué** par le consommateur. C'est le petit nombre de marques, extrait des marques connues du consommateur, qui a une probabilité non nulle d'être acheté. On a montré que la taille moyenne de l'ensemble évoqué varie, selon la catégorie de produits, entre 3 et 5 marques, pour une moyenne de 8 à 19 marques connues. Par exemple, le consommateur connaît en moyenne 10 marques de dentifrice, mais n'envisage sérieusement d'en acheter, en moyenne, que 3.

II-3-2 Après-choix

La consommation de la marque achetée fournit des informations qui enrichissent la mémoire de l'acheteur. S'il y a satisfaction, les croyances favorables se renforcent et tendent à accroître la **fidélité** du consommateur vis-à-vis de la marque. En d'autres termes, la probabilité que le consommateur rachète la marque, lors du prochain achat, augmente. A l'inverse, en cas d'insatisfaction, des croyances négatives s'inscrivent dans sa mémoire.

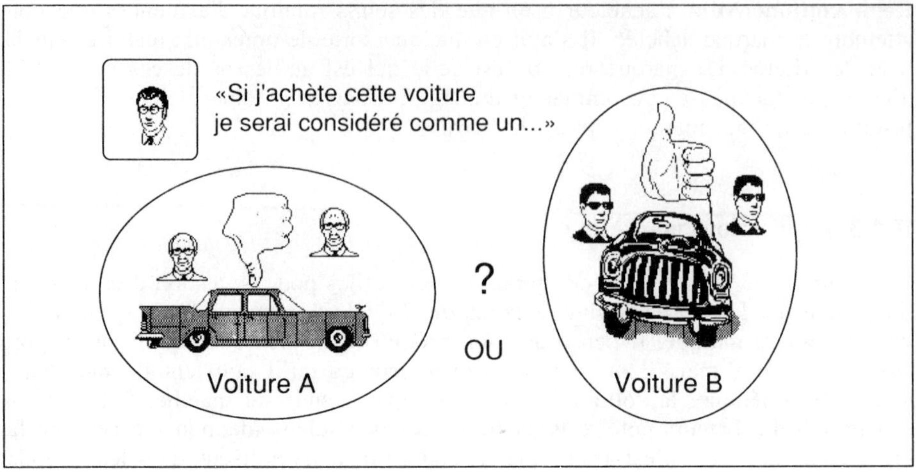

Figure 3-2 : Les croyances et les groupes de référence

II-4 Influence interpersonnelle

La formation des croyances du consommateur subit des influences de la part d'autres personnes : c'est l'influence interpersonnelle. Deux types d'influences sont importants : le groupe de référence et le leader d'opinion.

II-4-1 Groupe de référence

Certaines catégories de produits ont une valeur de **signe** importante. Il s'agit des produits dont la consommation montre à l'entourage que l'on revendique l'appartenance à une classe sociale déterminée. On parle alors de consommation ostentatoire : par exemple, des produits commme les vêtements, les alcools ou les parfums rentrent dans cette catégorie. Le consommateur calque ses jugements sur ceux du groupe auquel il souhaite appartenir : c'est le groupe de référence. Si le groupe évalue favorablement la marque, les croyances du consommateur seront à leur tour favorables ; dans le cas contraire, ses croyances seront défavorables. Ainsi l'acheteur de la Figure 3-2 évalue favorablement la voiture B, car elle est bien considérée par le groupe auquel il souhaite appartenir ; inversement il rejette la voiture A, car il refuse d'être assimilé à l'autre groupe qu'il juge négativement.

II-4-2 Leader d'opinion

C'est un individu qui influence de façon informelle le comportement d'autres personnes dans une direction souhaitée. Le leader d'opinion ne cherche pas à contrôler son action sur les autres : en ce sens, il se différencie d'un vendeur qui cherche à persuader son acheteur. C'est une source d'information considérée comme plus fiable que la publicité, parce qu'elle émane de quelqu'un reconnu comme impartial et compétent. L'avis des leaders d'opinion est recherché lorsque l'achat est perçu comme risqué. Les leaders d'opinion forment une cible attractive pour le lancement d'un nouveau produit, car ils accélèrent la diffusion du produit

Flash marketing 3-1 : Le lancement de Carlton

> « Le principe retenu est simple : promouvoir le produit auprès des relais d'opinion et en particulier des stars du show-business. Coïncidence — mais est-ce vraiment une coïncidence ? — Régine découvre le Carlton dans un magasin « La Taste » de St-Tropez et le fait goûter à ses amis. Carlton est bientôt invité aux tables branchées. **Vogue**, l'un des magazines les plus attentifs aux mouvements qui secouent les microcosmes, en commande pour une soirée qu'il organise, et en fait la promotion dans ses colonnes. La traînée de poudre s'enflamme, et ce sera bientôt l'explosion, en France bien sûr, mais aussi à l'étranger, en Grande-Bretagne, en Italie, aux USA, au Japon, dans les pays du Golfe, en Australie. Résultat : les 2 millions de bouteilles produites en 1987 ne peuvent suffire à satisfaire une demande toujours plus pressante. »

Source : Entreprendre n° 15 (magazine du groupe Pernod-Ricard), avril 1988.

auprès des autres consommateurs. En 1987, le lancement de Carlton (vin pétillant aromatisé aux fruits) est fondé sur ce principe.

III — SYNTHÈSE : LE MODELE GLOBAL D'ENGEL, KOLLAT ET BLACKWELL

Nous venons de voir successivement comment le consommateur s'informe sur les marques, puis quels sont les mécanismes qui le guident vers le choix d'une marque. L'objectif d'Engel, Kollat et Blackwell est de représenter cet ensemble de variables dans un modèle global.

III-1 Présentation générale

La dernière version du modèle date de 1990 ; elle comporte 3 facteurs reliés entre eux et un ensemble de variables qui influence le cours des décisions du consommateur.

III-1-1 Démarrage (facteur n° 1)

Le consommateur est sollicité par de nombreux stimuli (voir paragraphe I–1) que contrôle plus ou moins directement l'homme de marketing : la publicité, le prix, la présentation en vitrine, etc. Ces stimuli forment le point d'entrée du modèle. Ils sont nécessaires pour que s'enclenche le processus d'achat.

III-1-2 Traitement de l'information (facteur n° 2)

Pour que le processus d'achat ne s'interrompe pas, il faut qu'un stimulus soit décodé, analysé, accepté et stocké dans la mémoire du consommateur. Nous avons déjà vu les étapes du processus d'information dans la Figure 3-1. Ce traitement de l'information constitue les fondations de la décision du consommateur.

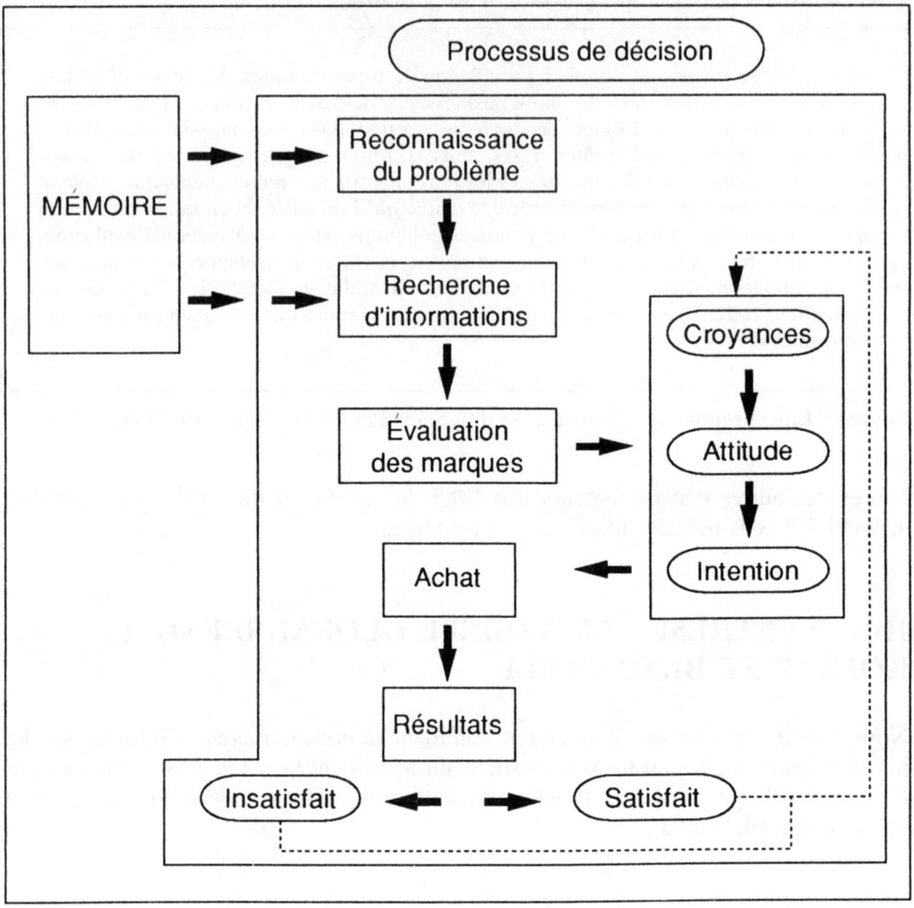

Source : ENGEL (J.), BLACKWELL (R.) et MINIARD (P.) — **Consumer Behavior** (6e édition), Dryden Press : Orlando (FL), 1990.

Figure 3-3 : Le cœur du modèle d'ENGEL, KOLLAT et BLACKWELL (1990)

III-1-3 Processus de décision (facteur n° 3)

C'est le cœur du modèle. Ce processus comporte 5 étapes. Nous le présentons dans la Figure 3-3.

1. La *reconnaissance du problème* provient de la perception d'un écart entre l'état actuel et l'état souhaité. Le consommateur prend conscience qu'il lui « manque » quelque chose ; cet état peut lui être révélé par un stimulus qui vient tout juste d'être stocké dans sa mémoire.

Dans le cas de Monsieur Quonso, la reconnaissance du problème apparaît parce que sa paire de chaussures est usée ou démodée. Ce manque lui a été rappelé par le passage devant la vitrine d'un magasin de chaussures (stimulus d'entrée).

2. La *recherche d'informations* est interne, lorsque le consommateur interroge directement sa mémoire ; elle est externe lorsqu'il y a recherche de nouvelles informations.

   La recherche de Monsieur Quonso est une recherche externe faite sur le point de vente : les informations proviennent de l'essai de plusieurs paires de chaussures et de l'interrogation du vendeur.

3. L'*évaluation des marques* se fait sur les critères de choix que le consommateur a en tête ; les croyances vis-à-vis des marques sont combinées selon les règles de décisions du consommateur (voir paragraphe II-2-2). Elles conduisent à la formation d'attitudes. A ce stade, seul un petit nombre de marques restent en course : c'est l'**ensemble évoqué** du consommateur. Une dernière évaluation des marques restantes débouche sur une intention d'achat, généralement concrétisée en achat effectif.

   Les croyances de Monsieur Quonso sont faibles : il n'est ni un expert ni très sûr de son goût. Aussi le vendeur l'influence considérablement : « c'est une marque italienne, très solide et qui convient tout à fait à quelqu'un comme lui. » L'ensemble évoqué est réduit : seule une marque a été réellement considérée comme achetable. L'intention d'achat est plutôt faible, mais, sous la pression discrète du vendeur, elle s'est rapidement transformée en achat effectif.

4. et 5. L'*achat* est suivi d'un *résultat* qui représente les conséquences de l'achat. La question posée est de savoir si la consommation du produit a été conforme aux attentes initiales. L'expérience du consommateur enrichit sa mémoire. Elle modifie ses croyances initiales vis-à-vis de la marque, s'il y a eu insatisfaction ; elle les renforce s'il y a eu satisfaction.

   Après l'achat, Monsieur Quonso doute : « Qu'est-ce que ma femme va en penser ? » Il n'est pas convaincu que la marque achetée soit exactement celle qu'il lui fallait. Aussi, il ne peut s'empêcher de regarder d'autres vitrines, pour conforter son choix.

III-1-4 Autres variables intervenant sur le choix

Les auteurs distinguent l'influence de l'environnement (culture, appartenance à une classe sociale, famille, etc.) et les différences individuelles (revenus, motivations, style de vie, personnalité, etc.). Ces groupes de variables sont susceptibles d'agir sur l'une ou l'autre des 5 étapes du processus de choix du consommateur.

Dans le cas de Monsieur Quonso, les croyances de son épouse (influence de l'environnement) seront probablement déterminantes pour savoir s'il y a lieu d'être satisfait ou pas des résultats de l'achat.

III-2 Implications marketing

Le modèle d'Engel, Kollat et Blackwell permet de comprendre pourquoi le consommateur choisit une marque plutôt qu'une autre. L'homme de marketing connaît les étapes du processus de choix et les variables qu'il lui est possible de manipuler pour orienter ce choix. Par exemple, la publicité est importante pour les deux premières étapes du choix ; l'analyse minutieuse des forces et faiblesses de la marque sur les critères de choix du consommateur est primordiale pour orienter le chef de produit, sur les étapes suivantes.

L'apport du modèle est précieux lorsque l'achat correspond à une **décision de choix complexe**. Le consommateur suit les circuits prévus par le modèle et s'engage dans un processus de choix réfléchi et complet. L'achat d'une voiture, d'une maison ou d'un appareil électro-ménager entre dans cette catégorie.

Dans la réalité, bon nombre de décisions d'achat ne suivent pas toutes les étapes prévues par le modèle. Ainsi l'achat d'un produit banal n'a pas de caractère impliquant pour le consommateur. Le processus suivi correspond à celui d'une **décision de choix simplifié** : il n'y a pas de recherche active d'informations, les marques sont perçues comme très semblables, le consommateur utilise très peu de critères de choix. L'achat de biscuits d'apéritif ou de soft-drink ou de dentifrice, correspond souvent à ce type de décision simplifiée. Une illustration de ce contexte est l'**achat impulsif** : une présentation particulièrement attractive d'un produit (emballage, promotion spéciale, etc.) déclenche un réflexe d'achat : dans ce cas, l'évaluation de la marque intervient après la consommation.

IV — PROLONGEMENTS : L'ACHAT « MULTI-POLAIRE »

Nous avons jusqu'à présent considéré que l'achat, le paiement, puis la consommation étaient effectués par une seule et même personne. Il s'agissait d'une décision individuelle. Nous allons maintenant entrevoir brièvement le cas où il existe plusieurs partenaires associés à la décision d'achat.

IV-1 Achat familial

Lorsque l'on parle de famille en marketing, on considère la cellule familiale réduite : mari, femme, enfant. L'organisation de la vie domestique repose sur une répartition des tâches qui s'accroît fortement avec la durée du mariage. Ainsi, il existe un partage des responsabilités pour les achats, selon les catégories de biens (voir Flash marketing 3-2). Ce partage dépend notamment de l'activité de l'épouse : si elle travaille, les rôles sont plus égalitaires. Le manager marketing doit identifier ces poids respectifs, pour concentrer ses efforts sur le décideur. Pour la publicité, le choix des supports dépend de cette identification : par exemple, il serait inutile de faire de la publicité dans des hebdomadaires féminins pour vendre des produits financiers.

Le comportement d'achat des enfants n'a fait l'objet que de peu d'études : il est en effet délicat d'évaluer, avec les techniques usuelles d'enquêtes, leur influence. On sait cependant que le processus de choix de l'enfant est très pauvre : il regarde assez peu les prix de vente et les conditionnements, et n'effectue pas de comparaisons entre les produits. L'influence de la publicité sur les enfants est encore plus délicate à estimer. Sa crédibilité est forte jusqu'à 5 ans, puis baisse rapidement : à 12 ans, très peu croient tout ce que dit la publicité. L'enfant se rappelle plus facilement le contenu du message publicitaire que la marque elle-même. Il préfère les films publicitaires amusants, présentés sous formes de dessins animés et avec de l'action. Leur influence sur les parents, pour le choix d'une marque, dépend de leur âge et de la catégorie de produit.

Flash marketing 3-2 : Famille : Qui décide quoi ?

Mari et femme. (*)

Quelle est l'influence respective du mari et de l'épouse sur le choix d'un produit ? La première réponse est que l'influence de l'épouse est déterminante sur un plus grand nombre de biens que celle de son mari. L'épouse domine pour l'achat des produits d'entretien, de l'alimentation, de ses vêtements et ceux de ses enfants. Le mari ne domine guère que pour le choix d'une assurance. Pour les autres biens, la décision d'achat est prise en commun par les deux époux : c'est le cas pour les vacances, les jouets, les vêtements du mari, l'électro-ménager, la hi-fi. Un deuxième point est que cette structure des responsabilités est relativement stable des deux côtés de l'Atlantique. Ainsi il existe peu de différence entre les États-Unis et la Belgique : l'épouse domine toujours pour l'alimentation, ses vêtements et ceux des enfants, etc. Un troisième élément est que l'influence respective des époux varie sensiblement selon les phases de l'achat. Ainsi c'est le mari qui prend la décision de changer de voiture, et qui recherche l'information ; mais le choix final est fait ensemble par les deux époux.

Enfant. (**)

Son influence varie avec l'âge et selon que l'achat lui est destiné ou pas. En dessous de 6 ans son influence est quasi-nulle ; elle devient réelle à partir de 12 ans. Cependant l'influence de l'enfant est précoce (à partir de 7 ans) et nette sur quelques catégories de biens : ses propres vêtements et jouets, les loisirs, le fast-food.

Sources : Cette synthèse se fonde principalement sur les résultats issus des recherches suivantes :

(*) DAVIS (H.) et RIGAUX (B.) — **Journal of Consumer Research**, vol. 2, mars 1976, p. 241-260 ; ENGEL (J.), BLACKWELL (R.) et MINIARD (P.), op. cit., p. 175.
(**) BRÉE (J.) — **Recherche et Applications en Marketing**, vol. 5, n° 1, 1990, p. 43 à 70.

IV-2 Achat industriel

La décision d'achat industriel correspond au cas d'un individu qui participe à l'achat d'un produit pour le compte d'une organisation : entreprise, administration, association, etc. On parle alors de **marketing industriel**. Elle fait intervenir plusieurs centres de décisions qui jouent chacun un rôle type lors du déroulement de l'achat. Généralement la décision d'achat industriel est plus longue et plus structurée que celle concernant l'achat individuel ; son étude sort du cadre de cet ouvrage. Nous ne présenterons que deux rôles types, utiles pour mieux comprendre la vente et la distribution des produits (voir Chapitre 11).

Le prescripteur définit le type de produit qui doit être acheté et précise les spécifications techniques. Parfois il choisit directement le fournisseur. Les prescripteurs sont souvent des bureaux d'études, des experts ou des consultants externes. Dans le contexte de l'achat individuel, il existe également des prescripteurs. Par exemple, le médecin est considéré comme prescripteur par les laboratoires pharmaceutiques, parce qu'il choisit pour chaque patient le médicament adéquat.

L'acheteur définit les conditions de l'achat (quantité, délais de règlement et de livraison) et réunit les fournisseurs potentiels. Il peut aussi définir le niveau de qualité attendu et les caractéristiques techniques de chaque produit, en s'appuyant sur les recommandations des prescripteurs.

SYNTHÈSE DU CHAPITRE

La décision d'achat du consommateur se fait en plusieurs étapes. La reconnaissance initiale d'un état de manque déclenche une recherche d'informations en vue de l'achat : interrogation de la mémoire, exposition à des publicités. Les marques connues sont comparées sur des critères de choix. Le consommateur se forme une attitude pour chaque marque. Cette attitude est le résultat de la combinaison de croyances, effectuée selon des règles de décisions propres au consommateur. A ce stade, l'ensemble évoqué du consommateur — marques jugées acceptables — est très réduit : c'est parmi ces marques que l'achat se fera. Ce processus d'achat correspond surtout à des achats à caractère impliquant ; pour les achats routiniers, le processus de choix est simplifié.

BIBLIOGRAPHIE

Les ouvrages suivants sont destinés à ceux qui souhaitent aller plus en avant dans la connaissance des mécanismes du consommateur. Il s'agit de manuels complets qui s'appuient sur les résultats de nombreuses recherches en marketing.

(1) DUBOIS (B.) — **Comprendre le consommateur**, Dalloz : Paris, 1990.

(2) ENGEL (J.), BLACKWELL (R.) et MINIARD (P.) — **Consumer Behavior** (6e édition), Dryden Press : Orlando (FL), 1990.

(3) PRAS (B.) et TARONDEAU (J.C.) — **Comportement de l'acheteur**, Sirey : Paris, 1981.

TEST DE CONNAISSANCE

Choisir une seule réponse par question :

Q1 — Vous venez de réaliser un achat impulsif. Vous aviez envie d'essayer une nouvelle marque de dentifrice que vous ne connaissiez pas. Avant cet achat vous aviez, pour cette marque :

1. des croyances plutôt favorables
2. des croyances défavorables qui ont changé juste avant le choix
3. aucune croyance particulière, cela dépendra de la consommation ultérieure

Q2 — Sur une publicité apparaît une actrice célèbre qui vante une marque de parfum. Peut-on dire qu'il s'agit d'un leader d'opinion ?

1. oui, parce que son nom influencera l'achat du consommateur
2. oui, parce que le consommateur cherchera à s'identifier à elle ; non parce que son conseil n'est pas impartial, puisqu'elle est payée pour le dire.
3. non, parce qu'un leader d'opinion ne peut être célèbre.

Q3 — Un consommateur dispose de très peu de temps pour réaliser des achats courants. Que fera-t-il le plus probablement ?

1. il fait plutôt confiance aux marques qu'il connaît
2. il reporte tous ses achats
3. il n'achète que quelques produits, en comparant avec soin les marques

Q4 — Un attribut déterminant est synonyme de :

1. critère de choix du consommateur
2. ensemble évoqué
3. attribut important d'un produit

Q5 — L'image de marque correspond à :

1. une attitude vis-à-vis d'une marque
2. une stratégie marketing maîtrisée par le chef de produit
3. une publicité pour faire connaître la marque

Réponses : Q1 = 3 ; Q2 = 2 ; Q3 = 1 ; Q4 = 1 ; Q5 = 1

CHAPITRE 4

TECHNIQUES D'ÉTUDE DE MARCHÉ

Objectifs et articulation du chapitre

Au terme de ce chapitre vous pourrez :

— maîtriser les grandes phases d'une étude de marché,

— choisir une technique d'étude en fonction de la nature du problème marketing à résoudre.

La construction d'un bon projet d'étude soulève des difficultés, parce que :

— les techniques d'études à utiliser varient considérablement selon l'objectif à atteindre,

— les choix méthodologiques faits au départ sont des contraintes ultérieures rigides, pour la compréhension marketing des résultats.

Pour maîtriser ces difficultés, ayez une lecture dynamique de ce chapitre, en gardant une vision globale des étapes d'une étude. En revanche, les techniques d'étude en elles-mêmes, et particulièrement la rédaction d'un questionnaire, ne posent pas de problèmes majeurs de compréhension.

I — LES 4 PHASES DU DÉROULEMENT D'UNE ÉTUDE

Nous allons préciser tout d'abord ce qu'est l'étude de marché, puis nous indiquerons les grandes étapes de la réalisation d'une étude.

I-1 Qu'est-ce qu'une étude de marché ?

Une étude de marché est une mise en œuvre de techniques de collecte et d'analyse d'informations pour répondre à une question marketing. Par exemple : « Pourquoi les ventes d'un produit stagnent-elle ? » ou « Ce nouvel emballage est-il supérieur à l'ancien ? »

Les professionnels distinguent deux grands types d'études :

— Les études **qualitatives** sont réalisées sur de petits échantillons (inférieurs à 50 personnes). Elles ne prétendent pas à la *représentativité* des résultats :

Flash marketing 4-1 : Les études qualitatives et quantitatives

> « Aimez-vous votre femme ? Oui-Non. C'est la question-type d'une étude quantitative. Dans la version plus évoluée, cela donne : Aimez-vous votre femme ? : un peu, beaucoup, passionnément. Puis vient le stade où on vous laisse la possibilité de répondre comme vous le voulez. C'est le stade de la démarche qualitative. Au stade supérieur, la même question peut devenir : "Parlez-moi de Dieu, voire, Faites-moi un dessin" (...) Ce schéma montre bien la frontière qui sépare les études quantitatives des études qualitatives : les premières mesurent, les secondes expliquent. »

Source : Médias n° 181, 27 mars 1987, p. 104.

elles cherchent surtout à identifier les composantes d'une question (voir Flash marketing 4-1).

— Les études **quantitatives** sont réalisées sur des grands échantillons de personnes (supérieurs à 200 personnes). La *représentativité* des résultats est recherchée : on doit pouvoir généraliser au reste de la population, avec un risque d'erreur faible, ce que l'on a observé dans l'étude. Par abus de langage, elles sont souvent appelées *sondages* : cela n'est en fait qu'un procédé de constitution de l'échantillon.

Dans la réalité, ces deux approches sont souvent complémentaires : dans un premier temps on identifie les grandes lignes d'un problème avec une étude qualitative, pondérées ensuite par une étude quantitative. De plus, certaines études se prêtent mal à cette distinction : ainsi les tests de produits (voir paragraphe IV-1) combinent les deux techniques.

I-2 Le déroulement d'une étude de marché

Bien qu'il existe dans bon nombre d'entreprises un service spécialisé, les études de marché sont souvent confiées à une société de conseil extérieure à l'entreprise. Voici quelques noms de sociétés importantes : Burke Marketing, BVA, Ipsos, Louis Harris, Nielsen, Seced, Sécodip, Sofres. Les raisons de cette délégation sont : la complexité des techniques d'analyse nécessaires, la difficulté de gestion d'un grand nombre d'enquêteurs temporaires. De plus, la société extérieure apporte souvent un regard neuf sur les problèmes à résoudre. Le chiffre d'affaires des sociétés de conseils en études de marché représente en France, en 1985, 2 milliards de francs (source ADETEM) ; il se situe au 5e rang mondial. C'est un marché porteur : sa croissance annuelle est proche de 10 %.

La réalisation d'une étude de marché implique une progression en 4 étapes : leur enchaînement est donné dans la Figure 4-1.

étape 1 : délimiter le problème à résoudre. C'est l'étape la plus délicate à réaliser. Elle impose parfois de formuler un véritable diagnostic marketing, afin de pouvoir construire le projet d'étude. En effet le choix des techniques d'étude dépend de la nature du problème marketing identifié. Par exemple, à la question :

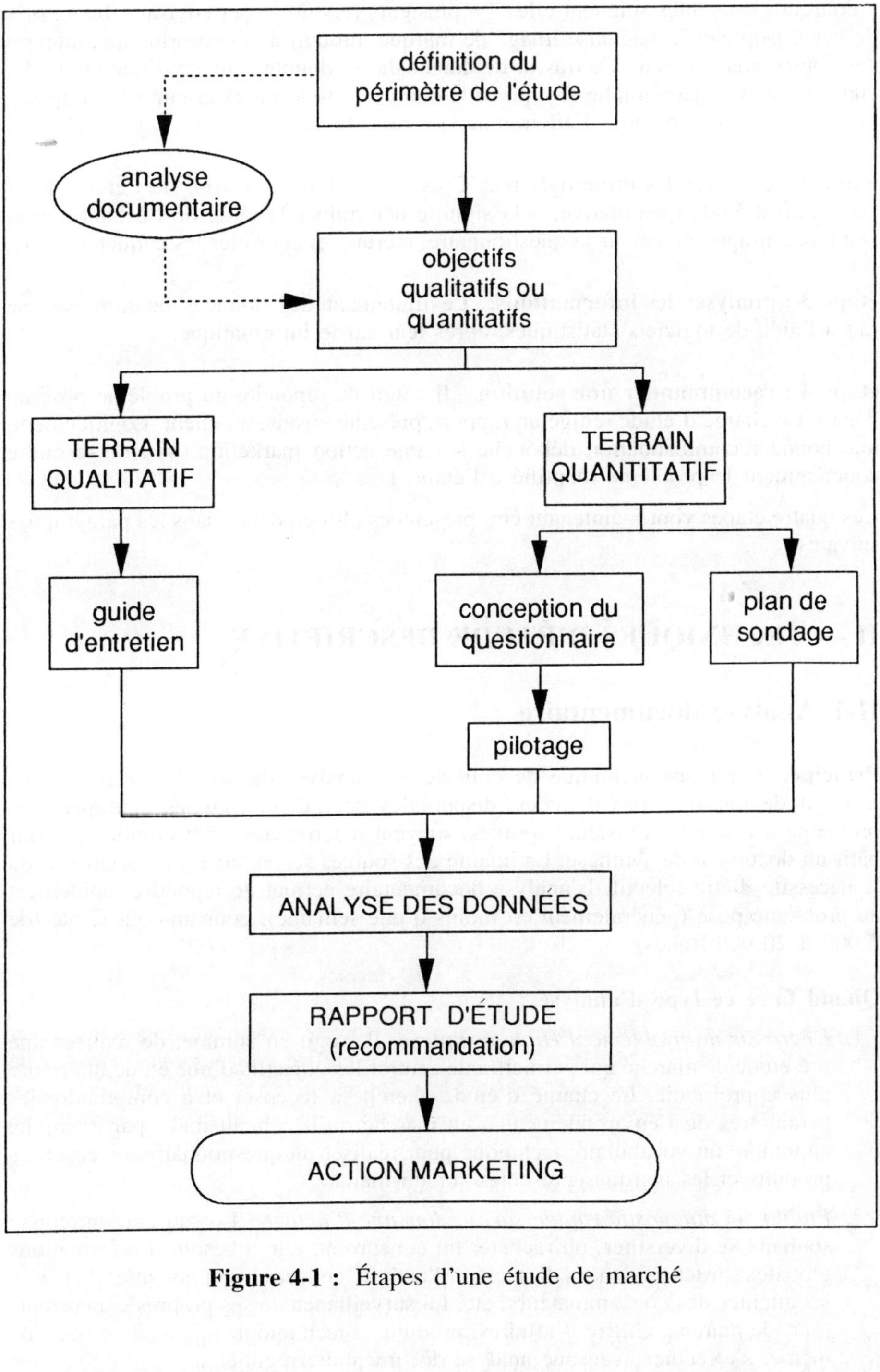

Figure 4-1 : Étapes d'une étude de marché

« Pourquoi les ventes stagnent-elles ? » plusieurs réponses sont envisageables : prix de vente trop élevé, mauvaise image de marque, produit non conforme aux attentes des consommateurs, etc. Ce travail de diagnostic se double souvent d'une étude documentaire (voir paragraphe II), quand le chargé d'étude est extérieur à l'entreprise, afin de mieux comprendre l'environnement de celle-ci.

étape 2 : collecter les informations. C'est la gestion du *terrain* de l'étude. Pour un terrain d'étude quantitative, cela signifie déterminer la taille de l'échantillon et son mode tirage, concevoir le questionnaire, recruter et contrôler les enquêteurs, etc.

étape 3 : analyser les informations. Le traitement des données quantitatives se fait à l'aide de logiciels statistiques, après leur saisie informatique.

étape 4 : recommander une solution. Il s'agit de répondre au problème posé au départ. Le chargé d'étude rédige un rapport, présenté ensuite au client. Logiquement, une bonne recommandation débouche sur une action marketing, afin de résoudre concrètement le problème identifié à l'étape 1.

Ces quatre étapes vont maintenant être présentées plus en détail dans les paragraphes suivants.

II — TECHNIQUES D'ÉTUDE DESCRIPTIVE

II-1 Analyse documentaire

Principe. C'est une technique de collecte et d'analyse de *données secondaires* : il s'agit de réutiliser des données, disponibles par ailleurs, en les appliquant au problème à résoudre. Plusieurs sources, souvent hétérogènes, sont combinées pour bâtir un document de synthèse. La qualité des sources secondaires est variable, d'où la nécessité d'être sélectif. L'analyse documentaire permet de répondre rapidement au problème posé (généralement en moins d'une semaine), pour un coût faible (de 2 000 à 20 000 francs).

Quand faire ce type d'analyse ?

1. *Dégrossir un problème d'étude complexe.* Il s'agit en somme, de réaliser une pré-étude de marché qui permettra de centrer les objectifs d'une étude ultérieure plus approfondie. Le chargé d'étude cherche à recenser et à comprendre les paramètres de l'environnement d'un marché qu'il connaît mal : par exemple, apprendre un vocabulaire technique pour réaliser un questionnaire, recenser les produits et les marques présentes sur un marché.
2. *Établir un diagnostic rapide sur un domaine d'activité.* Lorsqu'une entreprise souhaite se diversifier, ou racheter un concurrent, elle a besoin d'informations globales sur les tendances du secteur d'activité concerné, son potentiel de vente, les attentes des consommateurs, etc. La surveillance de ses propres concurrents (part de marché, chiffre d'affaires, produits et technologies nouvelles) peut, de même, s'effectuer avec une analyse documentaire régulière.

Fiche technique 4-1 : Les sources documentaires

Un bon document de base *existe pour s'y retrouver parmi les sources documentaires publiques et privées :*

Guide des sources documentaires, in **Annuaire de l'ADETEM**
221, rue Lafayette 75010 Paris. Tel : (1) 40 38 97 10

La presse spécialisée. *Nous avons classé quelques titres dans chaque variable du marketing-mix, en fonction des thèmes traités. Il est parfois possible, en téléphonant au service de documentation de ces périodiques, d'obtenir des informations sur un thème quelconque.*

Produit	Prix Finance	Distribution Exportation	Communication
Revues professionnelles *Marketing Mix* *Média* *L'Expansion* *Entreprise* *Que choisir ?* *Usine nouvelle*	*Les Echos* *La Vie Française* *La Tribune* *Le Nouvel Economiste* *Investir* *Science et Vie économie* *Le Figaro-économie*	*LSA* *Points de ventes* *Linéaire* *MOCI*	*Stratégie* *Média* *Action Commerciale* *Communication & Business* *Marketing Mix*

Les banques de données télématiques. *Un grand nombre de banques de données sont accessibles par Minitel (36 16 ou 36 17) ; les services plus spécialisés sont accessibles par le 36 21, et sont facturés entre 200 et 800 francs l'heure. Il existe un annuaire qui répertorie les banques de données marketing et indique le type d'informations fournies : FLA-Consultant, 27 rue de la Vistule 75013 Paris. Tél. : 45 82 75 75.*

Sources d'informations. Les sources publiques ou para-publiques (INSEE, Chambres de Commerce, CFCE, Banque de France, Chambres syndicales) sont quasi-gratuites. Elles fournissent la plupart des données économiques, sociales et démographiques de base, plus des analyses sur bon nombre de secteurs d'activité de l'économie française. Les sources privées (associations professionnelles, consultants, etc.) sont très nombreuses et difficiles à cerner. Les banques de données télématiques permettent de fournir très vite (dans l'heure ou dans la journée) des informations précises sur de nombreux thèmes. Leur interrogation n'est pas toujours aisée, d'où l'apparition d'un nouveau métier : le courtier en information. La Fiche technique 4-1 fournit quelques informations pratiques sur ces différentes sources.

II-2 Évaluation sommaire du potentiel d'un marché

Une application fréquente des techniques d'étude documentaire est l'évaluation rapide et approximative d'un potentiel de vente pour un nouveau produit. L'étude documentaire est faite pour voir s'il y a lieu d'entreprendre des études plus lourdes. Le résultat obtenu est un simple indicateur qui permet d'éliminer les idées conduisant à un potentiel manifestement trop faible.

Imaginons l'exemple suivant : un fabricant d'aliments pour bébés se demande si l'idée d'une nouvelle ligne de petits pots destinée aux « bébés gros mangeurs » est jouable sur le marché français. Le potentiel est-il suffisant ? Le taux de natalité pour 1989 est de 13,8 pour mille avec une population de 56,5 millions de personnes, soit 765 000 naissances par an. Ce type de produit est consommé durant à peu près deux ans, d'où un potentiel global d'environ 1,5 millions bébés. On peut estimer que l'appétit des bébés suit une loi normale[1] : on est « gros mangeur » quand les quantités consommées sont supérieures à la moyenne des bébés, plus une fois l'écart-type, soit donc 16 % de la population : 1,5 millions × 0,16 = 240 000 bébés. Si un bébé consomme en moyenne 1 pot par jour, le marché annuel potentiel s'élèverait à : 365 × 240 000 = 87 millions de pots. Le potentiel obtenu semble *a priori* suffisant, et justifie des études plus fines qui vérifieront ces calculs approximatifs.

III — TERRAIN D'UNE ÉTUDE QUANTITATIVE

La gestion du terrain dune étude correspond à l'étape 2 : collecte des informations. Cette étape se décompose en 5 phases.

III-1 Délimitation de la base de sondage (1ère phase)

Concepts-clés :

— La base de sondage correspond à la **population mère** concernée par l'étude de marché. Elle est composée d'*éligibles*, c'est-à-dire de personnes susceptibles d'être interviewées parce qu'elles ont les caractéristiques définies par l'objectif de l'étude. Sauf cas particulier, elle n'est pas équivalente à la totalité de la population française.

— Un **échantillon** est un groupe d'éligibles que l'on a extrait de la population mère, en utilisant une méthode de tirage (voir phase 3).

La délimitation de la base de sondage n'est pas aussi simple qu'il y paraît au premier abord. Une erreur à ce niveau biaise les résultats ultérieurs. Cela peut être catastrophique pour l'interprétation des résultats : on pense avoir cerné une population donnée, alors que dans la réalité on a extrait l'échantillon d'une autre population, différente de celle recherchée au départ. Les généralisations faites seront erronées.

Voici le cas (fictif) suivant : le directeur de l'Office du tourisme de l'Alpe-d'Huez souhaite *« une petite étude pour évaluer l'image de sa station auprès des skieurs »*. Ainsi formulé, l'objectif de l'étude n'est pas clair. Plusieurs bases sont envisageables (voir Figure 4-2). Le chargé d'étude doit poser plusieurs questions, avant de commencer son étude, pour cerner les contours de la base de sondage souhaitée par son client.

[1] La compréhension de ce point suppose la connaissance des principales lois de distribution utilisées en statistique. On peut se référer à BOURSIN (J.L.) — **Statistique**, Vuibert, 1989.

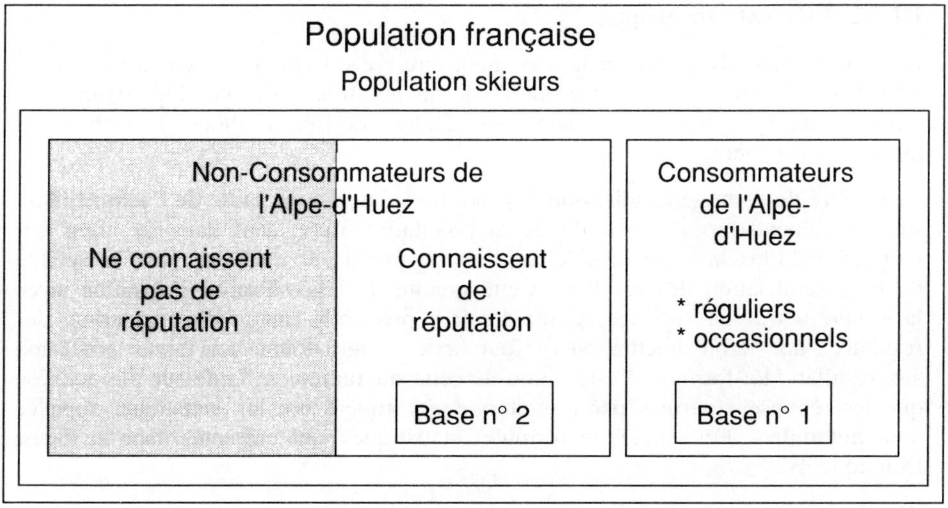

Figure 4-2 : La délimitation d'une base de sondage

→ Caractère recherché au départ pour être éligible : « avoir fait du ski »

→ Questions à poser :

1. Faut-il avoir déjà fait du ski dans cette station, pour être éligible ? Si oui, nous obtenons la **base n° 1** « consommateurs de l'Alpe-d'Huez » ? Combien de fois faut-il y avoir fait du ski ? D'où une sous-base n° 1-1 « consommateurs réguliers » et une sous-base n° 1-2 « consommateurs occasionnels ».

2. Un skieur est-il éligible, s'il connaît de réputation l'Alpe-d'Huez, mais qu'il n'y a jamais skié ? Si oui, cela donne la **base n° 2** « non-consommateurs ».

→ **Remarque :** d'autres précisions doivent être obtenues. Souhaite-t-on interroger uniquement des skieurs alpins, ou élargir la base aux skieurs de fond ? Est-il concevable d'interroger des non-skieurs venant se reposer à l'Alpe-d'Huez ?

III-2 Détermination de la taille d'un échantillon (2e phase)

On détermine la taille d'un échantillon en fonction de deux éléments.

III-2-1 Éléments budgétaires

L'interrogation de consommateurs coûte cher : préparation et édition des questionnaires, achat de fichiers, rémunération des enquêteurs, déplacements, contrôle, etc. De plus, certaines populations mères sont rares, c'est-à-dire peu nombreuses par rapport à la population française, et faiblement disponibles. D'où le poids de la contrainte budgétaire qui limite rapidement le nombre d'interviews. Le terrain représente environ 50 % du coût total d'une étude quantitative. Nous verrons quelques exemples de coûts dans le paragraphe VI.

III-2-2 Éléments théoriques

Logiquement, seuls ces éléments devraient être considérés pour fixer la taille d'un échantillon. Lorsque l'on réalise une étude quantitative, on souhaite pouvoir généraliser, avec une « bonne » précision, les résultats de l'échantillon à l'ensemble de la population mère.

La **qualité de cette généralisation** dépend directement de la **taille de l'échantillon**. Elle ne dépend pas de la taille de la population mère, sauf dans de rares cas particuliers. Plus la taille de l'échantillon est grande, et meilleure sera la qualité de la généralisation des résultats. Cette qualité de généralisation s'apprécie avec la *« fourchette »* du sondage. Cette dernière précise la marge de fluctuation des résultats : une faible fluctuation (= fourchette étroite) donne une bonne précision aux résultats. La formule d'estimation de cette fluctuation se fonde sur l'hypothèse que les réponses fournies par les interviewés suivent une loi statistique, appelée « **loi normale** ». Les calculs et formules statistiques sont présentés dans la Fiche technique 4-2.

III-3 Tirage de l'échantillon (3e phase)

Il existe différentes manières d'extraire un échantillon de la base de sondage. Nous ne verrons que deux pratiques courantes.

III-3-1 Sondage aléatoire

L'échantillon est constitué à partir d'un **tirage au hasard** effectué sur un fichier **nominatif** de **tous** les individus appartenant à la base de sondage. Ces conditions sont restrictives et onéreuses, sauf pour une entreprise qui souhaite interroger ses clients en utilisant son propre fichier informatisé. Certains fichiers (France Télécom, EDF, La Redoute, sociétés de marketing direct, etc) sont utilisables, moyennant un coût de location allant de 0,20 à 3 francs l'adresse. Une condition importante de validité est que tous les individus tirés au sort acceptent de répondre, ce qui impose des relances coûteuses.

III-3-2 Sondage par quota

C'est le mode de tirage le plus usité. Il consiste à reconstituer une population mère miniaturisée, au sein de l'échantillon. L'échantillon est alors considéré comme *représentatif* de la population mère. Cette représentativité est contrôlée sur des critères, jugés pertinents par le chargé d'étude. Il s'agit souvent de critères socio-démographiques (âge, sexe, revenu, région d'habitat, etc). La difficulté est de disposer, pour la population mère, de ces statistiques. On constitue un quota global pour chaque critère.

Par exemple, une population mère est constituée de 50 % d'hommes, avec 30 % de personnes ayant entre 18 et 30 ans. Si l'échantillon a une taille de 500 personnes, il faudra interviewer 250 hommes, dont 75 (= 500 × 30 % × 50 %) ayant entre 18 et 30 ans. Le quota global est ensuite réparti entre chaque enquêteur. Si l'on dispose de 10 enquêteurs, chacun interrogera 50 personnes : 25 hommes, dont 7 ou 8 (7,5 en moyenne) auront entre 18 et 30 ans.

Fiche technique 4-2 : Détermination de la taille d'un échantillon

Contexte marketing :

Un calcul financier prévisionnel montre à un chef de produit que sa nouvelle marque doit obtenir une part de marché d'au moins 15 %, s'il veut dégager un bénéfice. Une étude de marché doit être menée auprès des acheteurs potentiels. Le chef de produit fait le pari que, compte tenu des qualités du nouveau produit, une part de marché de 20 % est tout à fait probable ; il se donne une marge de fluctuation de ± 3 % autour de ce chiffre. On organise un test qui simule un achat réel, en présentant les principales marques du marché. Combien faudra-t-il interroger de consommateurs potentiels pour vérifier la prévision ?

Formule de calcul :

$$n = \frac{t^2 \; pq}{f^2}$$

n = *taille de l'échantillon nécessaire*
t = *valeur fournie par la table de la loi normale : elle varie selon le risque d'erreur que l'on acceptera lors de la généralisation des résultats. L'usage est de retenir 5 %, soit une valeur de t = 1,96*[2].
p = *pourcentage prévu de consommateurs qui achètent la nouvelle marque, soit ici 20 % ;* **q** = *pourcentage de consommateurs qui choisissent une autre marque, ici 80 %*
f = *marge de fluctuation acceptée pour généraliser les résultats : ici ± 3 %*

Résultats :

$$n = \frac{(1{,}96)^2 \; (0{,}2)(0{,}8)}{(0{,}03)^2}$$

d'où **n = 682 personnes**

Commentaires :

Il peut paraître surprenant, pour déterminer la taille de l'échantillon, d'être obligé d'estimer un pourcentage d'achat que l'on ne connaît pas. Les calculs montrent que, même si notre chef de produit se trompait lourdement dans sa prévision, la marge de fluctuation obtenue serait assez proche de celle recherchée au départ.

III-4 Rédaction d'un questionnaire : (4e phase)

Le chargé d'étude écrit une première version du questionnaire, pré-testée ensuite sur un petit échantillon de personnes, afin de vérifier la compréhension de chaque question. C'est le *pilotage* du questionnaire. Ce dernier est ensuite présenté aux

[2] Voir note 1, page 68.

enquêteurs, lors d'un *brief* spécial. La rédaction d'un questionnaire est un art qui s'apprend essentiellement par la pratique. Nous allons présenter quelques éléments-clés de la rédaction.

III-4-1 Articulation d'ensemble du questionnaire

— Introduction : présentation de l'objet du questionnaire à l'enquêté et remerciements pour sa collaboration,

— Transitions : si l'on change de thème durant le questionnaire,

— Mise en page : aérée, avec signes de repères et flèches de renvoi,

— Fiche signalétique : questions de situation (âge, profession, revenu, etc.) ; il est préférable de les mettre en fin de questionnaire.

III-4-2 Forme des questions

Une question peut être fermée ou ouverte. Dans le premier cas, les réponses sont prévues à l'avance et l'enquêté coche des cases pour répondre. C'est la règle dans les études quantitatives. Une question ouverte laisse le répondant libre de formuler sa réponse en quelques lignes, dans l'espace prévu par le questionnaire : c'est le cas pour l'étude de type qualitatif.

Lorsque les questions sont fermées, le chargé d'étude doit choisir un mode d'enregistrement des réponses : c'est l'**échelle de mesure**. Ce choix est important : selon la décision, certains modes d'analyse des données sont éliminés. Les principaux types d'échelles sont présentés dans la Fiche technique 4-3.

III-4-3 Erreurs usuelles de formulation

Les erreurs les plus courantes sont provoquées par une question ambiguë (plusieurs interprétations sont possibles, mot technique inconnu de l'enquêté) ou par une formulation suggérant la réponse (rationalisation du choix, peur d'être jugé par l'enquêteur, etc.). La Figure 4-3 recense quelques cas types.

Certains sujets d'étude sont par nature difficiles à cerner, parce que considérés comme tabous par un grand nombre d'interviewés : religion, argent, hygiène et santé, alcool, sexe, etc. Ils se prêtent assez mal à une quantification, à cause des réponses biaisées : l'interviewé a tendance à donner une réponse acceptable socialement, plutôt que d'indiquer ses opinions propres. Les techniques d'étude qualitatives sont en général préférables pour ce type de sujets.

III-5 Administration du terrain (5e phase)

Il existe quatre possibilités pour faire remplir le questionnaire par les enquêtés.

Entretien en face à face. Le questionnaire est rempli au domicile du répondant : cela permet de faire passer des questionnaires longs (jusqu'à une heure et demie) ; en moyenne 65 % des personnes contactées acceptent de répondre[3]. Il est encore

[3] VERNETTE (E.) — « Les composantes du coût d'une étude de marché », **Revue Française du Marketing**, n° 116, janvier-février 1988, p. 75-91.

Fiche technique 4-3 : Échelles de mesure d'un questionnaire

Contexte *: Un chargé d'études fait évaluer la solidité de différentes marques de stylo à encre, par un échantillon de consommateurs. Il dispose de plusieurs échelles pour enregistrer les réponses. Voici les différentes formulations possibles, selon le type d'échelle retenu :*

Dichotomique : le stylo de marque A vous semble-t-il solide ?

OUI ☐ *NON* ☐

Choix multiple (QCM) : le stylo de marque A est : (Cochez une ou plusieurs cases)

☐ *Solide* ☐ *Fragile* ☐ *Robuste* ☐ *Vite cassé*

Rangs : Classez par ordre de solidité décroissante les marques de stylos A, B, C :

Sémantique différentielle : Où situez-vous la marque de stylo A sur l'échelle suivante ? :

Solide : ____ ____ ____ ____ ____ ____ *: Fragile*

Icônes : Comment jugez-vous la marque de stylo A (mettre croix sous la figure choisie) :

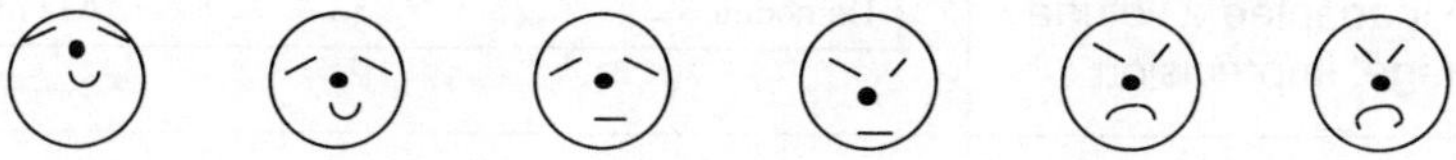

Solide *Fragile*

Likert : Indiquez votre degré d'accord ou de désaccord avec le jugement suivant :
«La marque de stylo A est solide» :

/___/	/___/	/___/	/___/	/___/	/___/
Tout à fait d'accord	*Plutôt d'accord*	*Légèrement d'accord*	*Légèrement en désaccord*	*Plutôt en désaccord*	*Tout à fait en désaccord*

Supports sémantiques : Comment évaluez-vous la solidité du stylo A ?

/___/	/___/	/___/	/___/	/___/	/___/	/___/
Excellente	*Très bonne*	*Plutôt bonne*	*Moyenne*	*Assez faible*	*Mauvaise*	*Extrêmement mauvaise*

Evaluation *: L'échelle dichotomique est la plus simple à comprendre par les enquêtés, mais ne permet que des analyses sommaires. Le classement par rangs est simple, mais les traitements statistiques sont complexes pour obtenir des résultats intéressants. Les autres échelles sont des échelles d'attitude, plus délicates à manier, mais leur analyse fournit des informations précieuses pour le marketing. Le choix des échelles de réponse est conditionné par l'objectif de l'étude (voir paragraphe VII-2). Pour étudier un comportement, les échelles dichotomiques ou celles à choix multiples sont tout à fait adaptées ; pour évaluer une attitude, les échelles de rangs ou d'attitude conviennent bien ; pour cerner une motivation les questions ouvertes sont préférables.*

possible d'interroger les personnes dans la rue ou à la sortie d'un magasin, mais la durée du questionnaire doit être réduite (moins de 15 minutes).

Questions initiales	Questions reformulées
Regardez-vous souvent la télévision ? ☐ Oui ☐ Non Erreur : imprécision	Regardez-vous habituellement la télévision ☐ Tous les jours ☐ Presque tous les jours ☐ 1 à 2 fois par semaine ☐ Moins souvent ☐ Jamais
Quel est le positionnement de la Peugeot 205 ? ☐ Solidité ☐ Cher ☐ Démodé Erreurs : mot technique, échelle inadaptée à l'étude d'image, imprécision	Où situez-vous la peugeot 205 GTI sur les échelles suivantes ? (une croix par ligne) Solide /_/ /_/ /_/ /_/ /_/ Fragile Chère /_/ /_/ /_/ /_/ /_/ Bon marché Démodée /_/ /_/ /_/ /_/ /_/ A la mode
Possédez-vous un téléviseur et un camescope ? ☐ Oui ☐ Non Erreurs : ambiguïté (2 questions dans une)	Disposez-vous, chez vous : Téléviseur couleur ☐ Oui ☐ Non Camescope ☐ Oui ☐ Non

Figure 4-3 : Erreurs usuelles de formulation dans les questionnaires

Postal. Ce mode de collecte autorise des questionnaires longs (jusqu'à une heure), mais le taux de réponse est très fluctuant : 10 à 50 % des questionnaires sont retournés, en fonction du thème de l'étude. Le délai de réponse moyen est de 3 semaines[4]. De plus, environ 10 % des questionnaires retournés sont inexploitables.

Téléphone. Considéré comme un mode de collecte rapide (moins d'une semaine) et bien accepté par les répondants, le téléphone doit être réservé aux questionnaires courts (moins de 15 minutes).

[4] VERNETTE (E.), op. cit.

Télématique. Les vidéo-questionnaires sont administrés par Minitel[5]. Le répondant effectue lui-même la saisie des réponses avec le clavier, d'où des frais de personnels réduits. Les réponses sont, de surcroît, automatiquement analysées par un logiciel spécifique. La rapidité de réponse est extrême (moins d'une journée). Mais le taux de pénétration du Minitel est encore faible (20 %), ce qui restreint provisoirement l'utilisation de ce mode de collecte.

IV — TERRAIN D'UNE ÉTUDE QUALITATIVE

La gestion du terrain d'une étude qualitative présente quelques spécificités que nous allons brièvement présenter.

IV-1 Tests de produits

Ces études sont réalisées pour orienter la politique produit : elles sont faites avant ou après le lancement d'un produit (voir paragraphe VII-3). Ce type d'étude permet de répondre à quantité d'interrogations que se pose un chef de produit. La Figure 4-4 illustre quelques-unes de ces questions, pour le test d'un champagne.

Les tests de produits sont considérés comme des tests qualitatifs, parce que l'administration de leur terrain impose, la plupart du temps, une organisation lourde : présentation et manipulation de plusieurs produits, questionnaires longs. Aussi, ils se déroulent souvent dans une salle spécialement aménagée, appelée *laboratoire*.

Sur le plan méthodologique, une question importante se pose au chargé d'étude. Il s'agit de la présence (*test en identifié)* ou de l'absence de la marque (*test en aveugle ou « blind-test »*) sur les produits que les interviewés jugent. Le test en identifié intègre l'effet préalable de l'image de marque sur les jugements recueillis : le produit est évalué dans une situation proche de la réalité commerciale. Le test en aveugle permet de valider les **qualités intrinsèques** d'un produit, c'est-à-dire vérifier si les caractéristiques techniques du produit sont jugées satisfaisantes par les consommateurs. La rédaction du questionnaire de test de produit ne présente pas de difficultés particulières, par rapport au cas général.

IV-2 Entretien en profondeur et entretien de groupe

L'entretien en profondeur a pour objectif principal d'explorer l'interviewé « en profondeur », c'est-à-dire en allant au-delà de son simple *discours*, considéré comme superficiel et empreint de rationalisation. L'objectif majeur des entretiens en profondeur est la mise à jour des dimensions sous-jacentes d'un problème. Les techniques utilisées font appel au principe de la non-directivité (ou de la semi-directivité) : l'enquêteur laisse librement parler le répondant, et n'intervient qu'à travers des relances brèves. Par abus de langage, ce type de technique est souvent appelé **étude**

---

[5] FRANZKOWIAK (M.) et KORBER (P.) — « Vidéo-questionnaires : télématique et marketing », **Revue Française du Marketing**, 1985/1, p. 73-82.

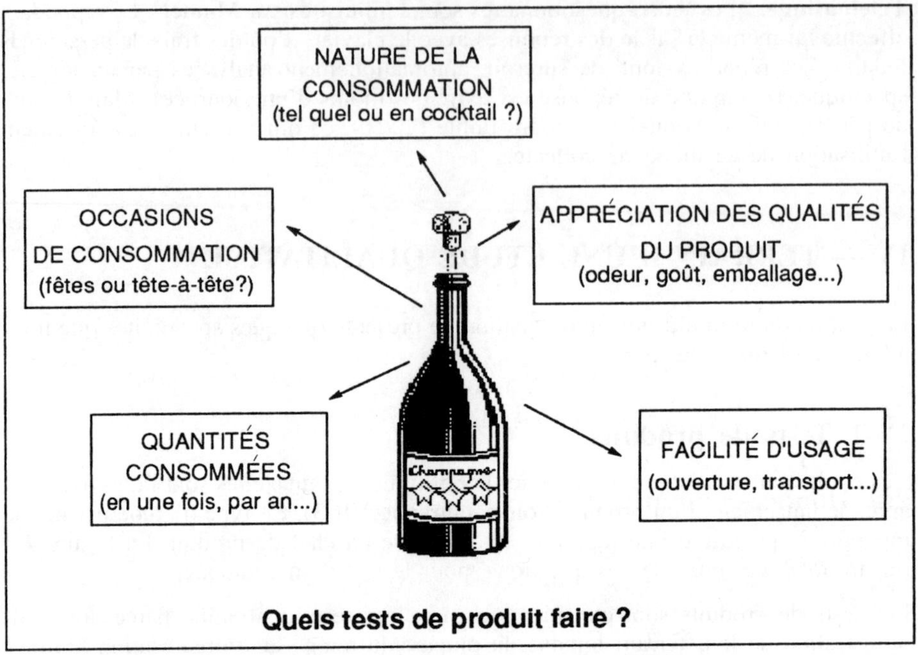

Figure 4-4 : Objectifs d'un test de produit

de motivations. Il n'existe pas à proprement parler de questionnaire, mais une trame d'interview (appelée *guide d'entretien*) : le répondant est libre d'aborder les thèmes qui le préoccupent dans l'ordre souhaité et en y consacrant le temps jugé nécessaire. Les silences, répétitions, lapsus sont considérés comme des informations précieuses pour expliquer les raisons du comportement. Une interview individuelle en profondeur dure fréquemment plus d'une heure.

L'entretien de groupe réunit plusieurs personnes (6 à 10 en général) sous la direction d'un animateur. Si ces personnes sont choisies en fonction de leur expertise, par rapport au problème à résoudre, on parle alors de *groupe de réflexion*. Lorsqu'il s'agit de simples consommateurs, le groupe est appelé *groupe de discussion* ; ces derniers sont utilisés, notamment, pour recenser les critères de choix d'un produit ou pour explorer une question complexe. Le problème majeur des groupes est l'émergence de leaders durant la réunion, dont l'opinion influence considérablement celle des autres membres. Cela interdit toute tentative de quantification des résultats observés. En revanche, la réunion de groupe reste un moyen économique et rapide pour recenser des éléments ou pour dégager des hypothèses que l'on testera ensuite.

V — TRAITEMENT DES INFORMATIONS

V-1 Données qualitatives

L'analyse des données qualitatives se fait la plupart du temps « *à la main* », l'utilisation de logiciels restant limitée. Le chargé d'étude part des données brutes, généralement des transcriptions d'interviews enregistrées (magnétophone, vidéo...) par les enquêteurs. Une technique souvent utilisée est l'**analyse de contenu**. Pour cela, les réponses aux questions ouvertes sont tout d'abord regroupées en grandes catégories (thèmes voisins, synonymes...), puis comptabilisées en termes de fréquences d'apparition : on calcule combien de fois un thème a été abordé par l'ensemble des enquêtés. Puis, le chargé d'étude élabore une synthèse générale des résultats qu'il présente à son client.

V-2 Données quantitatives

Les données quantitatives sont traitées par l'intermédiaire de logiciels d'analyses statistiques, utilisables sur micro-ordinateur : CHADOC, SPHINX, SPSS, STAT-ITCF, STATGRAPHICS, etc. L'exploitation de ces outils suppose de solides connaissances statistiques. L'objectif de ce paragraphe n'est que de sensibiliser le lecteur aux analyses-clés ; la bibliographie donne quelques références pour aller plus loin.

V-2-1 Tris à plats et croisés

Les tris à plat consistent à calculer des pourcentages (appelés fréquences en statistiques) avec une seule question de type QCM ou dichotomique : par exemple, 25 % des répondants possèdent un camescope, 75 % n'en possèdent pas. Les tris croisés combinent les réponses à deux questions. On obtient ainsi un tableau à double entrée en croisant toutes les modalités des réponses : par exemple, 44 % des personnes, gagnant plus de 10 000 francs par mois, possèdent un camescope. La Fiche technique 4-4 illustre ces tris statistiques.

V-2-2 Principes des tests statistiques

L'utilisation des tests statistiques conduit à formuler des recommandations marketing plus élaborées. Un test statistique permet de savoir si une différence observée dans un échantillon est généralisable à l'ensemble de la population mère, ou si elle n'est que le fruit du hasard.

> Un chef de produit hésite entre deux emballages pour un nouveau yaourt. Une étude lui indique que 54 % des interviewés préfèrent le modèle écologique en carton, et 46 % le modèle classique en plastique. Le problème est que ce dernier coûte moins cher à fabriquer. Cette différence lui semble bien tenue : est-elle réelle, ou susceptible de s'inverser si l'on recommence l'étude ? L'application d'une formule statistique lui permettrait de savoir, pour un risque d'erreur donné, si cette différence est significative ou pas. Le résultat, par exemple, pourrait être « il y a au moins 95 % de chances sur 100 pour qu'effectivement l'emballage carton soit celui qui soit le plus préféré ». La prise de décision marketing repose alors sur des bases solides.

Fiche technique 4-4 : Tris à plat et tris croisés

Un échantillon comprend 200 interviewés. Les réponses sont présentées dans le tableau ci-dessous (les données sont fictives) :

Possèdez-vous un camescope ?			
Revenus/mois	oui	non	TOTAL
+ 10 000 francs	40	50	90
- 10 000 francs	10	100	110
TOTAL	50	150	200

Tris à plat :

— *possèdent un camescope → oui : 50/200 = 25 % ; non : 150/200 = 75 %*

— *revenus mensuels → plus de 10 000 francs = 90/200 : 45 %*
moins de 10 000 francs = 110/200 : 55 %

Tris croisés :

— *44 % des répondants gagnant plus de 10 000 francs par mois possèdent un camescope (= 40/90), contre 9 % pour les répondants gagnant moins de 10 000 francs (=10/110).*

— *80 % des répondants qui possèdent un camescope, gagnent plus de 10 000 francs par mois (= 40/50), contre 33 % pour les répondants qui n'en possèdent pas (50/150).*

— *20 % des répondants gagnent plus de 10 000 francs par mois et possèdent un camescope (= 40/200).*

V-2-3 Mappings

Un intérêt majeur de ces techniques statistiques pour le marketing est leur capacité à extraire des tendances lourdes d'une grande quantité d'information. Ces grandes dimensions expliquent ou décrivent, le mieux possible, la masse des données initiales fournies par les questionnaires. Ce type de technique est appelé **analyse multivariée**. La plupart des méthodes offrent la possibilité de visualiser les dimensions obtenues sur des cartes graphiques (*mapping* en anglais). L'analyse permet, en outre, de situer sur les cartes différents groupes de consommateurs ou de concurrents. Les informations fournies sont précieuses pour le choix d'une stratégie marketing (voir Chapitre 5).

VI — LE RAPPORT D'ÉTUDE DE MARCHÉ

Quels sont les contacts entre un directeur marketing et une société d'études, lorsqu'une étude de marché doit être réalisée ? Le premier temps de la négociation commerciale entre les deux partenaires consiste à définir les paramètres de l'étude. Puis, l'étude achevée, la société de conseil présente oralement les résultats à son client. Nous allons présenter quelques points-clés de ces contacts.

VI-1 Négociation d'une étude

Le chargé d'étude et le directeur de clientèle de la société d'étude rencontrent tout d'abord le directeur marketing de l'entreprise, une ou deux fois, pour cerner les objectifs et les contraintes de l'étude. Un devis d'étude est ensuite soumis au directeur marketing. Il comporte la méthodologie détaillée de l'étude, le délai de réalisation, le coût et les conditions de règlement. La Figure 4-5 donne quelques informations sur les délais courants pour réaliser une étude quantitative, comportant 500 à 600 questionnaires administrés par un réseau de 5 enquêteurs.

NÉGOCIATION DES OBJECTIFS	1 à 2 semaines
REMISE DU PROJET D'ÉTUDE	1 à 3 semaines
GESTION DU TERRAIN (selon le mode de collecte)	1 à 6 semaines
ANALYSE DES INFORMATIONS	1 à 2 semaines
RÉDACTION DU RAPPORT	1 à 2 semaines
TOTAL =	1 à 4 mois

Figure 4-5 : Délais de réalisation d'une étude de marché

Combien coûte une étude de marché ? Le Flash marketing 4-2 donne quelques tarifs dans le cas d'une étude faite spécialement pour le compte d'un seul client (*étude ad hoc)*, et pour une étude réalisée en souscription (*étude omnibus,* voir paragraphe VII-1).

Flash marketing 4-2 : Le coût d'une étude de marché

Étude ad hoc.

Pour interroger 1 000 personnes (représentatives de la population française de plus de 15 ans), à domicile, avec un questionnaire d'une durée de 20 minutes (soit environ 30 questions), l'étude complète sera facturée environ 200 000 francs HT au client. Ce prix couvre la totalité de l'étude, depuis la phase de négociation jusqu'à la présentation des résultats au client. Le coût total d'un questionnaire revient donc, dans ces conditions, à environ 200 francs ; sa seule administration par l'enquêteur coûte 100 francs. Le mode de collecte des données a une influence sensible sur le coût de ce questionnaire : un questionnaire postal d'une durée de 20 minutes revient 40 % moins cher qu'un questionnaire passé à domicile, le téléphone 12 % moins cher. Le type de population à enquêter est un paramètre important : toutes choses égales par ailleurs, interviewer un médecin coûte environ 3 fois plus cher qu'interroger une ménagère ou un étudiant.

Un entretien en profondeur d'une heure est facturé sur la base de 3 000 francs HT ; une réunion de groupe de 10 ménagères revient à 22 000 francs HT.

Étude omnibus.

Les prix HT sont facturés à la question, avec un tarif généralement dégressif selon la quantité : la question fermée varie entre 5 000 francs (téléphone) et 6 000 francs (à domicile) et 3 500 francs (télématique) ; la question ouverte coûte entre 20 et 40 % plus cher.

NB : Les tarifs indiqués sont aux conditions économiques de 1987.

Sources : VERNETTE (E.) — « Les composantes du coût d'une étude marché », **Revue Française du Marketing**, n° 116, 1988/1, p. 75-91. Tarifs omnibus 1987, Louis Harris et GSI-CFRO.

VI-2 Présentation du rapport d'étude

Un document écrit est remis au client quelques jours avant la présentation orale des résultats. Sa taille est variable selon le type d'étude, mais l'ordre de grandeur est de 30 à 60 pages (hors annexes). Le plan courant est : rappel des objectifs et de la méthodologie (2 à 3 pages), analyse et synthèse des résultats (20 à 40 pages), recommandations (5 à 10 pages). Les annexes développent, par exemple, certains points techniques (échantillonnage, traitements statistiques), le questionnaire, les tableaux de résultats de moindre importance, etc. La présentation orale du rapport permet au client d'approfondir l'un ou l'autre des résultats de l'étude.

VII — NOMENCLATURE DES ÉTUDES DE MARCHÉ

Nous venons de voir le déroulement complet d'une étude de marché. Ce dernier paragraphe a pour objectif de présenter un panorama récapitulatif des études. Il s'apparente à un aide-mémoire.

VII-1 Selon la nature de l'étude

Étude ad hoc : Étude spécifique réalisée pour le compte d'un seul client. C'est l'étude faite « sur-mesure ».

Étude omnibus : Étude périodique faite pour le compte de plusieurs clients. Chaque client achète le droit de poser une ou plusieurs questions ; les données recueillies sont livrées directement analysées. Il n'est pas possible d'obtenir les résultats des questions posées par les autres souscripteurs. C'est l'étude « à la carte ».

Panel : Étude périodique faite pour le compte de plusieurs clients. Les interviewés sont identiques d'une vague d'enquête à l'autre. Les résultats s'achètent par tranches ; il est possible de connaître les résultats obtenus par les concurrents. Ce type d'enquête est onéreux : l'abonnement à un panel (pour un an) va de 40 000 à 300 000 francs, selon le nombre de produits suivis. C'est avec ce type d'études que l'on connaît ses parts de marché et ceux de ses concurrents, le nombre de magasins référençant sa marque, les quantités de produit achetées par an et par ménage. Il existe deux grandes familles de panels : ceux de consommateurs et ceux de distributeurs (voir Figure 4-6). Les panels donnent des renseignements très opérationnels.

NOM DU PANEL	INSTITUTS	PRODUITS SUIVIS	ÉCHANTILLON
Panel Consommateurs	Sécodip	Alimentation Textile, Entretien Hygiène	4 500 ménages
Sofres 10 000	Sofres	Alimentation	10 000 ménages
Scan 5 000	Nielsen	Tous achats (10 hypers/supers équipés de caisses en lecture optique)	5 000 ménages
Panel Détaillants	Nielsen	Tous achats dans hypers/supers	4 800 magasins
Panel Leader	Sécodip/ Intercor	Alimentation Hygiène, Beauté Entretien	90 hypers 150 supers 110 supérettes

Source : Médias, n° 181, 27 mars 1987, p. 80 et 81.

Figure 4-6 : Les grands panels

Marché-test : Étude ponctuelle faite, pour le compte d'un client, afin d'évaluer les chances de succès commercial d'un nouveau produit. Ce marché-test peut être *simulé* : on applique un modèle quantitatif aux données, recueillies par questionnaire, pour prévoir les ventes futures. Il peut être réel, c'est-à-dire que l'on enregistre des achats effectifs pendant quelques semaines, dans une zone-test. On prévoit, à partir de ces ventes partielles, les futures ventes au niveau national (voir Chapitre 8).

VII-2 Selon les étapes du choix d'une marque

Nous avons vu, dans le Chapitre 3, les différentes variables liées à l'achat d'un produit ou d'une marque : motivation, attitude et choix d'une marque. Il est important, avant de commencer une étude, de s'orienter parmi ces variables. En effet, les techniques de collecte des informations, la nature du questionnaire et les méthodes d'analyse sont différentes selon la variable étudiée.

VII-2-1 Étude d'un comportement de choix (passé ; futur)

1. Il s'agit généralement de répondre à des questions du type :
   — combien achète-t-on ? → évaluer le potentiel d'un marché
   — quand achète-t-on ? → connaître les occasions d'achat
   — où achète-t-on ? → déterminer les canaux de distribution
   — qu'achète-t-on ? → connaître les parts de marché, chiffres d'affaires

2. Il faut aussi déterminer le terme de l'étude : mesure-t-on un comportement présent, passé ou futur ?. La Figure 4-7 récapitule les méthodes envisageables selon le cas.

3. Lorsque l'on est amené à rédiger un questionnaire, on utilise essentiellement des questions fermées du type QCM ou dichotomiques (oui/non).

PASSÉ OU PRÉSENT	FUTUR
— Analyse documentaire — Panels — Observation directe — Questionnaires fermés (QCM ou dichotomique)	— Jugements d'experts (méthode Delphi) — Modèles de régression — Intentions d'achats

Figure 4-7 : Méthodes d'étude d'un comportement d'achat

VII-2-2 Étude d'une attitude

1. Les questions à résoudre sont centrées sur les thèmes suivants :

   — que connaît-on ? → notoriété des marques, croyances
   — qu'aime-t-on ? que n'aime-t-on pas ? → image de marque
   — que pense-t-on acheter ? → intention d'achat

2. La collecte des données se fait essentiellement par questionnaire. Les échelles de réponses sont des échelles d'attitude (voir Fiche technique 4-3) : Likert, sémantique différentielle, etc.

VII-2-3 Étude de motivation

1. L'objectif est de répondre à la question : « Pourquoi le consommateur achète-t-il une marque ? »

2. Les méthodes de recueil des données sont de nature qualitative : entretiens en profondeur, réunions de groupe.

VII-3 Selon les variables du mix

Présenter les techniques d'étude en fonction de leur proximité par rapport aux variables du marketing mix est utile dans une optique managériale. En effet, un chef de produit rencontre souvent des problèmes du type suivant : « A quel prix puis-je vendre mon produit ? », « Que dire dans une campagne publicitaire ? » Certaines techniques d'étude de marché sont spécifiquement bâties pour étudier une facette du marketing-mix. Elles sont présentées par catégories de variables dans la Figure 4-8. La structure du questionnaire et les techniques d'analyse des données sont relativement standardisées, ce qui facilite le travail du chargé d'étude. Quelques-unes de ces techniques seront présentées dans la 4e partie de cet ouvrage, lorsque nous étudierons chaque variable du mix.

SYNTHÈSE DU CHAPITRE

Les études qualitatives sont réalisées sur de petits échantillons, alors que les études quantitatives sont effectuées sur des échantillons de grande taille. Une étude de marché se déroule en 4 temps : définition du problème à résoudre, recueil des informations, analyse des données, rédaction du rapport d'étude. La collecte d'informations quantitatives implique de gérer un terrain d'étude : définition de la base de sondage et des caractéristiques de l'échantillon, rédaction et administration d'un questionnaire.

VARIABLES DU MIX	NOM DE L'ÉTUDE	QUESTIONS MARKETING
PRODUIT	TEST DE CONCEPT	L'idée du nouveau produit est-elle bonne ?
	POTENTIEL COMMERCIAL	Combien peut-on vendre ?
	POSITIONNEMENT	Comment le consommateur doit-il se représenter notre marque ?
	SEGMENTATION	Peut-on séparer le marché en groupe de consommateurs homogènes ?
	IMAGE DE MARQUE	Que pense le consommateur de notre marque ?
	USAGE DU PRODUIT	Comment sont utilisés les produits ?
	REPOSITIONNEMENT	Comment modifier la perception de notre marque par les consommateurs ?
PRIX	PRIX PSYCHOLOGIQUE	Un prix élévé est-il assimilé à une qualité élevée ?
	RELEVÉ DE PRIX	Quels sont les prix de la concurrence ?
DISTRIBUTION	RÉSEAUX DE VENTE	Quels distributeurs peuvent vendre nos produits ?
	ZONE DE CHALANDISE	D'ou viennent les clients d'un point de vente?
COMMUNICATION	PRÉ-TEST DE PUBLICITÉ	La publicité prévue est-elle bonne?
	MÉDIA PLANNING	Quel est l'audience des supports ?
	IMPACT	Quelle est l'efficacité d'une campagne publicitaire?

Figure 4-8 : Classement des études selon les variables du mix

Selon la nature d'une étude, on distingue les panels, les études ad hoc et les études omnibus. En se fondant sur les étapes suivies par le consommateur pour choisir une marque, on répertorie les études de comportement d'achat, d'attitude et de motivation. Une dernière classification se fonde sur les liens des études avec les variables du marketing-mix.

BIBLIOGRAPHIE

Les ouvrages indiqués sont classés par ordre de difficulté croissante. Le dernier nécessite une bonne maîtrise des statistiques de base.

(1) NÉGRO (Y.) — **L'étude de marché**, Vuibert-Entreprise, 1987.

(2) LHERMIE (C.) — **Étude de marché**, Sirey, 1989.

(3) LAMBIN (J.J.) — **La recherche marketing**, Mc Graw Hill, 1990.

TEST DE CONNAISSANCE

Choisir une seule réponse par question :

Q1 — Un échantillon n° 1 (taille 500 personnes) est tiré d'une population mère d'un million d'individus. Un échantillon n° 2 (taille 500 personnes) est tiré d'une population mère de 30 millions d'individus. La qualité de représentativité des résultats sera :

1. meilleure avec l'échantillon n° 1
2. identique quel que soit l'échantillon
3. meilleure avec l'échantillon n° 2

Q2 — Un test de produit en aveugle, c'est :

1. faire évaluer des produits dont la marque est cachée
2. faire juger des produits avec des marques inconnues du consommateur
3. faire deviner les marques de produits par le consommateur

Q3 — Un panel est une étude de marché qui est réalisée :

1. une seule fois sur un grand échantillon
2. plusieurs fois de suite avec des échantillons différents à chaque fois
3. plusieurs fois de suite sur le même échantillon

Q4 — Poser des questions ouvertes dans une étude quantitative, c'est :

1. facile à traiter et riche en informations supplémentaires
2. difficile à traiter, mais riche en informations supplémentaires
3. difficile à traiter et pauvre en informations supplémentaires

Q5 — Une échelle sémantique différentielle convient avant tout à un questionnaire mesurant :

1. une motivation d'achat
2. une attitude vis-à-vis de marques
3. un comportement d'achat

Réponses : Q1 = 2 ; Q2 = 1 ; Q3 = 3 ; Q4 = 3 ; Q5 = 2

TROISIÈME PARTIE :

DÉCISIONS STRATÉGIQUES EN MARKETING

CHAPITRE 5

SEGMENTATION ET POSITIONNEMENT EN MARKETING

Objectifs et articulation du chapitre

Les stratégies de segmentation sont au cœur des préoccupations marketing de l'entreprise. Ce chapitre vous permettra de suivre, pas à pas, les différentes étapes nécessaires à la mise en action d'une stratégie de segmentation.

Ce chapitre est un prolongement du Chapitre 2 : n'hésitez pas à en revoir les grandes lignes avant d'aborder celui-ci.

Vous aurez intérêt à vous attarder sur deux passages-clés : la distinction entre un **segment** et une **cible** d'une part, et la compréhension des relations entre le **positionnement** et l'**image de marque**, d'autre part.

I — FONDEMENTS D'UNE STRATÉGIE DE SEGMENTATION

I-1 Définitions de base

Segment : C'est une partie d'un marché composée de consommateurs « homogènes ». En d'autres termes, deux consommateurs appartenant à un même segment présentent des profils très voisins : ils pourront avoir la même taille, ou habiter la même région, ou encore pratiquer un sport identique, etc. **Segmenter** un marché, c'est donc fractionner un marché global en segments homogènes, par rapport à un critère de sélection donné. Ces critères de sélection sont appelés **critères de segmentation**.

Cible : C'est le segment que l'entreprise décide de satisfaire en priorité. Ce choix détermine la construction du marketing-mix et oriente l'action de la force de vente. La Figure 5-1 illustre la distinction entre segment et cible : le segment 3 devient la cible de la chaîne de télévision « Canal Top », lorsque « Canal Top » décide de s'adresser prioritairement à lui.

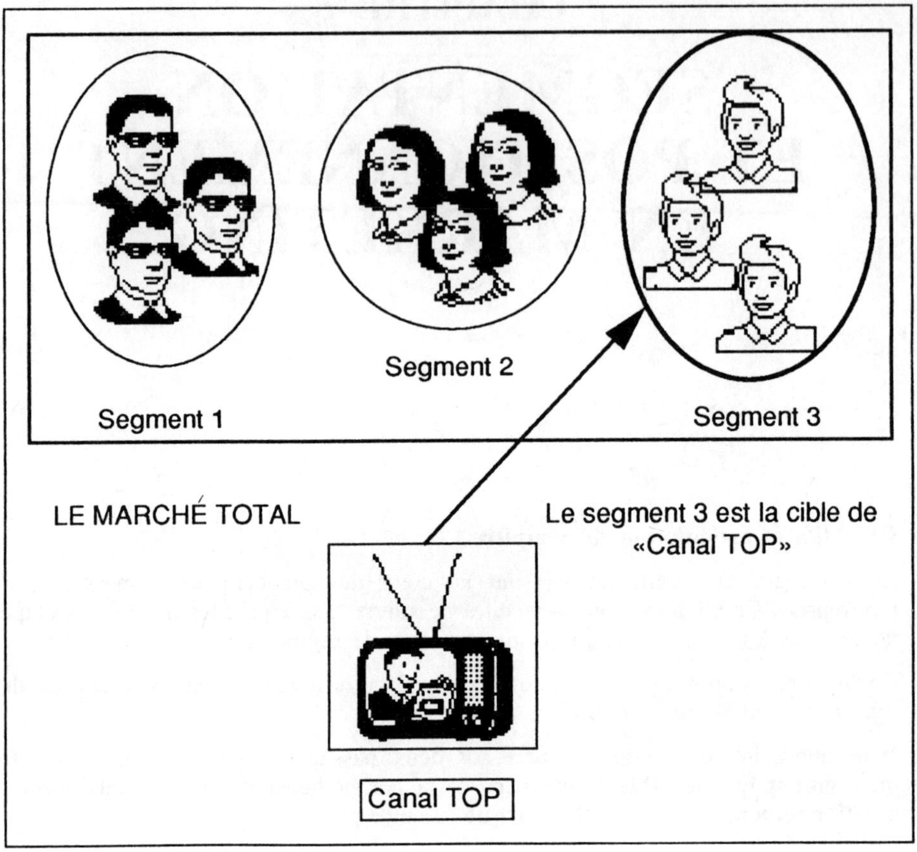

Figure 5-1 : Segment et cible

Positionnement : Il s'agit d'une stratégie marketing visant à agir sur les croyances du consommateur pour que celui-ci différencie clairement une marque de celles des concurrents. On cherche à ce que la marque occupe une place claire et unique dans l'esprit du consommateur.

Il est important de bien comprendre les liens existants entre positionnement et image de marque. Dans le cas d'un bon marketing, le positionnement choisi par l'entreprise pour son produit et l'image de marque effectivement obtenue sont équivalents. Mais si le positionnement est directement contrôlable par la volonté stratégique de l'entreprise, l'image de marque ne l'est pas. Elle est le résultat d'un décodage opéré par le consommateur : les signaux émis par l'entreprise sont filtrés, analysés puis stockés dans la mémoire sous forme de **croyances**. Les résultats des études d'image de marque, faites sur un échantillon de consommateurs, permettent de vérifier si l'image obtenue est bien en adéquation avec le positionnement déterminé au départ. La Figure 5-2 montre que dans cet exemple une distorsion sensible existe.

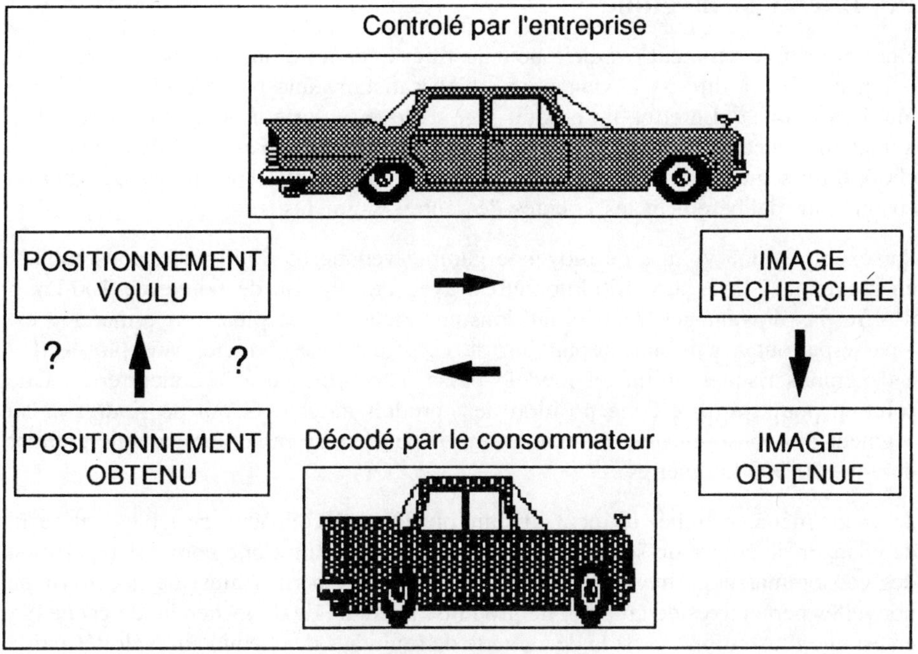

Figure 5-2 : Positionnement et image de marque

I-2 Exemple

Nous allons illustrer ces concepts-clés en les appliquant au marché des shampooings. Notre analyse n'a qu'un but pédagogique : elle simplifie considérablement la réalité commerciale. Trois marques courantes ont été retenues : Dop, Longueurs et Pointes, Dercos. L'analyse des attentes des consommateurs révèle trois groupes d'attentes très contrastées :

— **segment 1 :** les consommateurs qui ne se préoccupent guère de leurs cheveux. C'est la cible visée par Dop. Elle est principalement composée de familles nombreuses.

— **segment 2 :** les consommateurs soucieux de l'aspect extérieur de leur cheveux et recherchant l'éclat, le toucher, la souplesse, etc. Ce segment est constitué de femmes et de filles de 15 à 30 ans, avec des cheveux longs ou mi-longs. Longueurs et Pointes vise cette cible.

— **segment 3 :** les consommateurs préoccupés par la santé de leurs cheveux. On retrouve beaucoup d'hommes âgés de 30 à 50 ans, sensibles à la perte de leur cheveux ou à l'état de leur cuir chevelu.

Le positionnement retenu par chacune de ces marques découle du choix de cibles bien distinctes : Dop souhaite être perçu comme un shampooing *« lavant »* ; Longueurs et Pointes veut être reconnu comme un shampooing *« cosmétique »*, et Dercos comme un shampooing *« médical »* soignant les cheveux.

I-3 Intérêt stratégique

Une raison fréquemment évoquée pour justifier le choix d'une stratégie de segmentation consiste à dire : « Il vaut mieux bien satisfaire une partie d'un marché que mal l'ensemble ». En effet, un produit jugé « moyen » sur toutes ses caractéristiques a finalement peu de chances d'être recherché par le consommateur. Parallèlement, le choix d'un segment permet d'ajuster le produit aux attentes spécifiques de celui-ci, en ignorant délibérément les attentes des autres segments.

Par exemple, une voiture de moyenne gamme vendue 65 000 francs, consommant en moyenne 7 litres aux 100 kilomètres, avec une vitesse de pointe de 160 km/h n'offre pas d'avantages décisifs au consommateur. Si, de plus, son esthétique est « passe-partout », avec une réputation du constructeur « correcte, sans plus », il y a de grands risques qu'un tel modèle passe inaperçu face à la concurrence. Une solution pour sortir de cette position de « produit moyen » serait de s'adresser au segment des consommateur économes, en offrant par exemple une garantie gratuite durant 150 000 kilomètres.

Avec un même marché, on peut obtenir plusieurs découpages possibles : il suffit de changer de critère de segmentation, pour voir apparaître une nouvelle répartition des consommateurs. Une bonne créativité marketing permet ainsi de découvrir de nouvelles perpectives de création de produits. La stratégie de recherche de **créneaux** en est une illustration : c'est la découverte de segments de clientèle inexploités par la concurrence, généralement obtenue grâce à la prise en compte d'un nouveau critère de segmentation.

II — LES ÉTAPES DE LA SEGMENTATION D'UN MARCHÉ

La conduite d'une stratégie de segmentation suit une progression par étapes. Elle suppose qu'une double condition préalable a été remplie : l'analyse de l'environnement de l'entreprise et l'établissement d'un diagnostic. En effet la stratégie de segmentation n'est qu'une solution stratégique parmi d'autres ; son choix doit pouvoir être justifié par l'analyse préalable des informations. Une fois ces réflexions stratégiques achevées, le déroulement d'une stratégie de segmentation comporte plusieurs étapes, récapitulées dans la Figure 5-3. Nous allons détailler les étapes 3, 4, 5 et 7 qui concernent directement la mise en place d'une stratégie de segmentation ; les étapes restantes seront abordées avec le plan marketing, lors du Chapitre 7.

II-1 Choix d'un critère de segmentation

La représentation du marché de l'entreprise dépend de la nature du critère de découpage utilisé : les contours du marché obtenu sont différents selon le critère de segmentation choisi pour le découpage. En conséquence, ce choix est une décision importante que l'on doit pouvoir justifier. Les informations recueillies lors des études de marché sont analysées par des techniques statistiques appropriées, afin de justifier ce choix.

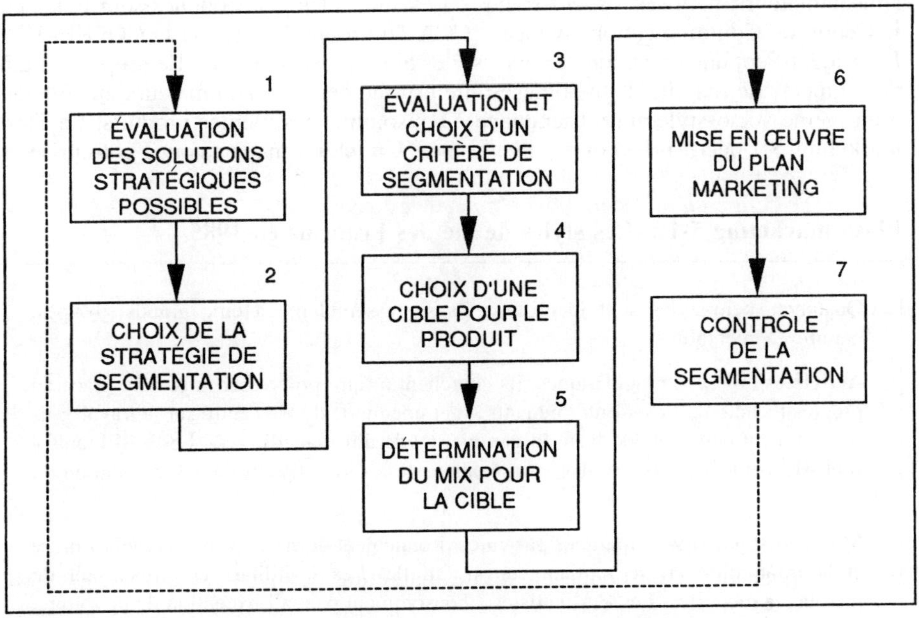

Figure 5-3 : Étapes d'une stratégie de segmentation

II-1-1 Présentation des principaux critères

Il existe un grand nombre de critères de segmentation. Nous ne présenterons que les plus courants.

Socio-démographiques : Ce sont des variables telles que l'âge, le sexe, le revenu, la catégorie socio-professionnelle (CSP), la région d'habitat, etc. Ce type de critères est couramment employé pour segmenter un marché. Ainsi l'âge du consommateur permet de segmenter des marchés comme ceux des jouets, des motos, des journaux ; le sexe est utilisé pour le marché des rasoirs, des eaux de toilette ; le niveau de revenu est pertinent pour le marché automobile, les produits financiers et assurances, le tourisme ; les CSP sont utiles pour la représentation du marché du prêt-à-porter, de la presse et des vacances à la neige.

Styles de vie : Bien qu'assez difficile à définir, on peut dire qu'ils englobent des concepts tels que le mode de vie (activités, centres d'intérêt, passions...), la structure mentale d'un individu (jugements émis sur des faits, préoccupations, rêves...) ou encore l'attitude par rapport à des produits (surgelés, produits écologiques...). Une batterie d'une centaine de questions posées à intervalles réguliers, à un panel représentatif de la population française, permet de couvrir ces thèmes. Il s'agit généralement de recueillir le degré d'accord ou de désaccord de l'interviewé, face à des phrases du type : « Dans un jardin, je préfère une pelouse à des légumes » ou « La place d'une femme est à la maison », etc. On parle d'inventaires A.I.O. (Activités, Intérêts, Opinions). Après analyse des réponses, on identifie différents groupes de consommateurs, baptisés *« socio-styles »*. Les études les plus connues sont faites par le Centre de Communication Avancée (CCA du groupe Havas) ou la COFREMCA. Elles identifient une douzaine de socio-styles qui représentent pour l'entreprise autant de segments de marché. L'hypothèse faite est que deux consommateurs appartenant à un même socio-style auront tendance à consommer les mêmes produits. Le Flash marketing 5-1 décrit brièvement ces groupes. Un intérêt majeur pour l'entreprise est

Flash marketing 5-1 : Les styles de vie des Français en 1985

Quatorze socio-styles sont identifiés ; ils se rassemblent en cinq grands groupes, nommés « mentalités ».

Activistes (14 %) : pragmatiques, ils cherchent à faire progresser la société grace au progrès technique. Les « Entreprenants » ont une mode de vie centré sur le travail ; ils consomment des biens de haut de gamme, modernes mais discrets. Les « Militants » sont socialement actifs, combatifs et égalitaristes et investissent dans l'installation du foyer.

Matérialistes (26 %) : marqués par un environnement de crise, ils recherchent l'ordre et la tranquillité en se repliant sur la famille. Les « Utilitaristes » disposent de ressources modestes. Les « Attentistes » consomment peu, à l'exception de la voiture. Les « Exemplaires » se replient sur la vie locale, leur emploi, la famille et leur confort personnel.

Rigoristes (20 %) : le retour aux grands principes (morale, famille, religion) est souhaité ; l'argent est une valeur en soi. Ils sont élitistes et à la recherche de chefs charismatiques. Les « Responsables », les « Conservateurs » et les « Moralisateurs » forment ce courant.

Décalés (18 %) : leur vie privée les passionne, alors qu'ils jugent leur vie professionnelle artificielle. Cette mentalité résulte du déclin de l'esprit de mai 68 ; son impact sur la société est fort du fait du poids culturel représenté. Les « Profiteurs » sont grands consommateurs de loisirs et d'images ; les « Dilettantes » recherchent aventures et produits high-tech ; les « Libertaires » consomment surtout des biens culturels.

Égocentrés (22 %) : ils cherchent à s'affirmer en montrant leur argent, en faisant la fête entre copains ; leur consommation de biens est ostentatoire. Trois socio-styles forment cette mentalité : les « Vigiles », les « Défensifs » et les « Frimeurs ».

.../...

la possibilité de visualiser ces groupes grâce à une représentation graphique. On peut rajouter sur ces cartes les émissions de télévision regardées par chaque groupe, leurs boissons préférées, etc. Les implications des styles de vie sont utiles pour orienter la politique de communication : choix des supports, nature du message à transmettre, etc. Ce type de critères est utilisé pour segmenter des marchés tels que les crèmes solaires, les eaux de toilette, les déodorants, ou les soft-drinks. Intéressants par leur aptitude à la communication, les styles de vie doivent être utilisés avec précaution, car ils posent différents problèmes méthodologiques.

Flash marketing 5-1 (suite) : Les styles de vie des Français en 1985

La carte ci-dessous indique l'emplacement des différents socio-styles quand on prend en compte deux dimensions pour résumer au mieux les styles de vie : l'axe plaisir/ascèse et l'axe aventure/tradition.

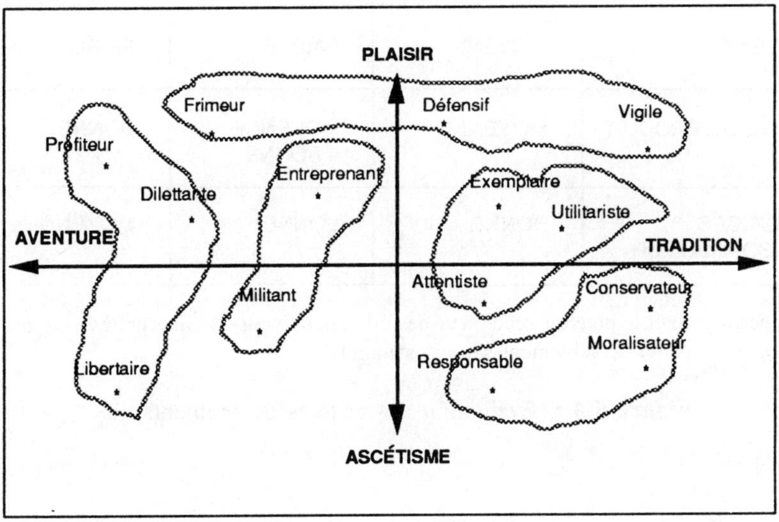

Source : MERMET (G.) — **Francoscopie**, Larousse, 1985.

Usage produit : La division des consommateurs s'effectue à partir de variables comme les quantités achetés (consommateurs « lourd » ou « léger »), les occasions de consommation (à la maison, en pique-nique, en voyage...), ou le type d'utilisation (professionnel ou bricoleur). Ce critère est utilisable pour des marchés comme ceux des skis, des perceuses, des mélanges de céréales ou des cigarettes ; il facilite la conception du produit, parce qu'il se traduit assez aisément en spécifications techniques.

— Un grand nombre de bricoleurs utilisent leur perceuse pour faire des trous dans des endroits difficiles d'accès, éloignés les uns des autres. Le produit à réaliser doit alors être léger, de faible dimension et pouvant fonctionner sans électricité.

— Le type de ski pratiqué conditionne les caractéristiques techniques du produit : le fondeur doit disposer d'un ski étroit et léger, le randonneur d'un ski léger mais plus large, le skieur alpin de compétition utilise des skis plus longs...

Bénéfices recherchés : Les consommateurs sont regroupés en fonction des avantages recherchés, lors de la consommation du produit. Par exemple, certains consommateurs cherchent avant tout des produits performants, et sont prêts à payer cher le produit qui leur procure cet avantage ; en revanche, d'autres veulent surtout un produit économique et simple d'utilisation. On isole pour chaque segment des attentes spécifiques et nettement distinctes d'un segment à l'autre. Les marchés du

CRITÈRES	PERTINENCE	PRÉDICTION	FACILITÉ D'UTILISATION
SOCIO-DÉMOGRAPHIQUE	FAIBLE à MOYENNE	FAIBLE	BONNE
STYLE DE VIE	MOYENNE	FAIBLE	FAIBLE
USAGE DU PRODUIT	MOYENNE	MOYENNE à BONNE	BONNE
BÉNÉFICES CONSOMMATEUR	BONNE	BONNE	MOYENNE

NB: La pertinence et le pouvoir prédicteur des critères doivent être interprétés avec prudence, car ils peuvent varier sensiblement selon les marchés.

Figure 5-4 : Évaluation des critères de segmentation

dentifrice, des parfums, des shampooings ou des montres peuvent être segmentés avec profit, en utilisant ce type de critère. La richesse stratégique offerte par cette segmentation est grande : elle sera développée dans le paragraphe III-1.

II-1-2 Évaluation globale des critères

Le grand nombre de critères mis à la disposition du directeur marketing pour segmenter son marché pose problème. Lequel choisir ? La Figure 5-4 donne quelques indications, tirées de différentes recherches.

Trois éléments ont été retenus :

1. *pertinence :* c'est la capacité du critère à bien « séparer » les segments ; d'un point de vue graphique, cela se traduit par des nuages de points concentrés.
2. *capacité à la prédiction :* c'est l'aptitude statistique du critère à prédire le choix d'une marque. Connaissant le segment auquel appartient un consommateur, peut-on prédire la marque achetée ?
3. *facilité de mise en œuvre :* elle représente la durée, la facilité des analyses et le coût global de l'étude nécessaire pour obtenir les segments.

II-2 Choix d'une cible

Lorsque le critère de segmentation est choisi, les contours des différents segments du marché apparaissent. Sur quelles bases sélectionner une cible ? L'entreprise peut

1 FORCES ET FAIBLESSES DE L'ENTREPRISE FACE AUX EXIGENCES DE LA CIBLE

— dispose-t-on du savoir-faire technique nécessaire pour réaliser un produit conforme aux attentes de la cible ?
— la réputation préalable de la marque (ou de l'entreprise) est-elle cohérente avec l'image exigée par la cible?
— sait-on gérer les ressources humaines exigées pour réaliser le produit attendu par la cible ?

2 INTENSITÉ DE LA CONCURRENCE SUR LA CIBLE

— nombre de concurrents présents (part de marché, réaction)
— l'entreprise a-t-elle d'autres produits ou marques sur cette cible ? (risque de cannibalisme)

3 RISQUE FINANCIER

— potentiel de vente (surface du segment)
— niveau du seuil de rentabilité à atteindre

Figure 5-5 : Éléments à considérer pour le choix d'une cible

évaluer les risques et avantages offerts par chaque cible potentielle, en utilisant trois séries de questions (voir Figure 5-5).

Lorsque l'entreprise gère déjà une gamme de produits, ou un portefeuille de marques, le choix de la cible se complique. En effet, le risque est que les consommateurs qui achetaient auparavant la marque ancienne, la délaisse au profit de la nouvelle. Ainsi, quelques mois après le lancement, les ventes totales (celles de l'ancienne marque, plus celles de la nouvelle) sont parfois à peine supérieures à celles réalisées auparavant, avec la seule marque ancienne. C'est ce qu'on appelle le *cannibalisme :* peu de consommateurs ont été gagnés sur la concurrence. Des produits comme les lessives, les soft-drinks (voir Flash marketing 5-2) ou les dentifrices sont sujets à ce type de risque.

Flash marketing 5-2 : Le lancement de Dry de Schweppes

> Jusqu'en 1983, Schweppes France détenait 4 % du marché des boissons soft-drinks, grâce à Indian Tonic. Après l'acquisition de la franchise 7 UP et son lancement réussi, l'entreprise prolonge son effort en se diversifiant. Faudra-t-il utiliser la marque Schweppes pour le nouveau produit ? Si oui, il est probable que les consommateurs actuels de Schweppes Indian Tonic diversifieront leur consommation, en alternant avec cette nouvelle variété. Augmenteront-ils pour cela leur consommation totale ? Ce n'est pas certain. Quant aux non-consommateurs de Schweppes, même si le nouveau produit présente un goût très différent d'Indian Tonic, la présence de la marque Schweppes sur celui-ci, est un facteur d'éloignement : « Si c'est du Schweppes, je n'aime pas ». En somme, le risque est que la nouvelle marque gagne peu de nouveaux consommateurs sur la concurrence. Par ailleurs, les ventes d'Indian Tonic risquent de baisser, puisque ses consommateurs actuels reporteront une partie de leurs achats sur le nouveau produit. La nouvelle marque « cannibalise » l'ancienne. Après une série de pré-tests, la marque lancée en 1985 opte pour un compromis : « DRY de Schweppes ». DRY en grosses lettres, réduit le risque de cannibalisme ; Schweppes en petits caractères, permet de bénéficier de la notoriété préalable de l'entreprise.

Source : Analyse effectuée à partir des éléments recueillis par VIALATTE (O.) et BLANC (M.) — **Cas Schweppes**, ESSCA, Centrale des cas et médias pédagogiques, 1988.

II-3 Détermination du mix de la cible

II-3-1 Les règles de cohérence externe

Un principe de base pour construire un bon marketing-mix est de partir des attentes de la cible et du positionnement sélectionné. Cela revient à dire qu'il n'existe pas de mix idéal en soi, mais qu'il découle de la cible et du positionnement. Par exemple, vendre un produit plus cher que la concurrence n'est pas en soi une faiblesse : c'est cohérent si l'on désire un positionnement de produit haut de gamme, avec une cible disposant de revenus élevés.

La Figure 5-6 illustre la cohérence externe de trois mix de marques de shampooings, pourtant très différents les uns des autres. Dercos se positionne comme un shampooing qui soigne le cheveu : on s'attend à ce qu'un « médicament » efficace soit cher, vendu en petites quantités et en pharmacie. A l'inverse, Dop, produit ordinaire destiné aux familles nombreuses, est vendu en grandes quantités avec un emballage simple et en grandes surfaces. Longueurs et Pointes, shampooing « cosmétique », est un produit plus élaboré, avec un additif justifiant la promesse de beauté ; l'emballage doit être évocateur.

II-3-2 Les règles de cohérence interne

A l'inverse des règles précédentes, celles-ci répertorient quelques constantes dans l'élaboration d'un marketing-mix, et ce quels que soient la cible ou le positionnement choisis.

MARQUE	CIBLE	PRIX	PRODUIT	PROMOTION	DISTRIBUTION
DOP	Familles Pas de problèmes de cheveux	Bon marché	Ordinaire Grande quantité Emballage simple	Réduction prix Publicité télé/radio	Grandes surfaces
L & P	Filles 15/30 ans Aspect des cheveux	Assez cher	Simple additif technique Quantité moyenne	Offre spéciale Publicité télé	Grandes surfaces coiffeurs ? Grands magasins
DERCOS	Hommes 25/50 ans Soins des cheveux	Cher	Petite quantité Double emballage	PLV presse spécialisée	Pharmacie

Figure 5-6 : Cohérence externe d'un mix

Produit et Distribution : *« Si deux canaux de distribution ont des images différentes, alors il faut éviter de vendre le même produit dans chacun d'entre eux ».* La pratique d'une sous-marque permet de résoudre ce problème. Par exemple, Philips utilise la sous-marque Radiola pour vendre ces téléviseurs dans les grandes surfaces alimentaires (image faible), et sa propre marque chez les spécialistes (image élevée).

Produit et Prix : *« Si le consommateur ne dispose d'aucune autre information, il a tendance à penser qu'un prix élevé est synonyme de qualité élevée ».* Par exemple, lorsqu'un consommateur est confronté à deux marques de crèmes de beauté qu'il ne connaît pas, il s'attend à ce que la plus chère soit la plus efficace. Cette existence d'une relation « Qualité/Prix » sera approfondie lors du Chapitre 9.

II-4 Contrôle

Il est nécessaire de vérifier périodiquement les choix stratégiques de segmentation, pour plusieurs raisons.

1. Les consommateurs évoluent. Leurs attentes se modifient sous l'effet de l'environnement : progrès technique, influence culturelle. Il convient de vérifier régulièrement la satisfaction des acheteurs de la marque.

2. Les concurrents évoluent. Les lancements réguliers de nouveaux produits viennent perturber l'image des marques déjà présentes. Il peut y avoir baisse de la mémorisation des marques anciennes, à la suite des campagnes publicitaires faites sur les nouvelles marques. De plus, ces nouveaux produits peuvent présenter des performances supérieures aux autres marques. L'image se dégrade progressivement avec l'obsolescence du produit.

Les moyens de contrôle sont fournis par les études de marché. Un de leurs objectifs est de mesurer l'image actuelle d'une marque, comparativement à celle des concurrents. Un autre objectif est de découvrir de nouveaux critères de segmentation, plus pertinents que ceux utilisés précédemment. De ce point de vue, la segmentation par avantages recherchés offre d'intéressantes perspectives.

III — PROLONGEMENTS STRATÉGIQUES

III-1 Bénéfices consommateurs

III-1-1 Objectif et méthode de segmentation

Objectif

Comme nous l'avons indiqué dans le paragraphe II-1, l'objectif majeur est de partager un marché, en identifiant les consommateurs qui recherchent des bénéfices identiques dans l'achat d'un produit. Au sein de chaque segment, on obtient des profils de bénéfices attendus très homogènes ; en revanche, entre les segments, les profils sont très contrastés. En d'autres termes, l'entreprise dispose avec cette segmentation d'une liste d'« exigences » propres à chaque segment. Haley a développé au début des années 1970 ce type d'approche. Le Flash marketing 5-3 présente le marché des montres vu sous cette perspective.

Démarche méthodologique

Comment procède-t-on pour identifier concrètement les segments ? La procédure comporte cinq étapes développées dans la Fiche technique 5-1. Les données sont recueillies par questionnaires, sur un échantillon représentatif du marché étudié.

III-1-2 Intérêt stratégique

La démarche méthodologique précédente permet à l'entreprise d'avoir en main les exigences spécifiques de chaque segment. En confrontant les avantages procurés par une marque et ceux attendus par les différents segments, on est en mesure de choisir aisément la cible la plus conforme pour la marque.

L'exemple présenté dans la Figure 5-7 illustre le cas d'un nouveau liquide vaisselle « LAVA+ ». L'étude d'image révèle que cette marque est bien évaluée sur trois bénéfices : « dégraisse bien », « respecte les mains », « respecte l'environnement ». En comparant les avantages procurés par LAVA+ et ceux attendus par les quatre segments, on constate que la marque correspond exactement aux exigences de S3 et qu'elle procure des bénéfices supérieurs à ceux attendus par S1. Ces deux segments sont donc deux cibles logiques pour LAVA+.

Flash marketing 5-3 : Le Marché des montres*

Le marché français des montres se décompose approximativement en quatre sortes de bénéfices recherchés.

Prix économique.

La caractéristique jugée prioritaire par ce segment est d'obtenir un prix le plus faible possible (moins de 150 francs) ; peu importe les qualités techniques de la montre : si elle casse, on la jette. Les montres ordinaires venant du Sud-Est asiatique (Corée, Taiwan...) correspondent à ce segment.

Précision durable.

Il s'agit de consommateurs qui souhaitent acquérir une montre de précision, bien finie, durable, d'un style plutôt classique. Pour obtenir ces avantages, ces consommateurs sont prêts à payer assez cher (500 à 2 000 francs). Des marques comme Seiko, Casio, Timex, Yema cherchent à répondre à ces attentes.

Personnalité & Mode.

La montre est considérée comme un accessoire de mode, un signe révélateur de la personnalité, de l'humeur du moment. Le design est important ; les qualités techniques sont secondaires, mais le seuil d'exigence est plus élévé que pour celui du premier segment. Le consommateur souhaite disposer d'un grand éventail de choix ; il achète plusieurs montres d'un prix raisonnable (150 à 300 francs), et renouvelle souvent cet achat. Benetton, Swatch sont présentes sur ce segment.

Bijoux.

L'achat d'une montre a une résonance émotionnelle forte : c'est le symbole de l'éternité, le cadeau somptueux. Ce segment est prêt à investir un « capital » dans cet achat (de 2 000 francs à plus de 10 000 francs), si le prestige de la marque le justifie. Dès lors, il n'est pas étonnant de trouver des marques de bijoutiers sur ce segment (Van Cleef & Arpel, Cartier, Fred) ou des montres de tradition ancienne (Rollex).

* Cette analyse s'inspire d'assez loin de l'article de YANKELOVICH (D.) — « Segmentation de marché : la créativité paie », **Harvard-l'Expansion**, été 1979, p. 77-86.

Plan marketing

La segmentation par les bénéfices offre au directeur marketing un avantage appréciable, car elle facilite l'établissement du plan marketing pour ses produits. Nous approfondirons ce point dans le Chapitre 7 (paragraphe II).

III-2 Positionnement d'un produit

Nous avons déjà défini dans le paragraphe I-1 la stratégie de positionnement du produit. Elle permet d'exploiter au mieux les opportunités révélées par la segmentation d'un marché.

Fiche technique 5-1 : Méthode de segmentation par les bénéfices

Étape 1. Choisir un scénario d'usage du produit.

Les attentes du consommateur dépendent notamment de l'usage futur que le produit acheté devra remplir. Par exemple, le choix d'un restaurant est différent s'il s'agit d'un repas pris sur le lieu de travail, d'un tête-à-tête ou d'un repas d'affaire. Dans le premier cas, le consommateur est attentif au prix et à la rapidité de service ; dans le second cas, le cadre et l'ambiance sont prioritaires.

Étape 2. Générer une liste de bénéfices potentiels.

Il s'agit d'établir une liste exhaustive de tous les bénéfices susceptibles d'être recherchés par les consommateurs du marché, compte tenu du scénario d'achat fixé. Différentes méthodes de type qualitatif sont possibles, telle la méthode de citation directe (voir Fiche technique 3-1), la grille répertoire de Kelly, la réunion de groupe.

Étape 3. Sélectionner les bénéfices prioritaires.

La liste obtenue à l'étape précédente sert de base à un questionnaire fermé, administré sur un autre échantillon de consommateurs (50 à 100). Différentes procédures de calcul (méthode duale, analyse de régression multiple, etc.) permettent de classer les bénéfices par ordre de priorité, et de sélectionner ceux qui sont véritablement significatifs pour l'ensemble des consommateurs. On obtient généralement moins d'une dizaine de bénéfices-clés.

Étape 4. Identifier les segments.

La liste précédente est soumise à un dernier échantillon de consommateurs, relativement élevé (plus de 200 personnes). Ceux-ci indiquent l'importance qu'ils attribuent à chaque bénéfice. On obtient pour chaque consommateur un profil de notes d'importance. Des techniques d'analyse typologique permettent de regrouper les profils les plus similaires : en d'autres termes, les consommateurs attachant la même importance aux mêmes bénéfices.

III-2-1 Intérêt de la stratégie

Lorsque le marché est encombré, de nombreuses marques offrent au consommateur des produits parfois très voisins. Le principe fondamental d'une stratégie de positionnement est de faire en sorte que le consommateur considère que *seule* notre marque est en mesure de satisfaire ses attentes prioritaires. Cette marque se *« démarque »* des concurrents, parce qu'elle est reconnue comme étant capable d'offrir *« quelque chose de plus »* que les autres. Un bon positionnement favorise la fidélité du consommateur. Voici quelques exemples de positionnements de marques soutenus par de fortes campagnes publicitaires :

- La lessive Ariel offre « une blancheur qui ne s'échange pas »
- IBM promet « des solutions à un problème »
- Les copieurs Minolta « reproduisent comme des bêtes »
- Treets « fond dans la bouche pas dans les doigts »
- Heineken est la seule « bière qui fait aimer la bière »

AVANTAGES IDENTIFIÉS	LAVA +	S1	S2	S3	S4
DÉGRAISSE BIEN	*	□		□	□
RESPECTE LES MAINS	*		□	□	
ÉCONOMIQUE À L'USAGE			□		□
RESPECTE L'ENVIRONNEMENT	*		□	□	

* marque bien évaluée sur le critère □ attente prioritaire du segment

⇒ S1 et S3 = cibles de LAVA +

Figure 5-7 : Bénéfices recherchés et bénéfices procurés

La réussite d'une telle stratégie suppose plusieurs conditions :

1. connaître les croyances ou les attributs jugés déterminants par le consommateur, lors du choix de la marque.
2. évaluer les positionnements retenus par les concurrents, pour éviter de proposer quelque chose qui serait déjà offert.
3. communiquer clairement au consommateur le positionnement retenu : c'est le rôle de la création publicitaire.

III-2-2 Choisir un positionnement : deux approches

La première se fonde sur des règles pragmatiques, généralement tirées de l'expérience de managers. Par exemple, Régis Mc Kenna (consultant américain qui a notamment contribué à la définition de la politique marketing d'Intel et d'Apple) établit une liste de cinq recommandations[1] :

1. comprendre et anticiper l'évolution de l'environnement ;
2. préférer les paramètres intangibles (qualité, avance technologique), plutôt que le prix ou les aspects techniques ;
3. sélectionner une cible, et faire mieux que la concurrence ;
4. expérimenter sans cesse de nouveaux types de produits ;
5. être crédible dans le choix effectué.

---

[1] Mc KENNA (R.) — **Le marketing selon Mc Kenna**, Paris : InterEditions, 1985.

Le Flash marketing 5-4 montre comment passer du choix d'un positionnement stratégique à la création d'un message publicitaire.

Flash marketing 5-4 : Positionnement d'un pays : la Belgique

« Un des nombreux transporteurs à assurer la liaison transatlantique se trouve être une compagnie aérienne belge du nom de Sabena. Mais toutes les compagnies ne se font pas concurrence sur des bases équitables. Par exemple, la Pan Am et la TWA disposent depuis longtemps de nombreuses villes d'accès aux États-Unis et en Europe. Or la Sabena propose un vol non-stop de l'Amérique du Nord vers seulement une ville européenne : Bruxelles. Sur l'échelle de préférence des pays dans l'esprit des voyageurs potentiels, la Belgique était un de ceux qui se situent tout en bas. La stratégie la plus efficace pour la Sabena n'était pas évidemment de positionner la compagnie, mais de positionner le pays. En d'autres termes, faire ce que KLM avait fait pour Amsterdam. La Sabena devait faire de la Belgique un endroit où le voyageur voudrait passer quelque temps. La Belgique est un merveilleux pays qui renferme des villes intéressantes, des sites historiques, des musées et des galeries d'art. Bien que "merveilleuse" fut une bonne position, ce qualificatif demeurait insuffisant en tant que thème de promotion touristique. Nous avons trouvé la réponse au problème dans le guide Michelin qui cote les villes aussi bien que les restaurants. Le guide du Benelux établit une liste de six villes cotées "trois étoiles" (i.e. "vaut le voyage") : cinq se trouvaient en Belgique, une seule au Pays-Bas : Amsterdam. L'annonce qui en résultait portait le titre : "Dans la merveilleuse Belgique, il y a cinq Amsterdam". En guise d'illustration, on trouvait cinq très belles photographies en couleur de ces villes trois étoiles. »

Source : Extraits de Ries (A.) et Trout (J.) — **Le Positionnement**, Mc Graw Hill, 1987.

Le deuxième type de réponse utilise les résultats fournis par les techniques d'analyses multivariées, et particulièrement la représentation visuelle qu'elles fournissent sous forme de cartes graphique. La Fiche technique 5-2 donne quelques précisions sur leur utilisation.

SYNTHÈSE DU CHAPITRE

Le découpage d'un marché en différentes parties, appelées segments, conduit à l'identification de groupes de consommateurs homogènes par rapport à des critères de segmentation. Lorsqu'une entreprise décide de concentrer ses efforts sur un segment, celui-ci devient sa cible.

La mise en œuvre de la segmentation impose quatre étapes : retenir un critère de segmentation, choisir une cible pour le produit, concevoir un marketing-mix adapté à cette cible, contrôler les résultats.

Fiche technique 5-2 : Cartes perceptuelles et positionnement

Deux techniques sont couramment utilisées pour positionner un produit : l'analyse factorielle et l'analyse multidimensionnelle non métrique des similarités. La première demande à l'interviewé d'évaluer plusieurs marques sur une série de critères de choix ; pour la seconde, le répondant classe en premier les marques qui lui paraissent les plus semblables, jusqu'à celles qu'il juge très dissemblables. Les données recueillies avec ces questionnaires sont soumis à différents types d'algorithmes de calculs. Ces derniers font apparaître les grandes dimensions du choix des consommateurs et situent les marques sur celles-ci. Par souci de commodité, on retient généralement les deux dimensions les plus importantes.

La puissance stratégique de ces cartes est grande. Elles permettent tout d'abord de comprendre la structure sous-jacente pour le choix d'une marque, en ne retenant que l'essentiel. Ensuite, il est possible de projeter les attentes de différents segments sur ces axes. Dans le cas où une marque est déjà présente sur le marché, on compare ainsi son image avec celle des concurrentes. Cela permet de vérifier la concordance entre le positionnement désiré au départ et celui réellement obtenu. Dans le cas du lancement d'un nouveau produit, on peut repérer des créneaux, c'est-à-dire des segments inexploités par la concurrence.

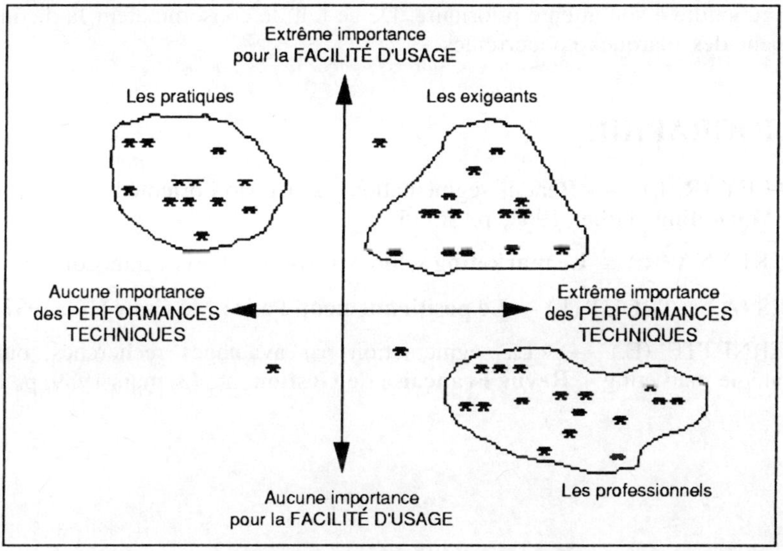

Le marché des appareils de photos

.../...

Fiche technique 5-2 (suite) : Cartes perceptuelles et positionnement

> *La figure précédente donne un exemple imaginaire d'une carte perceptuelle représentant les attentes des consommateurs pour le choix d'un appareil de photo. Trois segments sont révélés, avec deux dimensions déterminantes du choix : facilité d'usage et performances techniques. Le segment des « professionnels » représenterait le marché des appareils reflex, celui des « exigeants » correspondrait aux appareils auto-focus, et celui des « pratiques » déboucherait sur des appareils du type « instamatic ». Chaque point sur la carte représente l'emplacement d'un consommateur : le potentiel de chaque segment dépend du nombre de points du nuage. Ici le segment des « pratiques » représente environ 25 % du marché, les « exigeants » 30 %, les « professionnels » 40 %, le reste étant des consommateurs atypiques par rapport aux critères retenus.*

La stratégie de segmentation offre des prolongements fructueux. Le premier se fonde sur le fait que tous les acheteurs n'ont pas les mêmes attentes, lorsqu'ils consomment un produit. On peut les regrouper selon la nature des bénéfices qu'ils pensent retirer de la consommation. Le positionnement du produit découle de la constatation précédente : il s'agit de montrer au consommateur qu'une marque est la seule à répondre à son attente prioritaire. De ce fait, le consommateur la distinguera clairement des marques concurrentes.

BIBLIOGRAPHIE

(1) HALEY (R. I.) — « Benefit segmentation : a decision oriented tool », **Journal of Marketing**, juillet 1968, p. 30-35.

(2) Mc KENNA (R.) — **Le marketing selon Mc Kenna**, Paris : InterEditions, 1985.

(3) RIES (A.) et TROUT (J.) — **Le positionnement**, Paris : Mc Graw Hill, 1987.

(4) VERNETTE (E.) — « La segmentation par avantages recherchés, outil de stratégie marketing », **Revue Française de Gestion**, n° 73, mars 1989, p. 15-22.

TEST DE CONNAISSANCE

Choisir une seule réponse par question :

Q1 — Le positionnement est une stratégie qui vise à ce que :

1. l'entreprise occupe une position de leader sur son marché
2. la marque soit perçue comme semblable à celle du leader du marché
3. la marque soit perçue comme différente des autres

Q2 — Il y a cannibalisme d'un produit lorsque :

1. les ventes du nouveau produit sont très faibles
2. les ventes de l'ancien et du nouveau produit baissent
3. les ventes du nouveau produit font baisser celles de l'ancien produit

Q3 — Cibler un produit, c'est :

1. sélectionner un segment de marché
2. lui donner un positionnement
3. manipuler les croyances du consommateur

Q4 — Une entreprise vend déjà des magnétoscopes par le canal des détaillants spécialisés. Elle souhaite pénétrer le canal des grandes surfaces alimentaires. Elle a intérêt à :

1. vendre la même gamme de produit, mais moins cher
2. vendre la même gamme au même prix
3. lancer une nouvelle gamme proche de l'ancienne, sous un nom différent

Q5 — Une entreprise veut lancer un parfum, techniquement comparable à celui de marques prestigieuses, sur une cible haut de gamme. Comme elle est inconnue de cette cible, il vaut mieux :

1. vendre moins cher que la moyenne des concurrents et ne pas faire de publicité
2. vendre légèrement plus cher que la moyenne et faire beaucoup de publicité pour créer une image de marque
3. vendre beaucoup plus cher que la moyenne et faire un peu de publicité pour faire connaître le nom de la marque

Réponses Q1 = 3 ; Q2 = 3 ; Q3 = 1 ; Q4 = 3 ; Q5 = 2

CHAPITRE 6

STRATÉGIES CONCURRENTIELLES

Objectifs et articulation du chapitre

Ce chapitre intègre plusieurs courants de réflexion et de recherche tirés de l'analyse stratégique. Tout comme le précédent, il suppose que vous ayez bien assimilé le Chapitre 2.

L'action marketing de l'entreprise s'inscrit dans un cadre plus large, fourni par la réflexion stratégique. Les différentes approches que nous allons voir présentent un point commun : elles privilégient l'angle des « objets » pour analyser un marché. Elles s'orientent autour de trois axes :

1. évaluation des concurrents présents sur le marché de l'entreprise : sont-ils dangereux, que vont-ils faire ?
2. formulation d'un diagnostic sur la position de l'entreprise, à partir de l'analyse de son portefeuille d'activités.
3. établissement de règles pour sélectionner une stratégie : « Dans tel cas de figure, il est préférable de choisir cette voie ».

Au terme de ce chapitre, vous aurez en main les trois principaux cadres de réflexions stratégiques utilisés par les entreprises. Ils constituent un fondement important de la « culture marketing » actuelle.

I — ANALYSE CONCURRENTIELLE (PORTER)

Michael Porter, professeur à Harvard, influence la pensée stratégique actuelle depuis la publication de ses deux premiers ouvrages dans les années 1980 (voir bibliographie). Son message est relativement simple : il est possible de prévoir ce que vont faire les concurrents, et de les devancer durablement. Trois options stratégiques permettent d'acquérir un avantage sur la concurrence. Au préalable, il faut évaluer le poids de chaque composante pour comprendre la concurrence de son marché, et pour construire la carte industrielle de son secteur d'activité.

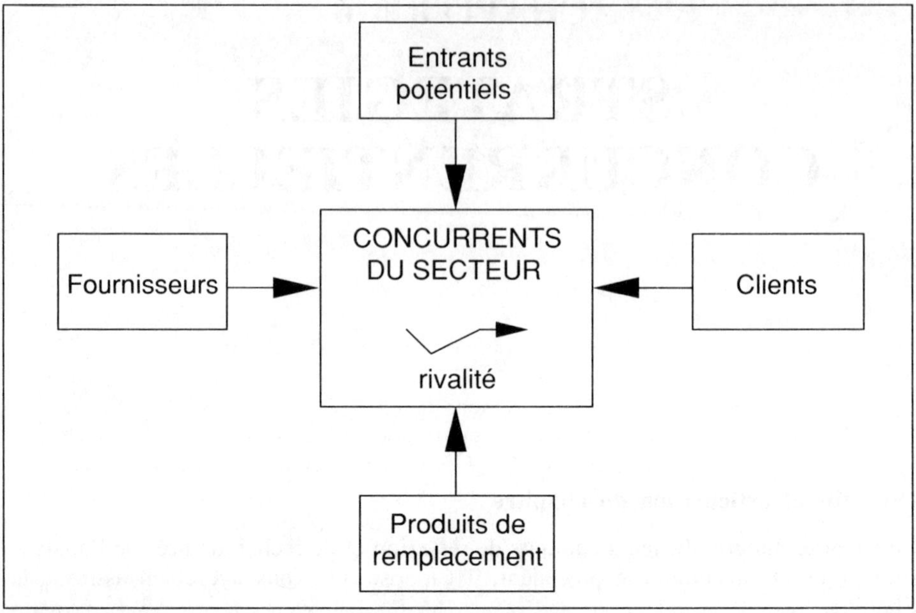

Source : PORTER (M.) — **Choix stratégiques et concurrence**, Paris : Economica, 1982.

Figure 6-1 : Les forces concurrentielles

I-1 Les forces concurrentielles

Porter identifie cinq sortes de forces (voir Figure 6-1) : l'entrée de nouveaux concurrents, le pouvoir de négociation des clients, le pouvoir de négociation des fournisseurs, la menace de produits de remplacement, la rivalité entre les concurrents existants. L'entreprise doit identifier le poids respectif de chacune de ces forces, variables d'un secteur à l'autre et susceptibles de changer à mesure que le secteur évolue. La combinaison de ces cinq forces détermine la rentabilité globale du secteur. Si ces forces s'équilibrent de façon harmonieuse (pharmacie, soft-drinks, ...) de nombreuses entreprises présentent une rentabilité intéressante ; dans le cas inverse (sidérurgie, caoutchouc, ...), seules quelques entreprises s'en sortent honorablement.

Les entrants potentiels sont des entreprises susceptibles de pénétrer sur le marché. Elles constituent une menace pour les concurrents actuels, car elles risquent de bouleverser l'équilibre actuel de la concurrence. Les causes de ces entrées sont celles qui prévalent pour le choix d'une stratégie de diversification : métiers complémentaires, rentabilisation de réseaux de distribution, etc. Par exemple, les assurances (GMF, GAN) et les grands distributeurs sont des entrants potentiels sur le marché bancaire ; les fabricants de micro-ordinateurs et de micro-processeurs (IBM, Apple, Intel) sont des menaces pour Thomson ou Philips sur le marché de la télévision haute définition (voir Flash Marketing 6-1). La protection d'un secteur, face à ces menaces latentes, dépend de la solidité des *barrières à l'entrée*. Ce sont les difficultés que devra vaincre tout nouveau concurrent, le « ticket d'entrée » à payer pour accéder

Flash marketing 6-1 : La télévision haute définition

> L'Europe s'investit dans la coûteuse aventure de la TVHD. La filière choisie est-elle déjà mort-née ? Tandis que Thomson lance son nouveau téléviseur, la polémique rebondit. Voici deux points de vue. Elie Cohen, spécialiste de politique industrielle, pense que la voie européenne est bonne : « Le schéma européen d'introduction de la TVHD est basé sur la compatibilité et la progressivité, puisqu'il comporte trois étapes : en 1990, la télévision améliorée en D2Mac ; puis le mode analogique en 1995 (HDMac) et au-delà de l'an 2000, la TVHD numérique. Ces choix ont permis à l'Europe de reprendre pied dans l'électronique grand public (...). [Pour l'instant], on ne sait pas fabriquer à coût raisonnable les supers-ordinateurs qui tiendront lieu de téléviseurs (...) La stratégie suivie par Thomson est-elle raisonnable ? Thomson est fort dans les secteurs menacés (le militaire) et fragile dans les secteurs porteurs de l'électronique grand public. Le choix de l'État actionnaire est soit de soutenir Thomson, quel qu'en soit le prétexte, soit de prendre le risque grave d'un décrochage du champion national. » De son côté, Daniel Garic, journaliste du **Point** spécialisé dans les questions scientifiques, n'est pas d'accord avec ce choix. « Le numérique est une autre façon de véhiculer les images et toutes les informations. Ses avantages sont multiples : pas besoin de standards rigides et complexes. On peut, à très faible coût, faire communiquer entre elles toutes les parties de la nébuleuse télévision. (...) Dès l'an prochain, la société Intel, numéro un mondial du microprocesseur, mettra sur le marché (pour 18 000 francs) un micro-ordinateur avec lecteur de disque compact-informatique et son procédé DVI, lequel permettra de recevoir la télévision (quatre chaînes simultanément), d'enregistrer des séquences, etc. (...) En attendant la TVHD, si appareil de transition il doit y avoir, il ne fait aucun doute que ce sera le téléordinateur. Il fait plus, mieux et coûte moins cher. »

Source : Le Point, n° 961, 18 février 1991.

à un marché. On répertorie plusieurs types de barrières : seuil de rentabilité élévé, rente de situation (brevet, accès privilégié à des matières premières), protection marketing (fidélité des distributeurs, capital d'image de marque). Par exemple, sur le marché des soft-drinks en France, le lancement d'une nouvelle marque impose un budget de publicité de plusieurs millions de francs et un référencement massif dans les grandes surfaces. De même, le nombre d'agences à créer est une barrière dissuasive pour pénétrer le marché bancaire.

Les produits de substitution sont les produits capables de remplir les mêmes fonctions que les produits actuels, mais en utilisant une autre technologie. Ainsi l'heure peut être fournie par un mouvement à quartz ou mécanique ; une voiture peut fonctionner avec plusieurs sortes d'énergie : essence, GPL, électricité. En prolongeant la pensée de Porter, on peut dire que la concurrence indirecte (cf. Chapitre 1) constitue une menace de produits de remplacement.

Le pouvoir respectif des fournisseurs et des clients dépend principalement de leur nombre : s'ils sont peu nombreux, leur pouvoir est élevé. Le petit nombre de centrales d'achat des grandes surfaces alimentaires est une menace réelle pour les

PME du secteur de l'agro-alimentaire ; à l'inverse, la puissance des grands groupes (BSN, Procter & Gamble, Lever...) leur permet d'équilibrer le rapport de forces.

L'intensité de la concurrence entre les entreprises d'un secteur est le résultat des pressions exercées par les quatre forces précédentes. Si ces pressions sont fortes, la lutte entre les concurrents du secteur est intense, et réciproquement. Le niveau des prix traduit cet état de fait. La menace de nouveaux concurrents ou de produits de remplacement plafonne les prix, et donc affecte la rentabilité des entreprises du secteur. Le pouvoir de négociation des fournisseurs détermine le coût des matières premières ; par exemple, l'industrie de l'aluminium est fortement tributaire du coût de l'électricité.

I-2 Structure industrielle

La structure industrielle d'un secteur résulte de la combinaison des cinq forces précédentes et de caractéristiques propres à chaque secteur. Cette structure est relativement stable dans le temps, mais évolue sous l'impulsion des manœuvres stratégiques des concurrents.

Une tâche importante consiste à identifier les axes représentatif de la structure d'un secteur. L'analyse de plusieurs sources permet ce repérage : l'expérience personnelle des managers des entreprises du secteur, les études documentaires (technologies, concurrence, produits), les informations fournies par le marketing (positionnement, réputation des concurrents, attentes des clients). Par exemple, la structure industrielle du marché micro-informatique pourrait être définie par deux axes : compatibilité avec les systèmes d'expoitation (DOS et OS/2) et facilité d'usage. L'opération suivante consiste à placer les concurrents sur une carte dont les axes représentent la structure du secteur (voir Figure 6-2).

On identifie alors différents groupes de concurrents qui poursuivent des stratégies semblables. L'observation périodique de cette carte permet de suivre les manœuvres stratégiques en cours, puis de prévoir leur orientation. Par exemple, les stratégies actuelles cherchent à combiner compatibilité et facilité d'usage : l'évolution du secteur tend à se diriger vers le quadrant nord-est. Si cette évolution se confirmait, des marques comme Amstrad, Atari risqueraient d'éprouver des difficultés, car elles perdraient leur avantage concurrentiel fondé sur la facilité d'usage. De façon symétrique HP ou Goupil[1] seraient en position délicate, à cause de leur faible facilité d'usage.

I-3 Stratégies concurrentielles

Porter recense trois options stratégiques pour prendre et conserver un avantage concurrentiel. Il est impératif que l'entreprise opte clairement pour l'une ou l'autre de ces solutions, en évitant tout « enlisement dans une voie médiane ».

La domination par les coûts consiste à produire un produit de qualité comparable à la concurrence, mais avec des coûts inférieurs. Les entreprises qui suivent cette

[1] Cette prévision est devenue réalité en juillet 1991, avec la liquidation judiciaire de Goupil.

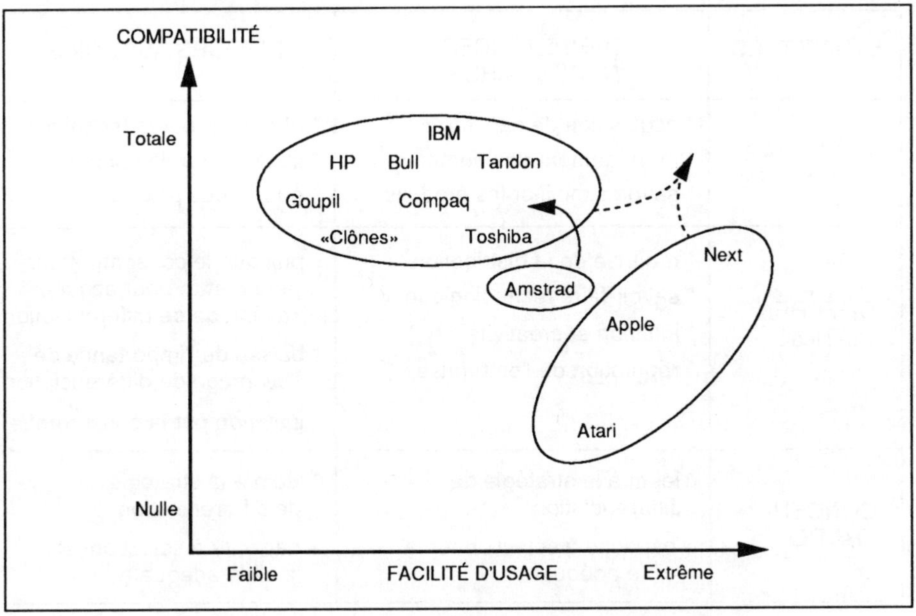

Figure 6-2 : Structure du marché de la micro-informatique (début 1991)

stratégie vendent généralement un produit ordinaire, simplifié au maximum. Si, pour conquérir la part de marché nécessaire à l'équilibre financier, l'entreprise baisse ses prix, le risque de déclencher une guerre des prix est fort. Ainsi sur le marché de la micro-informatique, Amstrad a dû faire face aux baisses de prix de concurrents comme Victor et les marques coréennes (Samsumg).

La différenciation consiste à offrir un avantage perçu comme unique par le secteur entier ; ce facteur de différenciation est le même pour l'ensemble de la gamme des produits de l'entreprise. Par ailleurs, l'entreprise couvre l'ensemble des besoins du marché avec une gamme étendue de produits. Ainsi, IBM se différencie de ses concurrents en offrant « des solutions sûres » ; Apple propose « la convivialité », Compaq a « une longueur d'avance » sur la concurrence. Finalement, ce type de stratégie est assez voisin de la stratégie de positionnement en marketing.

La stratégie de concentration (appelée parfois « focalisation ») est analogue à la stratégie de segmentation en marketing. L'entreprise concentre ses efforts sur un seul segment, en proposant un avantage unique à cette cible. Par exemple, Toshiba se spécialise sur le segment de micro-ordinateurs portables et offre un avantage « mémoire/poids » performant.

Pour réussir l'une ou l'autre de ces stratégies, Porter précise que l'entreprise doit réunir des compétences particulières, et être consciente des risques associés à chacune d'entre elles. La Figure 6-3 résume ces éléments.

STRATÉGIES	COMPÉTENCES NÉCÉSSAIRES	RISQUES ASSOCIÉS
LUTTE PAR LES COÛTS	* acquisition de capitaux * management des hommes * savoir simplifier les produits	* effet du progrès technique * imitation par la concurrence * guerre des prix
DIFFÉRENCIATION	* maîtrise de la distribution * savoir-faire technologique * intuition et créativité * réputation de l'entreprise	* prix que le consommateur peut mettre pour acquérir l'avantage de différenciation * baisse de l'importance de l'avantage de différenciation * imitation par la concurrence
CONCENTRATION	* idem à la stratégie de différenciation + capacité à sélectionner la cible adéquate	* idem à la stratégie de différenciation + capacité à sélectionner la cible adéquate

Figure 6-3 : Conditions de réussite des stratégies concurrentielles de PORTER (M.), 1982.

I-4 Chaîne de valeur

L'analyse de la **chaîne de valeur** d'une entreprise permet de comprendre les sources d'un avantage concurrentiel, pour créer ou maintenir une avance. Elle se définit comme la filière intégrée des métiers nécessaires à la bonne marche de l'entreprise. Une chaîne type de valeur se compose d'*activités principales* et d'*activités de soutien*. Les activités principales sont la raison d'être de l'entreprise : logistique interne (stockage de matières premières, manutention), production, logistique externe (livraison, commandes), vente et service. Les activités de soutien contribuent au fonctionnement des activités principales : infrastructure (comptabilité, juridique), gestion des hommes, développement technologique et approvisionnement.

Pour une entreprise, le fait de connaître sa chaîne de valeur lui permet de comprendre l'évolution de ses coûts et ceux de ses concurrents. Elle peut ainsi déterminer les activités qu'elle maîtrise bien et qui lui offriront un avantage concurrentiel.

L'entreprise crée une certaine valeur pour le consommateur. Cette valeur est matérialisée par la somme que l'acheteur est prêt à payer pour acheter le produit. L'entreprise est rentable si la valeur produite est supérieure aux coûts nécessaires à sa création. Deux angles sont possibles pour la création de la valeur : chercher à réduire les coûts pour le client, ou améliorer la performance du client. Par exemple, Kodak peut vendre des photocopieurs plus chers que la concurrence, parce que ses produits offrent un coût de reproduction inférieur. De son côté, Salomon a insisté, lors du lancement de sa chaussure de ski en 1979, sur le fait que cette dernière permet une conduite du ski plus performante que celle des marques concurrentes. Une condition importante de réussite est que la valeur créée corresponde à une attente déterminante du consommateur. Nous retrouvons là la logique et les hypothèses de la segmentation par les avantages recherchés.

II — BOSTON CONSULTING GROUP (BCG)

Le BCG est un célèbre cabinet de consultants américains. Sa réflexion stratégique débouche sur une matrice permettant d'analyser le portefeuille d'activités de l'entreprise. Elle a donné lieu à deux versions ; la deuxième version a permis d'intégrer l'analyse concurrentielle de Porter. Avant d'aborder ces analyses, nous présenterons plusieurs concepts de base utilisés par le BCG.

II-1 Concepts de base

La *courbe d'expérience* est un fondement de l'analyse stratégique du BCG. Elle synthétise en fait deux autres courbes : la courbe d'apprentissage et l'économie d'échelle. La première, fondée sur l'exemple de l'industrie aéronautique, montre qu'à chaque fois que la *production cumulée dans le temps* double, le coût unitaire baisse d'un pourcentage constant (généralement compris entre 10 et 20 %). Ce résultat provient notamment d'une meilleure organisation du travail des hommes, due à la répétition d'une tâche : les erreurs initiales sont progressivement corrigées. Les économies d'échelles résultent de la capacité de production installée : le coût unitaire d'une voiture est moindre si l'usine a une capacité journalière de 2 000 véhicules que si cette capacité n'est que de 1 000 véhicules. La logique de la courbe d'expérience conduit à accumuler de la production et à allonger les séries, pour obtenir un avantage de coût sur la concurrence. La conséquence est que l'entreprise doit obtenir une forte part de marché pour écouler ses volumes de production.

Le BCG raisonne en termes de part de marché relative (PMR). Par rapport à la part de marché classique (voir Chapitre 1), la PMR permet de comparer la part de marché de l'entreprise à celle de ses concurrents les plus dangereux. La Fiche technique 6-1 indique la marche à suivre.

Le *domaine d'activité stratégique* (D.A.S.) peut se définir à partir de trois dimensions : fonction, technologie et clientèle. Deux entreprises situées sur le même D.A.S. exercent le même métier, visent une même clientèle et ont les mêmes concurrents. Le B.C.G. découpe ainsi le marché d'une entreprise en différents D.A.S. pour lequels il est possible de formuler une stratégie. Ce découpage est délicat à réaliser : il se situe entre la notion de branche industrielle et le segment marketing.

Par exemple, les fabricants d'horloges peuvent considérer que donner l'heure corespond à trois fonctions : informer, contrôler, décorer ; deux technologies d'affichages sont disponibles : aiguilles ou chiffres ; trois groupes de clientèles sont envisageables : administrations, entreprises et grand public. Plusieurs D.A.S. apparaissent en formant les combinaisons :

— D.A.S. n° 1 : Pointeuses (contrôler, chiffres, entreprises)

Fiche technique 6-1 : Part de marché relative (PMR)

Calcul de la PMR :

La formule de calcul à utiliser dépend de la position de l'entreprise :

$$PMR\ du\ leader = \frac{Part\ de\ marché\ du\ leader}{Part\ de\ marché\ du\ concurrent\ placé\ en\ 2^e\ rang}$$

$$PMR\ du\ non\text{-}leader = \frac{Part\ de\ marché\ de\ l'entreprise}{Part\ de\ marché\ du\ leader}$$

Exemple :

Le marché mondial automobile est marqué en 1990 par l'éventualité d'un regroupement entre Renault et Volvo. Le marché mondial est évalué, en 1989, à 3 500 milliards de francs. General Motors est le leader, avec 723 milliards (part de marché = 20,6 %) ; Ford arrive en n° 2, avec 548 milliards (part de marché = 15,6 %) ; Toyota est n° 3 avec 273 milliards (part de marché = 7,8 %). Renault réalise 161 milliards (part de marché = 4,6 %) et Volvo 90 milliards (part de marché = 2,5 %). Le regroupement de Renault et de Volvo améliorerait sensiblement le classement du nouveau groupe qui deviendrait alors le 4e constructeur mondial (après Toyota), mais sa PMR resterait modeste, face au leader General Motors.

Parts de marché relatives des constructeurs		
General Motors $= 1,32 = \left(\frac{20,6}{15,6}\right)$	*Ford* $= 0,75 = \left(\frac{15,6}{20,6}\right)$	*Toyota* $= 0,37 = \left(\frac{7,8}{20,6}\right)$
Renault $= 0,22 = \left(\frac{4,6}{20,6}\right)$	*Volvo* $= 0,12 = \left(\frac{2,5}{20,6}\right)$	*Renault + Volvo* $= 0,34 = \left(\frac{4,6+2,5}{20,6}\right)$

— D.A.S. n° 2 : Parcmètres (contrôler, chiffres, collectivités locales)

— D.A.S. n° 3 : Horloges décoratives (décorer, aiguilles, grand public)

— D.A.S. n° 4 : Horloges extérieures (informer, chiffres, administrations), etc.

II-2 BCG : version 1

La matrice du BCG (voir Figure 6-4) résulte du croisement de deux dimensions : le taux de croissance du D.A.S. et la part de marché relative.

L'entreprise place ses différentes activités sur cette matrice. Elle dispose d'une vue d'ensemble d'où il est possible de tirer des recommandations stratégiques (voir Flash Marketing 6-2). L'idée de base est de dire qu'il faut équilibrer le portefeuille d'activités de l'entreprise : les liquidités excédentaires sécrétées par les « vaches à lait » doivent servir à financer les activités « dilemmes », futures vedettes de l'entreprise. Une gestion performante transforme les dilemmes en vedettes, puis en vaches à lait. L'entreprise élimine au fur et à mesure ses poids morts.

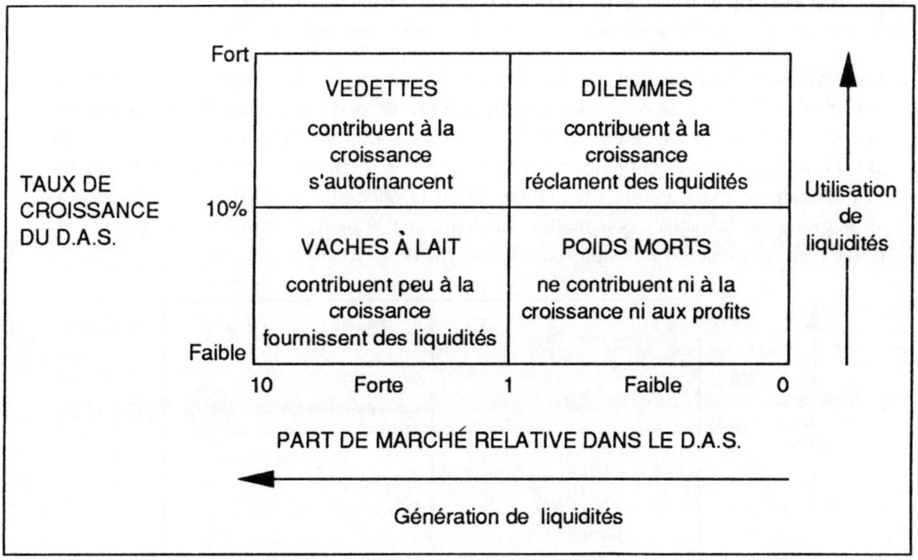

Source : MARTINET (A.) — **Stratégie**, Vuibert-Gestion, 1983.

Figure 6-4 : La matrice du BCG (version 1)

II-3 BCG : version 2

L'évolution de l'environnement international a conduit le BCG à proposer, durant les années 1980, une deuxième version de leur matrice. Celle-ci ne renie pas la précédente, mais l'étend à des situations plus complexes. Deux perspectives sont étudiées : l'avantage retiré d'une lutte par les coûts (faible ou fort), et les possibilités de différencier le produit (faibles ou nombreuses). En croisant ces différentes hypothèses, on aboutit à quatre types de marché (voir Figure 6-5).

Les systèmes fragmentés sont des marchés où la segmentation marketing est préférable. En effet, on n'observe pas de liens entre le taux de profit et la part de marché : la qualité du positionnement prime. Les marchés des soft-drinks et des parfums sont des exemples de ce type.

Les marchés spécialisés offrent un grand nombre d'options stratégiques. Les recommandations de Porter s'appliquent : soit l'entreprise lutte par les coûts et elle doit viser une part de marché élevée pour être rentable, soit elle se spécialise sur une cible pour laquelle elle offre un avantage unique. Le marché automobile illustre ce genre de marché.

A l'inverse, les impasses concurrentielles n'offrent que peu de choix. L'intégration vers l'amont ou l'aval, voire le désengagement, sont les seules solutions. L'industrie du papier est dans ce cas.

Les marchés concentrés correspondent au cas prévu par la version 1 de la matrice du BCG. La courbe d'expérience conduit à une baisse des coûts ; donc, part de

Flash marketing 6-2 : Le portefeuille d'activités de K-Way

Les établissement Duhamel, propriétaires de la marque K-Way, s'interrogent au début des années 1981 sur la poursuite de leur activité de diversification. Partis du célèbre coupe-vent K-Way, ils gèrent en 1982 plusieurs activités : vêtements de tennis et de ski. Pour financer d'éventuelles nouvelles activités, l'apport de fonds propres et (ou) le financement externe sont inévitables. D'où la nécessité de formuler un diagnostic stratégique sur les activités actuelles. En reprenant la matrice du BCG, le portefeuille d'activités se présente très approximativement de la manière suivante :

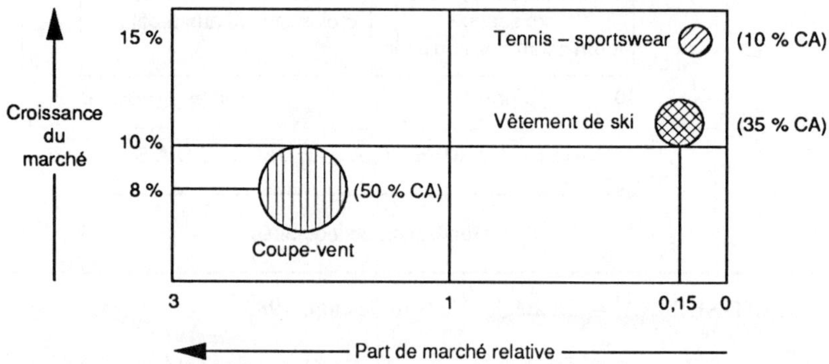

Que faut-il en penser ? La situation est, en 1981, contrastée. Le produit vache à lait (le coupe-vent) doit financer deux dilemmes, dont l'un (vêtement de ski) est problèmatique : le marché tend à s'essoufler et la position concurrentielle de K-Way est faible. Dans ce contexte, le lancement d'une nouvelle activité est problématique. Une solution serait d'accroître la position sur l'activité tennis ; une autre option passe par le recentrage sur le coupe-vent et le lancement d'une gamme plus technique, utilisant de nouvelles matières premières.

Source : Analyse effectuée à partir des données du cas K-Way, CEPI-Lille, 1983.

marché et profit sont corrélés. Les secteurs de l'aluminium et de la construction navale correspondent à cette hypothèse.

III — AUTRES ANALYSES DE PORTEFEUILLE

D'autres cabinets de conseil en management nord-américains ont proposé des variantes de la matrice du BCG. Les dimensions prises en compte pour construire leur matrice sont plus nombreuses. L'évaluation des activités de l'entreprise se fait de façon moins mécanique, car il n'existe pas de seuil quantifié, comme le propose la version 1 du BCG. La compréhension de ces analyses nous conduit à préciser, au préalable, deux concepts.

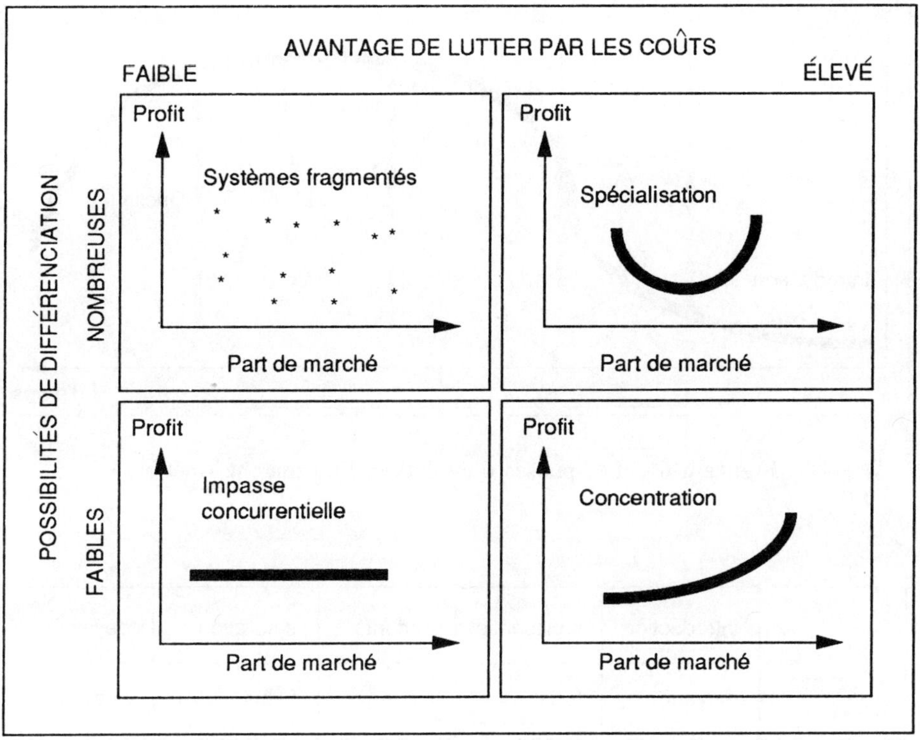

Source : MARION (G.) et MICHEL (D.) — **Marketing-mode d'emploi**, Éd. d'Organisation, 1986.

Figure 6-5 : La version 2 de la matrice du BCG

III-1 Concepts

La **courbe de maturité d'un marché**, appelée parfois *cycle du métier*, permet à l'entreprise de prévoir l'évolution de ses activités et la nature des stratégies qu'il faudra mettre en œuvre. Graphiquement cette courbe suggère la forme de la lettre S (voir Figure 6-6). Selon les auteurs, quatre ou cinq phases sont répertoriées. La phase de croissance d'un marché est généralement brève ; les phases de maturité et de saturation sont les plus longues.

Les arguments compétitifs à privilégier sont la technologie en phase d'introduction, la commercialisation et le marketing en phase de croissance et de maturité, le contrôle des coûts en phase de saturation et de déclin. Tout comme le préconise le BCG, il est important d'équilibrer le portefeuille d'activités entre ces phases, pour obtenir un bon équilibre financier global (voir Figure 6-7).

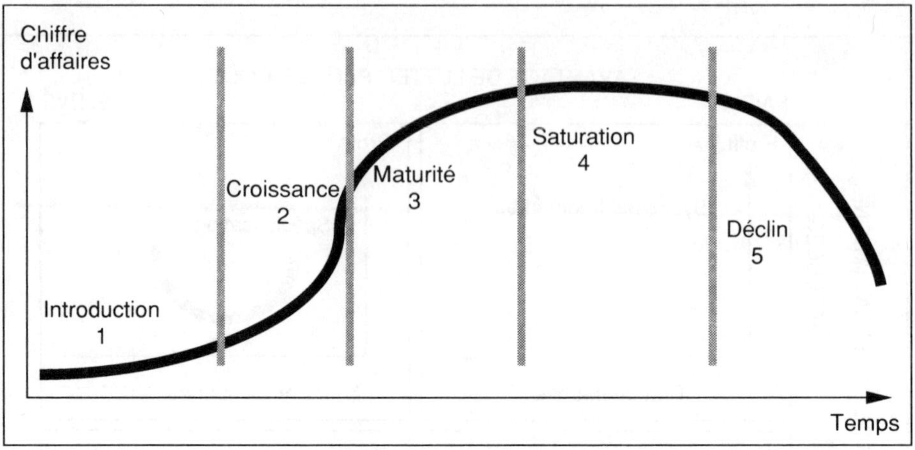

Figure 6-6 : Les phases d'évolution d'un marché (métier)

	introduction	croissance	maturité	saturation	déclin
croissance des ventes	moyenne	forte	moyenne	faible	négative
résultat	négatif à nul	moyen	fort	fort à moyen	faible à nul
liquidités	besoin	équilibre	surplus	surplus	équilibre

Figure 6-7 : Liens financiers et marketing

Les facteurs-clés de succès (FCS) représentent l'ensemble des compétences que l'entreprise doit maîtriser pour réussir sur un marché. Ces facteurs varient sensiblement d'un marché à l'autre. Leur identification se fonde sur une analyse approfondie de l'environnement externe et interne. Par exemple, sur le marché informatique, la qualité et la rapidité du service après-vente sont des FCS ; pour réussir un lancement sur le marché du parfum, il faut disposer d'une image de marque favorable et d'un budget de publicité important, etc.

III-2 Mc Kinsey

La matrice comporte deux dimensions : attrait du marché et position concurrentielle (voir Figure 6-8). L'attrait d'un marché pour l'entreprise est évalué à partir de plusieurs indicateurs : potentiel de ventes, taux de croissance, degré de maturité, maîtrise des technologies nécessaires, intensité de la concurrence. La position

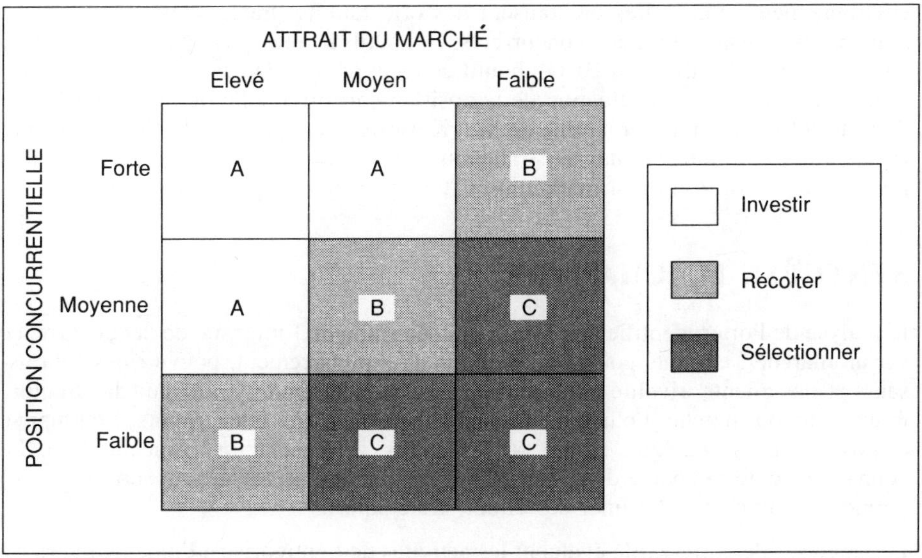

Source : MARTINET (A.C.) — **Stratégie**, Vuibert-Gestion, 1983.

Figure 6-8 : La matrice Mc Kinsey

concurrentielle de l'entreprise est estimée, notamment, par sa part de marché, son taux de profit et sa position face aux facteurs-clés de succès.

Le diagnostic stratégique conduit à situer l'entreprise sur une matrice à six cases (voir Figure 6-8). Selon sa position sur cette matrice, les recommandations stratégiques pour l'entreprise vont de l'investissement de croissance à la sortie du marché (i.e. désengagement).

III-3 Arthur D. Little

La méthode préconisée par A. D. Little est une variante de la méthode Mc Kinsey : la matrice comporte cinq positions au lieu de trois. La première dimension retenue est le degré de maturité du marché, évalué à partir des cinq phases de la courbe de marché (voir Figure 6-6) : introduction, croissance, maturité, saturation, déclin. La seconde dimension définit la position compétitive de l'entreprise. Elle comporte cinq niveaux : marginale, défavorable, favorable, forte, dominante. A.D. Little formule ensuite des recommandations stratégiques pour l'entreprise, selon son emplacement sur cette matrice.

III-4 Évaluation des outils stratégiques

Parvenus au terme de ce chapitre, nous avons passé en revue les principaux outils stratégiques mis à la disposition des responsables d'entreprise. Ces techniques permettent d'abord à l'entreprise d'établir un diagnostic sur sa position face à son environnement ; puis, elles préconisent des orientations stratégiques pour créer ou maintenir son avance face aux concurrents. Ces outils ne manquent pas de faiblesses : par l'exemple, l'analyse du BCG aboutit souvent à formuler des recommandations trop « mécaniques » ; l'évaluation de la position concurrentielle de l'entreprise reste délicate si l'on se fonde sur la grille de Mc Kinsey ou celle d'A. D. Little. Cependant, en dépit de ces limites, l'analyse stratégique s'avère être un préalable indispensable pour l'élaboration d'un plan marketing. Ce sera l'objet du prochain chapitre.

SYNTHÈSE DU CHAPITRE

L'analyse de Porter identifie cinq forces qui déterminent l'intensité de la concurrence sur un marché : entrants potentiels, produits de remplacement, pouvoir des fournisseurs et des clients, rivalité entre entreprises. De cette étude, on déduit la structure industrielle du marché. Pour lutter favorablement face aux concurrents, l'entreprise dispose de trois stratégies : lutte par les coûts, différenciation, concentration. La connaissance de sa chaîne de valeur (filière des métiers nécessaires à son existence) permet à l'entreprise d'affiner ses choix stratégiques.

Les analyses de portefeuille évaluent les activités de l'entreprise à l'aide de matrices, puis proposent des solutions stratégiques. Le BCG préconise de se concentrer sur les marchés en croissance, et d'y obtenir la plus forte part de marché, les activités « vaches à lait » finançant le lancement de nouvelles activités. Mc Kinsey et A. D. Little évaluent l'intérêt d'un marché selon son degré de maturité et selon la position de l'entreprise face à la concurrence.

BIBLIOGRAPHIE

(1) BOSTON CONSULTING GROUP, **Mécanismes fondamentaux de la compétitivité**, Éd. d'organisation, 1980.

(2) LAMBIN (J.J.) — **Le marketing stratégique**, Mc Graw Hill (2e édition), 1989.

(3) MARTINET (A.C). — **Stratégie**, Vuibert-Gestion, 1983.

(4) PORTER (M.) — **Choix stratégiques et concurrence**, Paris : Economica, 1982.

(5) PORTER (M.) — **L'avantage concurrentiel**, Paris : Interéditions, 1986.

TEST DE CONNAISSANCE

Choisir une seule réponse par question :

Q1 — Un domaine d'activité stratégique, c'est :

1. une stratégie de l'entreprise
2. une gamme de produit offerte sur un marché
3. un métier et une fonction remplie par un produit, destinés à des clients similaires

Q2 — Les entrants potentiels sont des entreprises qui :

1. sont susceptibles de rentrer sur le marché actuel d'une entreprise
2. sont les dernières entrées sur le marché actuel d'une entreprise
3. ont envisagé à un moment de rentrer sur le marché, mais ont abandonné

Q3 — Les conclusions de la version 1 du BCG s'appliquent, dans la version 2, pour des marchés :

1. de concentration
2. fragmentés
3. de spécialisation

Q4 — La stratégie de concentration de Porter, c'est la même stratégie marketing que :

1. le positionnement
2. la segmentation
3. la contre-segmentation

Q5 — Les recommandations majeures du BCG version 1 sont :

1. d'avoir un maximum de « vaches à lait »
2. d'avoir un maximum de vedettes
3. d'équilibrer, vedettes, dilemmes et « vaches à lait »

Réponses : Q1 = 3 ; Q2 = 1 ; Q3 = 1 ; Q4 = 2 ; Q5 = 3

TEST DE CONNAISSANCES

Choisir une seule réponse par question

[illegible]

Réponses : [illegible]

CHAPITRE 7

LE PLAN MARKETING

Objectifs et articulation du chapitre

Ce chapitre reprend plusieurs points stratégiques que nous avons déjà abordés dans le Chapitre 2. En effet, le plan marketing s'inscrit dans la direction définie par le plan stratégique. Nous retrouverons donc des éléments, tels que l'analyse des forces et faiblesses, le diagnostic, la stratégie, mais nous les considérerons essentiellement dans une perspective marketing.

Au terme de ce chapitre, vous serez capables de :

— détecter les points forts et faibles du marketing d'une entreprise,

— formuler un diagnostic marketing,

— rédiger et appliquer un plan marketing cohérent.

L'ossature pédagogique qui sous-tend ce chapitre est celle suivie par la méthode de résolution d'une **étude de cas marketing**. Nous calquerons notre présentation sur cette méthodologie.

Le processus de planification s'inscrit dans le cadre de la gestion prévisionnelle. Cela se traduit par la prise en compte de l'avenir, par nature incertain, dans des décisions immédiates[1]. Le fait d'imaginer les états possibles de l'avenir permet d'anticiper, et donc de mieux gérer le présent. La planification se différencie de la prévision, parce qu'elle est un instrument d'action qui donne à l'entreprise les moyens de modeler le futur à son avantage. La conduite de la planification se fait par étapes successives. En simplifiant, on distingue l'analyse des informations, le diagnostic, le plan.

La planification marketing repose sur la même logique. Elle suppose des analyses préalables, une recommandation et une mise en œuvre. Dans la réalité, la construction du plan marketing se fait par ébauches successives, résultats d'un va-et-vient entre la direction générale et la direction marketing. On distingue généralement deux types de plan : un plan à court terme (1 an) et un plan à moyen terme (3 ans). La réalisation du premier plan est du domaine du *marketing opérationnel*. Par ailleurs, le plan à court terme constitue une étape du plan à moyen terme qui formalise la *stratégie marketing*.

---

[1] Pour approfondir le concept de planification, voir ORSONI (J.) — **Politique générale de l'entreprise**, Vuibert-Entreprise, 1987.

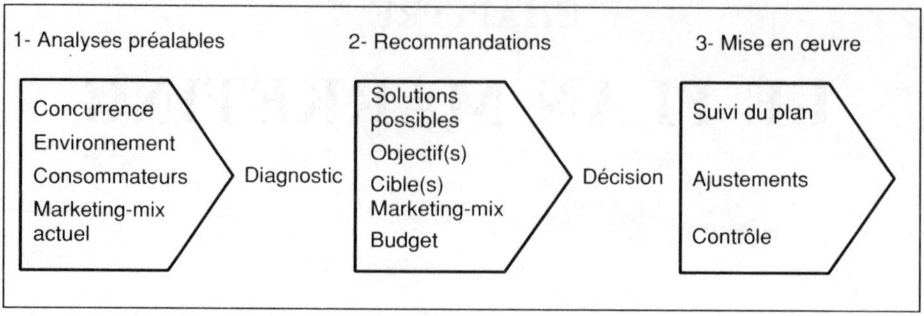

Figure 7-1 : Processus de planification marketing

La Figure 7-1 souligne l'aspect dynamique du processus de planification marketing : l'analyse des résultats du plan précédent sert de point de départ à la construction du nouveau plan. Nous développerons ce point dans le premier paragraphe. Le plan marketing proprement dit se présente sous la forme d'une *« recommandation »* ; il comporte plusieurs rubriques que nous détaillerons dans un deuxième paragraphe.

I — ANALYSES PRÉALABLES AU PLAN MARKETING

Nous ne reprendrons pas ici l'analyse de l'environnement interne et externe de l'entreprise, dans la mesure où elle a été largement abordée dans le Chapitre 2. Son étude fait cependant partie, à part entière, des analyses préparatoires au plan marketing. L'analyse des informations marketing implique d'abord de sélectionner, parmi une grande masse d'informations, les quelques informations-clés, vitales pour l'entreprise. Ensuite, il faut les interpréter correctement, pour être en mesure de bâtir un plan marketing cohérent. La démarche de résolution d'un cas marketing (voir Fiche technique 7-1) correspond tout à fait à ce type de préoccupations. Nous allons présenter, dans cet esprit, les points-clés de l'analyse des informations.

I-1 Concurrence

L'analyse de la concurrence consiste à suivre régulièrement les résultats obtenus par les concurrents directs : chiffres d'affaires, parts de marché, nouveaux produits en cours de tests, remises pratiquées auprès des distributeurs, présence aux points de vente, prix publics, etc. Ces informations s'obtiennent directement à partir des panels ou indirectement par une étude documentaire (relevé de prix sur le terrain, consultation de la presse professionnelle, etc.). Les informations jugées fondamentales (souvent la part de marché, le prix et les remises) forment le *tableau de bord commercial*.

— Le panel **Sécodip** donne les quantités d'un produit (et de ses variétés) achetées par ménage, le nombre de ménages acheteurs, la part de marché du produit ; les ventilations sont faites par régions et par marques. Par exemple, en 1985,

Fiche technique 7-1 : La méthode des cas en marketing

Contexte.

C'est une technique pédagogique qui retrace une situation réelle d'entreprise, synthétisée dans un dossier d'informations de taille très variable (quelques pages à plus de 50). Le lecteur est mis à la place d'un responsable d'entreprise. Ce dernier est généralement confronté à une situation problématique : il doit d'abord identifier la nature du problème posé, puis prendre les décisions qui s'imposent.

Objectif.

Il est essentiellement pédagogique. Il s'agit de découvrir le type de problèmes marketing que doit résoudre une entreprise, et d'apprendre à appliquer, à bon escient, les différentes techniques marketing.

Schéma de résolution.

La première difficulté, généralement rencontrée par le lecteur novice, est qu'il n'y a pas forcément de questions précises. Il s'agit donc d'identifier le « vrai » problème posé à l'entreprise. Ensuite, les informations fournies sont souvent jugées incomplètes, parfois contradictoires. Enfin, il n'existe que très rarement une solution unique : un faisceau de solutions sont envisageables, a priori. Cela ne doit pas surprendre, car dans la pratique, le responsable marketing se trouve souvent dans ce type de situation. Le cas ne fait que retracer, en la simplifiant, une réalité d'entreprise. Aussi, il est commode de disposer d'une grille de lecture, suffisamment souple pour s'adapter à des cas différents. Cette grille ne doit pas être considérée comme un carcan obligatoire, mais servir de point de répère, pour progresser vers une solution cohérente. Elle comporte plusieurs étapes :

1. **Analyse critique des informations diponibles.** *Toutes les informations n'ont pas la même valeur. Il s'agit de passer en revue différentes rubriques d'une check-list : environnement, concurrence, consommateur, adéquation du marketing-mix actuel de l'entreprise. Cette analyse se fait en terme de forces et de faiblesses. Toutes ces rubriques ne sont forcément à envisager, lors de la résolution d'un cas. Il faut être sélectif dans les informations à retenir. Si une analyse d'information, aussi pertinente soit-elle, ne permet pas de progresser vers une solution, alors elle peut être mise de côté.*
2. **Diagnostic :** *c'est ici que l'on indique la nature du problème (ou de la réussite) rencontré par l'entreprise, son ampleur et ses causes majeures.*
3. **Recommandations**. *Quelles sont les solutions envisageables pour améliorer la situation actuelle ? Chacune est envisagée en termes de risques et d'avantages, puis une seule est préconisée. Un plan marketing, plus ou moins complet, selon l'objectif et les données disponibles du cas, clôt la résolution du cas.*

les consommateurs du nord de la France ont acheté 138 kilos de café moulu, contre 118 kilos pour la moyenne française.

— Le panel **Nielsen** donne les parts de marché par marque (ventilées entre leurs différents conditionnements), les prix de vente distributeurs et publics, le pourcentage de magasins qui référencent la marque, etc. Par exemple, la part de marché représentée en 1985 par les packs de 6 Coca est de x % ; on les trouve dans y % des hypermarchés.

Flash marketing 7-1 : La concurrence entre banques et assurances

« La déréglementation, l'abolition de l'encadrement du crédit, ont jeté les banques de dépôts dans la concurrence. Une concurrence plus sauvage que les apparences le laissent croire. Comme le souligne Daniel Lebègue (directeur général de la BNP) : "La bataille de la banque de détail va se jouer sur la distribution. Les banquiers sont devenus des vendeurs." Et cette concurrence sera demain européenne. Pour l'heure, les grandes banques françaises préfèrent "d'abord renforcer la base nationale, comme l'écrit, Yves Haberer, président du Crédit Lyonnais, dans **Actualité bancaire**, et ensuite développer le maillage européen des guichets". Renforcer la base nationale signifie réduire les effectifs tout en conservant sa part de marché. Donc offrir à la clientèle tous les services qu'elle désire. Donc les produits d'assurances (...) Mais de plus en plus nombreux sont ceux qui distinguent nettement les deux métiers. L'état d'esprit n'est pas le même : l'assureur prend le risque et le gère, le banquier tente de l'éviter ou de le réduire (...).

En même temps les compagnies d'assurances, doivent batailler sur le sol français sur trois fronts. D'abord dans leur propre maison. Les compagnies actuelles sont le résultat de regroupements successifs au cours des années 70 et 80. Le ménage n'est pas encore fait, il faut souder des équipes aux cultures différentes, mettre en place une infrastructure commune (...). Deuxième front : l'assurance-dommages. Sur ce marché, les compagnies ont dû subir la montée en puissance des mutuelles sans intermédiaires (Macif, Maif, GMF, etc.) qui ont gagné 2 points de part de marché entre 1984 et 1988 dans l'ensemble de la branche. Enfin, la branche vie et capitalisation. Depuis 4 ans les assureurs voient leurs terres empiétées par les filiales des banques (...).

Les sociétés d'assurance ont un atout : leurs capacités financières. Avec le ratio Cooke — applicable dès 1992 — les fonds propres des banques devront atteindre 8 % de leurs crédits. D'où l'intérêt majeur de la bancassurance : « renflouer les caisses ». Le GAN a déjà apporté en 1989 un milliard de francs au CIC. Et la BNP, grâce à l'échange de participations avec l'UAP, verra ses fonds propres augmenter de quelque 4,5 milliards de francs. (...) Pour vendre de l'assurance, les filiales des banques possèdent un atout considérable : elles savent la situation financière de leur client. Or connaître le patrimoine multiplie par deux la productivité des agents d'assurance, estiment les experts de McKinsey. (...) »

Source : Extraits de THUREAU–DANGIN (P.) — **Dynasteurs**, mars 1990, p. 60-66.

Comment analyser ces informations ?

Les concurrents les plus dangereux sont ceux qui s'adressent à la même cible que celle de l'entreprise. On évalue soigneusement leurs résultats : sont-ils meilleurs ou moins bons que les nôtres ? On peut affiner l'analyse, en isolant les résultats enregistrés par les derniers produits lancés : quel a été l'accueil de la distribution et des consommateurs ? En outre, il est utile d'évaluer périodiquement, à l'aide des cadres théoriques fournis par l'analyse stratégique (Porter, BCG, etc.), la position concurrentielle de l'entreprise : menace représentée par les entrants potentiels, détection des produits dilemmes ou poids morts de la gamme de l'entreprise.

Nous avons analysé dans la Figure 7-2, à titre d'exemple, la position des banques pour la commercialisation de produits d'assurance, sur la base des informations fournies par le Flash marketing 7-1.

	FORCES	FAIBLESSES
BANQUES	* Connaissance de la situation financière du consommateur * Réseau de distribution	* Métier différent
ASSURANCES	* Fonds propres élevés * Métier ancien	* Regroupements récents de cultures différentes * Concurrence des Mutuelles

Figure 7-2 : Position concurrentielle des banques et des assurances

I-2 Consommateurs

L'analyse des consommateurs se fait généralement à partir des résultats fournis par les panels et les études de marché. Il importe de suivre les tendances de la consommation pour identifier les segments en croissance et ceux qui stagnent. La recherche périodique de nouveaux critères de segmentation permet de détecter de nouveaux créneaux. Un autre point important est de comparer régulièrement l'image de marque des produits de l'entreprise à celle des marques concurrentes. Cela permet de vérifier la conformité de la marque aux attentes de la cible, et d'indiquer au marketing les éventuels points à améliorer.

Il est intéressant de résumer en un seul tableau les informations venant des consommateurs et celles de la concurrence. En analysant segment par segment, on peut rapidement repérer les forces et les faiblesses de la marque.

La Figure 7-3 représente la synthèse d'un marché imaginaire. Supposons que notre marque vise 2 segments représentant 55 % du marché total. Les informations du tableau montrent que le concurrent B est mieux placé que nous sur le segment 1. En revanche, nous sommes bien placés sur le segment 2, mais son potentiel de ventes décroît. En résumé, la situation actuelle de notre marque est satisfaisante, mais risque d'être rapidement problématique, si le déplacement de la demande vers le segment 1 se confirme.

I-3 Adéquation du marketing-mix actuel

Cette évaluation n'est nécessaire que pour les marques et produits de l'entreprise vendus sur un marché, au moment où se situe l'analyse. La réponse à quelques questions permet de juger la cohérence externe actuelle du mix de l'entreprise : le mix actuel est-il conforme aux exigences de la cible visée ? Dispose-t-on d'un ou plusieurs points de supériorité par rapport aux concurrents ? De même, on vérifie ensuite la cohérence interne des variables du mix : existe-t-il une bonne cohérence entre le choix des canaux et l'image de l'entreprise, la politique de prix est-elle cohérente avec le positionnement ? etc. Ces points ont été abordés dans le Chapitre 5, lors de la détermination du mix pour une cible.

	Potentiel de ventes/ Marché total	Description des segments	Attentes des consommateurs	Évalution des marques Nous	Concurrents A	B
SEGMENT N° 1	15% en forte hausse	Revenus élevés Urbains 25-35 ans	Qualité	oui *	oui	oui
			Esthétique	non **	oui	oui
			Finition	non	non	oui
SEGMENT N° 2	40% en baisse	Employés & ouvriers Région parisienne 35-50 ans	Prix modéré	oui	non	non
			Durabilité	oui	oui	non
			SAV	oui	oui	non

* oui = la marque est bien évaluée sur les attentes des consummateurs.
** non = la marque est mal évaluée sur les attentes.

Figure 7-3 : Synthèse de l'analyse consommateurs et concurrence

I-4 Diagnostic marketing

Un bon diagnostic est bref et précis. Il n'est pas un résumé des forces et des faiblesses de l'entreprise. C'est tout d'abord une appréciation globale de « l'état de santé marketing » de l'entreprise, un constat lucide. Après avoir effectué toutes les analyses jugées nécessaires, il s'agit de dire si la situation marketing actuelle est : excellente, favorable, correcte, défavorable ou catastrophique. Le deuxième temps du diagnostic précise les causes majeures du jugement précédent : qu'est-ce qui fait que l'entreprise en est arrivée à cette situation ? En d'autres termes, il s'agit d'*extraire* d'un ensemble de points forts ou faibles (et non pas de résumer) les deux ou trois éléments considérés comme les plus explicatifs. Voici quelques exemples :

— « La situation actuelle est satisfaisante. Notre marque, un an après son lancement, jouit d'une bonne réputation auprès des deux cibles visées, et l'accueil des distributeurs est favorable. Cependant le potentiel de ces deux cibles stagne, alors qu'il apparaît de bonnes opportunités de développement sur d'autres segments. »

— « Notre ligne actuelle de produit est dans une situation très délicate. Elle n'est plus compétitive par rapport à la concurrence : technologie dépassée, prix trop élevé. Il convient de réagir très rapidement en envisageant un rajeunissement de la gamme actuelle, et en s'appuyant sur notre capital d'image qui est encore correct à l'heure actuelle. »

II — PLAN MARKETING

II-1 Forme du document

Selon les entreprises, ce document prend la forme d'une recommandation simple ou constitue, au contraire, un plan impératif. C'est un document écrit résumant les choix marketing opérés par l'entreprise et les allocations ressources correspondantes. Il est rédigé par le directeur marketing. Lorsqu'une structure par chef de produit ou par chef de marque est adoptée, le responsable marketing harmonise les différents plans de produits. Cette rédaction peut aussi être réalisée par un consultant marketing extérieur à l'entreprise. La taille du document varie sensiblement selon les entreprises : cela va de quelques pages à plus de 50 pages.

Qui est concerné par le plan marketing ? Les commerciaux sont les premiers intéressés, dans la mesure où leurs objectifs de chiffres d'affaires découlent des objectifs fixés par le plan. La production, les approvisionnements et la logistique sont impliqués par les décisions marketing : les achats de matières premières, le stockage et les transports sont calculés à partir des objectifs de part de marché ou de chiffre d'affaires. La recherche et le développement sont parties prenantes du plan pour les aspects techniques du « problème consommateur » à résoudre. Enfin, les services financiers calculent les incidences dues à une éventuelle variation de l'activité, prévue par le plan : trésorerie, plan de financement, choix d'investissements, etc.

II-2 Principales rubriques

La Figure 7-4 retrace les principaux points d'un plan marketing. Nous allons les reprendre successivement.

Figure 7-4 : Rubriques d'un plan marketing

II-2-1 Stratégie marketing et cible(s)

Les options sont nombreuses : on peut les classer selon l'attitude de l'entreprise face au marché, selon l'action envisagée sur le consommateur, selon la surface de marché couverte (voir Figure 7-5). Le plan précise l'option (ou la combinaison d'options) retenue.

OPTIONS STRATÉGIQUES	NATURE DE LA STRATÉGIE	PRINCIPES
Attitude face au marché	Contre-segmentation	Couverture totale du marché avec un seul produit (ou une gamme très réduite)
	Gamme	Couverture totale du marché avec une gamme complète, chaque produit vise un segment différent
	Spécialiste	Concentration des efforts sur une ou deux cibles, avec une gamme bien différenciée
Action sur le consommateur	Notoriété	Faire connaître le nom de la marque à un plus grand nombre de consommateurs
	Positionnement	Différencier la marque, par rapport aux concurrents : «innovatrice», «prestigieuse», «performante», etc.
	Fidélisation	Faire racheter plus souvent sa marque par les mêmes consommateurs
	Repositionnement	Vouloir modifier les croyances antérieures du consommateur vis-à-vis de la marque
Surface du marché	Pénétration	Accroître sa part de marché en restant sur le même segment
	Extension	Etendre géographiquement les ventes : nouvelles régions, nouveaux pays (exportation)
	Diversification	Lancer de nouveaux produits sur un marché nettement différent de ceux couverts actuellement

Figure 7-5 : Options principales d'une stratégie marketing

Le choix stratégique découle de l'analyse des forces et faiblesses de l'entreprise. La ou les cibles retenues sont décrites, généralement à l'aide de critères socio-démographiques : tranche d'âge et de revenu, habitat, profession, etc. Ce profil du « consommateur-type » est parfois appelé *cœur de cible*.

II-2-2 Objectif(s)

Les objectifs sont fréquemment chiffrés et datés. Ils sont alors exprimés en terme de part de marché, de taux de croissance du chiffre d'affaires ou de notoriété de la marque. Une bonne méthode consiste à fixer plusieurs hypothèses (2 ou 3), correspondant chacune à un scénario différent. Par exemple :

— Hypothèse haute = réactions faibles de la concurrence
+20 % en volume, soit 15 % de part de marché

— Hypothèse basse = réactions virulentes de la concurrence
+5 % en volume, soit 11 % de part de marché

Ces buts peuvent être exprimés de façon plus qualitative, comme « accroître la fidélité du cœur de cible » ou « être reconnu comme un spécialiste ». Cela conduit alors à préciser le positionnement souhaité pour la marque.

II-2-3 Choix du mix

Chaque variable du mix est détaillée. Le produit est décrit en quelques mots (composants essentiels, conditionnement, niveau de qualité intrinsèque, etc). Le prix moyen facturé au distributeur et le prix public conseillé sont précisés. Les actions promotionnelles prévues sont détaillées, notamment le volume du budget publicitaire et les réductions de prix temporaires (offres spéciales, prix promotionnel...). Enfin, les canaux de distribution sont listés. Le Flash marketing 7-2 donne un exemple d'un plan marketing qui avait été envisagé pour le lancement du Parc d'activités Futuroscope de Poitiers.

II-2-4 Budget

Le budget traduit l'allocation des ressources faite sur les variables du marketing-mix. Dans la pratique, le marketing ne gère guère que le budget de la variable promotion, et le répartit sur les composantes de cette variable : volume de la publicité, budget consacré aux relations publiques et à la promotion des ventes, etc. Le coût des autres variables sont des données externes, calculées par la direction fiancière. Le produit et les frais de distribution sont généralement exprimés en coût variable[2]. Le prix de vente est fixé en concertation avec la direction financière. Plusieurs sortes de remises, consenties aux distributeurs, viennent minorer ce prix (voir Chapitre 9).

Le marketing peut cependant être amené à simuler plusieurs combinaisons de variables, afin choisir la combinaison la plus rentable : elle est appelée **mix optimum**. Il faut pour cela évaluer, de manière prévisionnelle, les chiffres d'affaires générés (i.e. les recettes) par chaque combinaison et soustraire les dépenses liées à chaque mix (voir Fiche technique 7-2).

---

[2] La compréhension de ce point nécessite des connaissances en comptabilité analytique. Les coûts variables varient de façon à peu près proportionnelle à l'activité de l'entreprise ; pour le produit, il s'agit essentiellement des matières premières et des charges de personnel.
Voir, par exemple : PATUREL (R.) — **Comptabilité analytique**, Eyrolles-Management, 1987.

Flash marketing 7-2 : Plan marketing pour le Futuroscope

Contexte.

En 1987 a ouvert à Poitiers le Futuroscope, réalisation du Conseil Général de la Vienne, contribuant au développement d'un département à tendance rurale. Le complexe du Futuroscope est composé de 3 zones complémentaires :

— une aire de loisirs : un parc doté de systèmes de projection d'images très spectaculaires avec formats géants et effets spéciaux,

— une aire de formation avec un lycée-pilote, une antenne du CNED et un institut international de prospective,

— une aire d'activité économique dotée d'un téléport jumelé avec Ozaka et une zone d'activité technologique.

Le thème fédérateur de ce complexe est la communication, mais le produit est difficile à cerner pour les consommateurs. Quel plan marketing doit-on bâtir pour donner une cohérence globale à l'ensemble ?

SYNTHÈSE DU PLAN PROPOSÉ (pour l'aire de loisirs uniquement)

Stratégie :	Développer la notoriété du Futuroscope. Positionnement « loisir éducatif ».
Cibles :	Cible n° 1 : familles du département et de sa région, de Paris et clientèle de passage Cible n° 2 : voyagistes de Paris
Objectif :	700 000 entrées en 1989
Marketing-mix :	— Produit : centré sur la communication : l'image (spectacles, salles de cinéma), loisirs (concerts, espace de jeux avec le monde des enfants). — Prix : forfait d'ensemble (85 francs par adulte). Tarifs réduits pour les groupes et enfants (de 45 à 75 francs). — Promotion : rédactionnels locaux, marketing direct sur les prescripteurs (enseignants, voyagistes), affichage dans le métro à Paris, voyages de presse. — Distribution : billeteries, agences de voyage, Fnacs, vente sur place.

Source : Direction commerciale du **Futuroscope**, Paris, mai 1991.

Fiche technique 7-2 : Calcul du mix optimum

Contexte :

Un directeur marketing hésite entre 2 niveaux de prix : 80 ou 100 francs. Il envisage de répartir le budget de communication entre le sponsoring (3 millions ou 500 000 francs) et la publicité (3 millions ou 500 000 francs). La direction commerciale a évalué les ventes qu'elle pourrait réaliser, selon les variantes du budget de communication (5ᵉ colonne du tableau). Sachant que le coût variable du produit est de 40 francs et que le total des frais fixes est de 2 millions de francs, quel est le mix optimum ?

DONNÉES DU PROBLÈME					RÉSULTATS OBTENUS		
Mix	Prix	Publicité	Sponsoring	Ventes en volume	Chiffres d'affaires	Coût totaux prévus	Résultats prévus
1	80	500 000	500 000	130 000	10 400 000	8 200 000	2 200 000
2	80	500 000	3 000 000	150 000	12 000 000	11 500 000	500 000
3	80	3 000 000	500 000	180 000	14 400 000	12 700 000	1 700 000
4	80	3 000 000	3 000 000	200 000	16 000 000	16 000 000	0
5	100	500 000	500 000	50 000	5 000 000	5 000 000	0
6	100	500 000	3 000 000	70 000	7 000 000	8 300 000	- 1 300 000
7	100	3 000 000	500 000	80 000	8 000 000	8 700 000	- 700 000
8	100	3 000 000	3 000 000	130 000	13 000 000	13 200 000	- 200 000

Solution :

$$Résultat = [(Prix - 40) \times Ventes] - Publicité - Sponsoring - 2\,000\,000$$

Les calculs montrent que c'est le mix n° 1 qui est le mix optimum ; le mix n° 4 permet d'obtenir le chiffre d'affaires le plus élévé, mais la rentabilité prévue sera nulle.

II-3 Mise en œuvre et contrôle

Chaque chef de produit est chargé de l'application de la partie du plan concernant ses produits ou marques. Un objectif important pour le chef de produit est de « vendre » son plan aux commerciaux de l'entreprise, au cours de la réunion générale de présentation du plan. L'adhésion de la force de vente est en effet un point crucial pour le succès du plan marketing.

Le contrôle se fait tout au long de l'année d'exécution du plan. Le bon déroulement du plan est vérifié à partir des indices du tableau de bord. Si nécessaire, le plan peut être ajusté en cours d'année, pour prendre en compte des éléments imprévus : action spéciale de la concurrence, modification de l'environnement économique, grèves, etc. Ces éléments servent à la préparation du plan suivant qui débute habituellement 2 à 3 mois avant la fin du plan marketing en cours.

Il faut noter que ce contrôle peut être réalisé lors d'un *audit externe* de la fonction marketing : un consultant extérieur à l'entreprise établit alors le diagnostic et formule directement les recommandations marketing.

SYNTHÈSE DU CHAPITRE

La construction du plan marketing se déroule en deux temps. La première phase couvre une série d'analyses des forces et faiblesses de l'entreprise : position des produits face à la concurrence, correspondance du produit avec les attentes des segments, évaluation critique de l'adéquation du mix actuel au marché. Le diagnostic marketing clôture cette première phase préparatoire du plan.

La deuxième étape concerne la rédaction du plan marketing. C'est un document écrit qui résume les choix marketing opérés par l'entreprise : stratégie marketing, cible, objectif, marketing-mix et budget. Le chef de produit supervise la mise en œuvre du plan et s'assure de son bon déroulement.

BIBLIOGRAPHIE

(1) KOTLER (P.), FAHEY (L.) et JATUSRIPITAK (S.) — **Concurrence totale**, Adetem, Éd. d'Organisation, 1987.

(2) ORSONI (J.) — **Politique générale de l'entreprise**, Vuibert-Entreprise 1987.

(3) THUILLER (P.) — **De l'étude de marché au plan marketing**, Éd. d'Organisation, 1987.

TEST DE CONNAISSANCE

Choisir une seule réponse par question :

Q1 — Le mix optimum est la combinaison de variables permettant d'obtenir :

1. la plus forte rentabilité
2. la plus forte part de marché
3. la meilleure image pour le produit

Q2 — Le diagnostic marketing est :

1. un résumé des forces et faiblesses marketing de l'entreprise
2. une évaluation des choix de stratégies marketing
3. un constat lucide sur la position marketing actuelle

Q3 — Le plan marketing global est généralement rédigé par :

1. le chef de produit
2. le directeur commercial
3. le directeur marketing

Q4 — La contre-segmentation est une stratégie marketing qui :

1. segmente le marché avec un nouveau critère
2. considère qu'il n'est pas nécessaire de segmenter le marché
3. considère qu'il faut subdiviser les segments actuels

Q5 — La planification marketing se résume à :

1. la prévision des ventes
2. élaborer une stratégie et un marketing-mix
3. élaborer une stratégie, un marketing-mix et un budget

Réponses : Q1 = 1 ; Q2 = 3 ; Q3 = 3 ; Q4 = 2 ; Q5 = 3

QUATRIÈME PARTIE :

GESTION DU MARKETING-MIX

CHAPITRE 8

GESTION DES PRODUITS

Objectifs et articulation du chapitre

La gestion d'un produit couvre trois séquences successives : création du produit, mise sur le marché, lutte face à la concurrence. Elle présente une forte analogie avec la biologie. La première étape est analogue à la phase de gestation : le « produit » prend progressivement forme : nous verrons cela dans les trois premiers paragraphes. La seconde étape représente la mise au monde du produit : elle sera traitée dans le quatrième paragraphe. La dernière étape déroule le cycle de la vie du produit (croissance, maturité, vieillesse et mort) : nous l'aborderons dans le cinquième paragraphe.

La gestion d'un produit s'apparente à un combat pour la vie : chaque étape comporte de nouveaux risques qu'il faut savoir gérer, sous peine d'élimination prématurée. Ce chapitre présente les principales techniques, utiles pour limiter ces risques.

I — LE NOUVEAU PRODUIT

I-1 Typologie du nouveau produit

Qu'est-ce qu'un nouveau produit ? La notion de « nouveauté » est très relative : peut-on considérer le nouveau système d'ouverture d'un paquet de café comme suffisant pour dire qu'il s'agit d'un produit nouveau ? C'est pour cette raison qu'il est commode de définir un nouveau produit en se fondant sur une typologie. Celle proposée dans la Figure 8-1 distingue les nouveautés à dominante technique de celles à dominante commerciale.

ORIGINE DE L'INNOVATION	TYPES ET EXEMPLES D'INNOVATION
DOMINANTE TECHNIQUE	Nouveau composant de base Exemple : pénicilline, nylon, téflon, velcro
	Conception d'un nouveau sous-système Exemple : circuits intégrés, transistor, carte à mémoire
	Création d'un système complexe Exemple : navette spatiale, TGV, Minitel
DOMINANTE COMMERCIALE	Reconditionnement, emballage amélioré Exemple : lessive, dentifrice
	Rajeunissement, nouvelle ligne Exemple : voiture, biscuit
	Canal de distribution Exemple : vente à distance (téléphone, Minitel)

Source : Adapté de BARREYRE (P.Y.) — « Typologie des innovations », **Revue Française de Gestion**, janvier 1980.

Figure 8-1 : Typologie des nouveaux produits

I-2 Schéma de développement

La gestion du développement d'un nouveau produit présente deux caractéristiques :

1. C'est un processus comportant plusieurs étapes éliminatoires (voir Figure 8-2) : il faut beaucoup d'idées nouvelles pour qu'un produit soit lancé avec succès. D'après le cabinet de management américain Booz, Allen et Hamilton, il faut en moyenne 7 idées pour qu'une puisse être commercialisée ; en outre, seul un lancement sur deux débouche sur un succès[1].

2. C'est un processus relativement long. Par exemple, dans le domaine automobile, il faut au moins 4 à 5 ans pour dérouler toutes les étapes. Cependant la tendance est au raccourcissement de ces délais, notamment grâce aux techniques de CAO (Conception Assistée par Ordinateur).

Nous allons dérouler, tout au long de ce chapitre, chacune de ces étapes, en sachant que l'étape de la décision stratégique de lancement de produit a été traitée dans les Chapitres 5 à 7.

[1] BOOZ, ALLEN et HAMILTON — **New product management for the 1980's**, 1982. Cité par LAMBIN (J.J.) — **Le marketing stratégique**, Mc Graw-Hill, 1986.

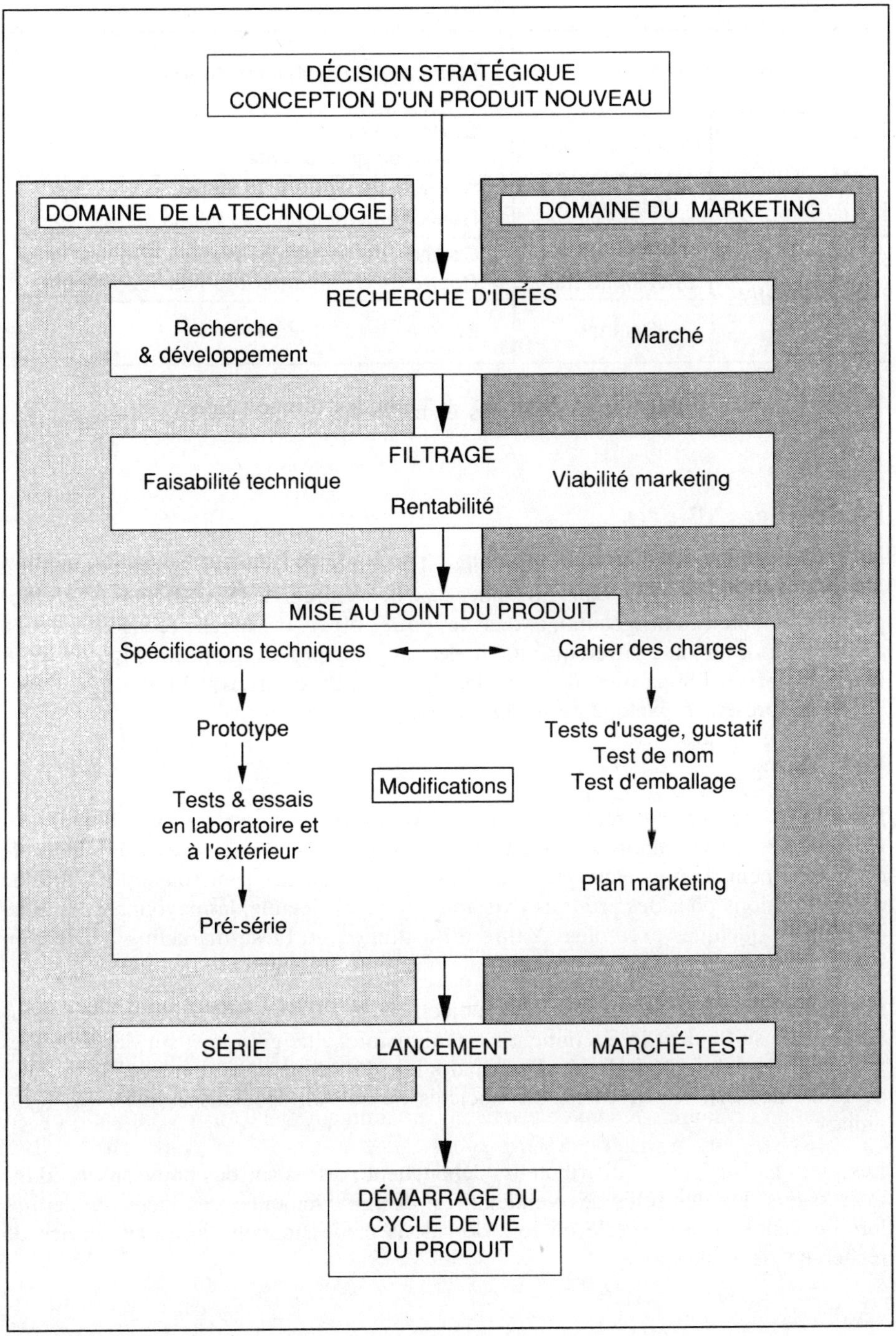

Figure 8-2 : Les étapes du développement d'un nouveau produit

Sources de l'idée		Méthodes ou systèmes utilisés
MARCHÉ	Consommateurs	Etudes de marché Méthodes de créativité
	Distributeurs	Rapports de la force de vente Rencontres informelles (salons, foires, ...)
ENTREPRISE	Recherche & Développement	Comités de nouveaux produits, Brainstorming Centre de recherches internes, laboratoires
	Salariés	Boîte à idées, concours

Figure 8-3 : Sources et méthodes d'innovation

I-3 Sources d'idées

Qui est à l'origine des nouveaux produits ? Une étude de l'institut Novaction montre que l'innovation provient, dans 50 % des cas, de l'entreprise (Recherche et Développement, volonté des dirigeants), et dans les autres 50 %, du marché (consommateurs, distributeurs). Il existe différentes méthodes ou principes d'organisation qui ont pour but de favoriser l'apparition de nouvelles idées de produits (voir Figure 8-3). Nous allons en présenter quelques grandes lignes.

I-3-1 Marché

Les études de marché réalisées sur les consommateurs ou les distributeurs, et les analyses documentaires permettent de dégager des grands axes utiles pour le développement de nouveaux produits. Les concommateurs sont souvent à l'origine d'améliorations pour des produits existants : le rasoir jetable, la mayonnaise en tube constituent quelques exemples. A titre d'illustration, le Flash marketing 8-1 met en valeur deux courants pour la création de nouveaux produits.

Les techniques de créativité ont pour objectif de favoriser l'apparition d'idées nouvelles. Elle se fondent fréquemment sur la dynamique de groupe et sur des principes favorisant la créativité individuelle : analogies, déstructuration d'un problème, jeux de rôles, dessins, etc. Il existe des sociétés de conseil spécialisées dans ces techniques[2].

Les idées émises par les distributeurs débouchent parfois sur des nouveaux produits intéressants. Un des rôles des vendeurs est de faire remonter ces idées, recueillies lors de visites à la clientèle ou lors de salons professionnels, jusqu'au service de recherche de l'entreprise.

[2] Le lecteur intéressé par les méthodes de créativité pourra consulter : OSBORN (A.) — **Créativité, l'imagination constructive**, Dunod, 1989.

Flash marketing 8-1 : Courants porteurs pour nouveaux produits

« Écoutons cette leçon de marketing, récitée par deux hauts responsables de BSN : "Pour réussir, un produit doit présenter quatre caractéristiques : faire plaisir, rendre service, contribuer à la santé et être absorbé dans les meilleures conditions de sécurité". Agrément, Service, Santé, Sécurité : au-delà de ces quatre vents favorables, quels sont les courants porteurs pour l'entrepreneur qui cherche un nouveau créneau ? Dans quelles tendances faut-il qu'il insère sa nouvelle activité ? (...)

Plus vite

« Prêt-à-porter », « prêt-à-l'emploi », « prêt-à-déguster », le client, plus que jamais, veut du « clés en main ». Aux cuisines, vivent le four à micro-ondes, les œufs durs épluchés, le lapin-minute et autres plats express. Sur le marché de la photo, c'est le « compact auto-focus », dernière avancée du « tout-automatique ». A l'hôtel a constaté Bernard Ferreira, directeur de Latitudes, une chaîne hôtelière de loisirs, « le consommateur cherche avant tout la disponibilité immédiate des services ». Et dans l'informatique chacun se targue d'avoir trouvé la meilleure convivialité. La plupart des produits et services vont faire le même voyage vers le « prêt-à-servir » que le café, passé du grain au soluble, ou le lait, de la ferme à l'UHT.

Plus individuel

Les ventes de baladeurs (walk-man) ont encore progressé de 30 % en 1987. C'est l'heure des portions individuelles dans le chocolat ou les plats cuisinés, et des vacances solitaires lancées par le Club Méditérranée... Les ménages à une seule personne représentent près du quart de la population française. C'est, selon le BIPE, l'un des groupes démographiques qui connaît la plus forte croissance. Les analystes ont calculé que ces « mono-ménages » dépensent beaucoup pour se vêtir (4 500 francs par an, contre 2 700 francs en moyenne) et se nourrissent à l'extérieur (38 % de leur budget alimentaire est constitué de repas hors foyer, contre 14 % en moyenne) (...) »

Source : Extraits de MEYER (E.) — **L'Entreprise**, n° 35, juin 1988, p. 122-124.

I-3-2 Entreprise

Le service de Recherche et Développement de l'entreprise (en abrégé, R & D) est composé d'ingénieurs dont l'activité principale est de créer des nouveaux produits, et de contribuer au dépôt des brevets. Par ailleurs, il existe des techniques spécifiques (par exemple, le brainstorming) pour accroître la productivité « créatrice » des experts ou des chercheurs.

Les suggestions des salariés de l'entreprise fournissent un autre gisement d'idées. Le principe des « boîtes à idées », où chacun peut déposer son idée, est utilisé en France par la plupart des constructeurs automobiles ; des gains de productivité ont ainsi pu être réalisés dans les opérations de montage des véhicules.

II — FILTRAGE DES IDÉES DE PRODUITS

Le rôle du filtrage est d'éliminer les idées manifestement mauvaises, grâce à un tri rapide. Le risque est double : abandonner une bonne idée et conserver une mauvaise idée. Pour se prémunir contre ces erreurs, l'entreprise dispose d'au moins trois méthodes de filtrage : l'étude documentaire, le test de concept et la grille évaluative.

II-1 Études documentaires

L'étude documentaire, outre la mise en évidence d'idées de nouveaux produits, peut servir à évaluer rapidement le potentiel d'un marché, ou à résoudre des questions techniques simples. Nous l'avons vu dans le Chapitre 4. Si l'étude apporte des éléments favorables, on envisagera de se lancer dans la réalisation du prototype. Voici quelques exemples d'interrogations auxquelles une étude documentaire est en mesure de répondre :

— **Idée 1 :** « Une mini-tondeuse à gazon pour jardins suspendus ». Combien existe-t-il de jardins suspendus ? Dans quelles villes ? Quelle surface font-ils ? Existe-t-il des concurrents ou des produits qui remplissent une fonction voisine ? Quel est le poids d'une tondeuse électrique ?

— **Idée 2 :** « Un marteau-piqueur électrique sans fil ». Quelle est la puissance nécessaire selon les applications ? Quel serait le poids des batteries et leur autonomie ? Combien se vend-il de marteaux-piqueurs par an ?

II-2 Grille d'évaluation des idées :

La grille la plus connue est celle proposée en 1961 par O'Meara. Chaque idée de nouveau produit est notée sur trois séries de critères : faisabilité technique, viabilité marketing, possibilités financières. Par exemple, la rubrique marketing se décompose en : possibilité de commercialisation, durée de vie du produit, potentiel de vente, etc. La faisabilité technique dépend du savoir-faire détenu par l'entreprise (procédé de fabrication, niveau de précision, quantités à produire) et du volume des investissements à réaliser. Un projet peut être rentable, mais dépasser les possibilités financières de l'entreprise. Ces dernières sont fonction de la taille de l'entreprise, de la structure actuelle de son bilan et de sa capacité à mobiliser des capitaux permanents.

Après application de la grille, on calcule pour chaque idée un score global, obtenu par addition de toutes les notes sur les trois familles de critères. On est donc en mesure de comparer les performances de chaque idée. La Figure 8-4 donne des extraits d'une grille analogue, conçue et utilisée par un cabinet de consultants.

II-3 Test de concept

Le test de concept est un test marketing préliminaire qui a pour objectif de déterminer si l'idée du nouveau produit ou service est acceptable par le consommateur. Est-ce que l'idée correspond à une attente ? Si oui, quelle serait la cible la plus réceptive ? L'intérêt majeur de ce test est que le produit n'existe pas encore physiquement :

CRITÈRES	NOTES Très bien + 2 points	Bien + 1 point	Faible - 1 point	Très faible - 2 points	Critère non pertinent
ATTRACTIVITÉ					
1. Tendance du marché	naissant	croissant	stable	déclin	
2. Durée de vie du produit	10 ans et +	5-10 ans	3-5 ans	1-3 ans	
3. Taille marché potentiel	+1 milliard	1 milliard à 500 millions	100 à 500 millions	- 100 millions	
4. Besoin des consommateurs	non satisfait	peu satisfait	bien satisfait	très bien satisfait	
5. Accueil de la distribution	enthousiaste	positif	neutre	réticent	
COMPÉTITIVITÉ					
1. Qualités distinctives	exclusivité	qualité distinctivite majeure	qualité distinctivite faible	copie conforme	
2. Force de la concurrence	très faible	faible	forte	très forte	
3. Réaction des concurrents	pas avant 3 ans	1 à 3 ans	- 1 an	- 6 mois	
4. Prix/concurrents	très inférieur	inférieur	égal	supérieur	

Source : LAMBIN (J.J.) — **Le marketing stratégique**, Mc Graw-Hill, 1986.

Figure 8-4 : Grille du MDA-Consulting Group (extraits)

cela permet une économie financière appréciable (absence de coûts de fabrication), si l'idée se révèle peu convaincante.

Dans la pratique, le test se réalise sous forme de questionnaire semi-ouvert. Après un bref descriptif de l'idée du produit, on pose une dizaine de questions à un petit échantillon de consommateurs (environ une centaine d'interviewés). Un exemple de questions-types est proposé dans la Figure 8-5. Compte tenu du fait que le consommateur a généralement tendance à surestimer son intention d'achat, on considère qu'il faut au moins 60 à 80 % de personnes d'accord avec l'idée, pour que celle-ci soit acceptable.

III — MISE AU POINT DU PRODUIT

III-1 Cahier des charges et spécifications techniques

Le chef de produit élabore le **cahier des charges** du produit. C'est un document qui décrit les fonctions que doit remplir le nouveau produit, précise le problème-

«Imaginez un système de dépannage d'appareils ménagers qui vous indiquerait à distance les causes d'une panne, le montant du devis et la date éventuelle de passage d'un technicien. Il fonctionnerait à partir d'une prise machine, reliée à votre Minitel»

Q1 — De prime abord, seriez-vous, vis-à-vis de cette idée :

☐	☐	☐	☐	☐
très favorable	plutôt favorable	ni favorable ni défavorable	plutôt défavorable	très défavorable

Q2 — Qu'est-ce qui serait le plus intéressant dans cette idée ?

Q3 — Qu'est-ce qui serait le moins intéressant dans cette idée ?

Q4 — De quelles autres informations auriez-vous besoin pour pouvoir mieux juger cette idée?

Q5 — Quelle formule de prix vous semblerait la plus logique pour ce service ?

gratuité	prix d'une taxe locale	0,5 à 1 franc la minute	1 à 2 francs la minute
☐	☐	☐	☐

Q6 — A qui, selon vous, ce type de service conviendrait-il le mieux ?

Q7 — En fin de compte, seriez-vous personnellement prêt à adhérer à ce système, si le prix à payer correspond à celui que vous avez indiqué précédemment ?

oui, sûrement	oui, probablement	non, probablement pas	non, sûrement pas
☐	☐	☐	☐

Figure 8-5 : Questionnaire-type d'un test de concept

consommateur à résoudre, le niveau de qualité attendue, et les éventuelles contraintes (poids, résistance, etc). Ce document ne décrit pas techniquement le produit, mais traduit les attentes du marché en axes de développement.

A partir du cahier des charges, élaboré par le marketing, les ingénieurs déterminent les spécifications techniques du futur produit. Ce sont les exigences techniques (normes à respecter, tolérances, durée de fonctionnement, matériaux, etc) que doit respecter le produit. Ces éléments serviront de repères lors des essais techniques

CAHIER DES CHARGES MARKETING		SPÉCIFICATIONS TECHNIQUES
* Fixation pour la compétition	→	Valeurs de réglage : DIN 2 à 10
* Ouverture lors des chutes avant et arrière avec torsion	→	Capteur électronique Maintien des valeurs de déclenchement constantes (±2%)
* Grande absorption des chocs	→	Élasticité longitudinale : 8 mn Élasticité latérale : 10 mn
* Légère	→	500 grs Matériau : Delrin

Figure 8-6 : Cahier des charges et spécifications d'une fixation de ski (fictive) pour la compétition

ultérieurs. La Figure 8-6 donne un exemple de cahier des charges et de spécifications, pour une fixation de ski imaginaire.

III-2 Élaboration technique

Le prototype du nouveau produit est généralement réalisé, à la main, en quelques exemplaires. C'est une simple maquette, à l'échelle 1/1, ou un prototype en état de marche. Les techniques actuelles de CAO (Conception Assistée par Ordinateur) permettent de visualiser en trois dimensions, différentes simulations du produit : on dispose ainsi d'un aperçu immédiat de ce que donnerait, par exemple, un produit plus long ou plus large.

Les différentes versions du prototype sont ensuite soumises à une série de tests techniques de résistance, d'endurance ou d'inocuité. Ces essais sont réalisés en laboratoire, souvent dans des conditions de fonctionnement extrêmes : haute ou faible température, chocs répétés, environnement pollué (poussières, acides). Ils sont généralement complétés par des essais sur le terrain. Après chaque essai, les produits sont contrôlés par les ingénieurs, pour déceler d'éventuelles défaillances techniques. La durée totale de cette phase d'essais représente souvent plusieurs années (2 à 5 ans) pour un bien durable. Voici quelques exemples d'essais techniques :

— Les constructeurs automobiles utilisent des pistes spécialement aménagées pour tester les amortisseurs, le freinage et la vitesse de leurs nouvelles voitures.

— Les laboratoires pharmaceutiques réalisent une série de tests (appelés *protocoles*) auprès de personnes hospitalisées, et dont les résultats sont nécessaires pour obtenir l'autorisation de mise sur le marché.

— Les fabricants de lessives soumettent leur poudre à l'épreuve des « salissures normalisées » qui correspondent à une palette standardisée des taches usuelles.

— Les skis, fixations et chaussures de ski sont confiés à des moniteurs de ski ou à des champions pour pouvoir être testés dans des conditions extrêmes d'usage.

III-3 Élaboration marketing

Lorsque le prototype du produit commence à être fixé dans ses grandes lignes, le marketing procède à son tour à des tests de produits. On confie différentes versions du nouveau produit à plusieurs petits échantillons de consommateurs. Nous avons abordé la méthodologie de ces enquêtes, lors du Chapitre 4. Il s'agit généralement de vérifier, auprès du consommateur, que les caractéristiques propres du produit (perception de la qualité, du goût, esthétique, etc) sont bien acceptées. On vérifie aussi la manière dont le produit est utilisé (facilité d'usage, prise en main), le respect du mode d'emploi, la quantité moyenne de produit consommé. La présentation de ces résultats conduit généralement les ingénieurs à des modifications successives du produit.

Fiche technique 8-1 : Le packaging

Qu'est-ce que le packaging ?

La traduction de ce terme anglais recouvre à la fois le conditionnement et l'emballage. Le ***conditionnement*** *désigne un matériel utilisé pour regrouper un produit : une boîte, une bouteille, un tube, un sac. L'absence de conditionnement se traduit par une présentation en tas, en vrac. Le conditionnement s'exprime en unités physiques : le lait est conditionné par lots de 6 paquets ou à l'unité ; les yaourts sont vendus par 4, 6, 12 ou 24 pots. L'* ***emballage*** *représente la nature physique du matériel : le lait, conditionné en bouteille, utilise plusieurs types d'emballages : carton, plastique, verre.*

Fonctions du packaging.

Elles sont multiples : protéger et conserver le produit (chocs, humidité, chaleur, microbes, etc), faciliter le transport et le stockage (gain de place, légèreté, manutention), faciliter la consommation (ouverture facile, bonne prise en main), mettre en valeur le produit (attirer l'attention de l'acheteur, donner une impression de qualité, de volume, etc). Cette dernière fonction de communication avec l'acheteur potentiel est fondamentale lorsque le produit est vendu en libre service : on dit que le packaging est « un vendeur muet ».

Le **packaging** (voir Fiche technique 8-1) joue un rôle déterminant pour les produits vendus en libre-service. En conséquence, plusieurs types de packaging sont testés, afin de retenir le meilleur modèle. Plus spécifiquement, le test de packaging cherche à identifier les meilleures couleurs, à comparer la perception du volume du produit et à vérifier la lisibilité de la marque. Il est important de se rappeler que le packaging sert souvent, pour le consommateur, d'indicateur de qualité du produit. Les packaging des produits suivants sont des exemples classiques :

- Un shampooing vendu dans un double emballage est assimilé à un médicament.
- Un vin de pays vendu en bouteille plastique est assimilé à un vin de table ordinaire.

— Pour une bière, une bouteille d'un litre correspond à une bière ordinaire, à consommer à table.

— Si l'esthétique d'un flacon de parfum est bien perçue, l'odeur est mieux évaluée.

Il est important de tester différents noms de marque pour le nouveau produit, parce que le nom de la marque détermine ou renforce le positionnement du produit. Plus précisément, le test consiste à vérifier si les évocations suscitées par le nom correspondent bien au positionnement choisi pour le produit. Par exemple, « Taillefine » évoque bien la minceur, « Technics » la qualité technique. Une autre fonction du nom est de faciliter la mémorisation de la marque, tout en restant facilement prononçable.

Le nom est ensuite mis en forme graphiquement : couleur, style d'écriture. Il peut être complété par un **logotype**, prolongement graphique du nom. Par exemple, le lion du Crédit Lyonnais, le losange de Renault sont des logotypes. La marque regroupe donc un nom, un graphisme et un choix de couleurs. Elle fait partie du patrimoine de l'entreprise et se protège par dépôt légal. En France, c'est l'INPI (Institut National de la Propriété Industrielle) qui joue ce rôle.

III-4 Modifications

Les résultats des tests techniques et marketing conduisent à une série de modifications physiques du produit. La mise au point du *design* du produit, effectuée sous la responsabilité du marketing, constitue une autre source de modifications : il s'agit de rendre le plus esthétique possible le produit, en affinant ses lignes, en modifiant son toucher ou en jouant avec les couleurs. Ces modifications se font généralement par touches successives, ce qui suppose de bonnes relations entre le marketing et la fabrication.

Avant le lancement définitif du nouveau produit, la fabrication réalise une pré-série. C'est la production d'une petite quantité de produits (d'une centaine à quelques milliers d'unités), destinée à régler les machines et à déceler d'éventuelles défaillances dans une phase quelconque de la production. Le contrôle de qualité de la production donne enfin le feu vert pour la prochaîne étape : la production en grande série, c'est-à-dire le lancement effectif du produit sur le marché.

IV — LANCEMENT DU NOUVEAU PRODUIT

IV-1 Stratégies de lancement selon les phases d'un marché

Le chef de produit bâtit son plan marketing, durant la phase de mise au point du produit. Ce plan tient compte du degré de maturité du marché (voir Chapitre 6). En effet, on n'utilise pas la même stratégie pour lancer un produit, si le marché est en phase d'introduction ou s'il est en phase de saturation. De même, le marketing-mix varie selon les phases du marché. La Figure 8-7 montre ces variations. Il est donc important que le chef de produit détermine avec soin dans quelle phase se situe le marché de son nouveau produit.

PHASES DU MARCHÉ	CARACTÉRISTIQUES DU MARCHÉ	CARACTÉRISTIQUES DE LA STRATÉGIE ET DU MARKETING-MIX
INTRODUCTION	* Nouveauté du concept de produit * Peu de concurrents * Croissance faible des ventes * Image de marque faible	Stratégie de l'innovateur * Rassurer le consommateur * Prix généralement élevé * Gamme de produits étroite * Publicité limitée
CROISSANCE	* Croissance forte des ventes * Entrée de nombreux concurrents * Phase brève * Consommateur sur-informé	Stratégie de marquage * Début de la publicité d'image * Conquête des points de ventes * Durée de vie des produits faible * Extension de la gamme des produits
MATURITÉ	* Très forte concurrence * Formation de grands groupes * Croissance des ventes modérée * Phase longue	Stratégie de segmentation * Choix de la cible et du positionnement * Publicité d'image avec budget élévé * Larges gammes de produits * Promotion des ventes régulière * Forte présence dans les points de vente
SATURATION	* Concentration des concurrents * Croissance des ventes faible ou nulle * Fidélisation du consommateur * Phase longue	Stratégie du conformiste * Hyper-segmentation (recherche de créneaux) * Merchandising * Gamme très élargie de produits (séries spéciales) * Réduction de prix
DÉCLIN	* Baisse du nombre de concurrents * Croissance négative des ventes	Stratégie du rapace * Quelques segments porteurs * Réduction du nombre de points de ventes * Publicité limitée ou nulle * Gamme élaguée

Figure 8-7 : Stratégies de lancement selon la phase du marché

IV-2 Marchés-tests

Le marché-test est la dernière étape (facultative) avant le lancement du produit à l'échelle nationale. Il concerne surtout les produits de grande consommation (alimentaire, hygiène et entretien). Cet ultime test peut conduire à ne pas lancer le produit prévu. Dans la majorité des cas, le marché-test conduit à ajuster le niveau, initialement prévu, des variables du mix. Il existe deux sortes de marchés-tests.

Flash marketing 8-2 : Un exemple de marché-test simulé

Leader mondial des marchés-tests simulés, Bases (Burke Marketing Research) a réalisé plus de 8 000 tests dans le monde depuis une dizaine d'années, dont plus de la moitié en Europe, et 15 % en France. La précision moyenne de ces tests est de ± 11 %, pour le cas de lancements européens. Les domaines d'application concernent surtout les secteurs alimentaire et hygiène-beauté. Bases permet de déterminer les possibilités d'échec ou de succès d'un nouveau produit avant le lancement d'une extension de gamme ou pour un relancement de produit. Le modèle repose sur une combinaison de données : consommation, plan marketing prévisionnel et description générale du marché. L'achat d'un produit est suivi en deux temps : le premier achat (l'essai) et le renouvellement de l'achat (le rachat).

Les facteurs influençant le potentiel d'essai sont au nombre de deux : le marketing-mix et le marché. Les réactions des consommateurs sont examinées avant et après l'essai du produit testé, dans le but d'estimer leur intention d'achat. La marque est l'élément du mix qui ressort comme le plus important, suivie du packaging, de l'originalité du mix et du positionnement. En matière d'essai, le prix n'a pas une grande importance. Ainsi, il vaut mieux éviter de faire une promotion de prix au tout début d'un lancement. Les personnes qui sont de gros consommateurs d'une catégorie de produits sont plus ouvertes à l'essai d'une nouvelle marque que les autres.

Les facteurs influençant le rachat dépendent notamment de la formule du produit. Une formule de produit améliorée, par rapport à l'ancien produit favorise le rachat. De même, le rachat est meilleur pour une extension de gamme que pour un nouveau produit. D'une manière générale, si le pourcentage de rachat est inférieur à 25 %, la probabilité de succès pour le nouveau produit est quasi nulle ; si le score de rachat atteint 45 %, la probabilité de succès pour le nouveau produit est supérieure à 80 %.

Source : Adapté et condensé de VERNES (A.) — **Marketing-Mix**, n° 44, juillet 1990, p. 50-52.

IV-2-1 Marchés-tests simulés

Ces marchés sont réalisés par des grandes sociétés de conseil en marketing (Nielsen, Burke...), à partir d'enquêtes réalisées sur des panels de consommateurs (voir le Flash marketing 8-2). Ces consommateurs disposent généralement du nouveau produit, et sont soumis à des batteries de questions, avant et après l'essai du produit. Des modèles sophistiqués d'analyse des données permettent de prévoir la future part de marché du produit et son taux de rachat. La qualité de prévision de ces modèles est excellente, mais leur coût reste élevé : plusieurs centaines de milliers de francs pour une ou deux simulations.

IV-2-2 Marchés-témoins

A la différence du marché-test simulé, le produit est réellement mis en vente dans une zone géographique contrôlée (ville, région, distributeur), généralement durant 2 à 5 semaines. Ces zones sont choisies parce qu'elles sont représentatives du marché national. On peut ainsi tester différents prix, ou différents types de promotion des ventes sur chaque unité (ville, distributeurs) de la zone de test. L'interprétation des résultats des marchés-témoins est néanmoins délicate. Par exemple, supposons que les ventes obtenues avec le prix le plus élévé soient mauvaises, et bonnes quand le prix est réduit. Doit-on en conclure qu'il faille retenir le prix réduit ? Pour pouvoir dire cela, il faut être sûr que les conditions du test sont strictement identiques dans chaque unité. Or il est impossible de contrôler l'action des concurrents, d'où les difficultés d'analyse des résultats du marché-témoin.

IV-3 Gestion du lancement

La réussite du lancement d'un produit ne repose pas que sur des considérations stratégiques. La coordination et le contrôle de toute une série d'opérations tactiques est indispensable. La Figure 8-8 en recense quelques-unes.

OPÉRATIONS	ACTIONS PRINCIPALES
Plan de promotion	Réservation des espaces publicitaires (média-planning) Mise en place des PLV sur les points de vente
Logistique	Enlèvements des produits aux usines, entrepôts Groupage des transports, livraison des points de vente
Brief force de vente et distributeurs	Présentation de l'argumentaire de vente à la force de vente Démonstration et présentation des produits aux distributeurs
Suivi des ventes Réassortiment	Analyse des premières ventes (panels) Nouvelles livraisons pour éviter les ruptures de stocks

Figure 8-8 : Opérations tactiques liées au lancement du produit

V — GESTION DU CYCLE DE VIE DU PRODUIT

V-1 Produit et cycle de vie

V-1-1 Qu'est-ce qu'un produit ?

Le produit, au sens strict, se définit simplement à partir de ses composants techniques : c'est le **produit intrinsèque.** En marketing, on montre que ce premier niveau n'est pas suffisant, parce que le consommateur achète autre chose que des caractéristiques techniques. La Figure 8-9 montre qu'il existe encore deux autres niveaux : le **produit standard** correspond au produit visible au point de vente, et le **produit global** intègre des services complémentaires. Ces services périphériques peuvent être compris dans le prix facturé, ou optionnels moyennant un supplément. Par exemple, Darty choisit de se différencier des autres distributeurs, en offrant gratuitement ces services.

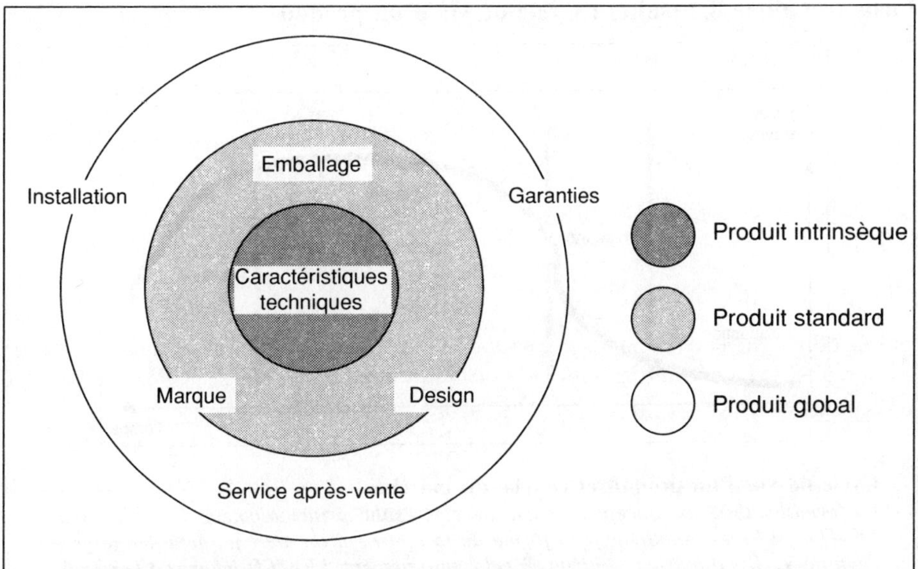

Source : adapté de MARION (G.) et MICHEL (O.) — **Marketing mode d'emploi**, Éd. d'Organisation, 1986, p. 154.

Figure 8-9 : Les trois niveaux de conception d'un produit

V-1-2 Cycle de vie d'un produit

Le chef de produit est responsable de la gestion du **cycle de vie** de chacun des produits ou marques présents dans son portefeuille. La Fiche technique 8-2 résume les points-clés de la notion de cycle de vie.

Fiche technique 8-2 : Cycle de vie d'un produit

Définition

Le cycle de vie d'un produit est la succession des différentes étapes de sa vie commerciale. Sa carrière débute lors de son lancement effectif et s'achève lors de son retrait du marché. Si l'on reporte les ventes obtenues durant le temps où le produit a été présent sur le marché, on obtient, a posteriori, une courbe de la forme suivante :

Fiche technique 8.2 (suite) : Cycle de vie d'un produit

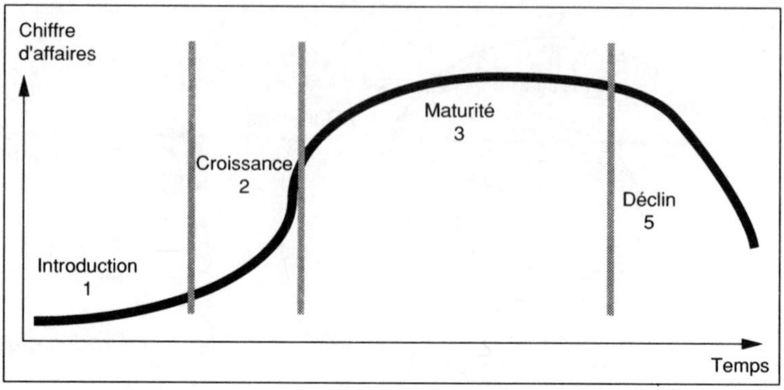

Cycle de vie d'un produit et courbe du marché

La formalisation du concept de cycle de vie résulte principalement des travaux de LEVITT[3]. Elle est analogue à la forme de la courbe d'un marché, détaillée dans le Chapitre 6. Il y a plusieurs raisons à cela. Initialement, LEVITT définissait le marché à partir des objets, donc selon le produit vendu. Dans ce cas, la courbe de marché représente l'agrégat de tous les cycles de vie des produits commercialisés sur un même marché. Mais par extension, les hommes de marketing utilisent cette courbe pour gérer la vie d'un produit (ou d'une marque) propre à une entreprise. Il s'agit alors du niveau micro-économique. Dans ce cas, le produit (ou la marque) de l'entreprise déroule son propre cycle de vie, au sein de la courbe du marché. Par exemple, le chef de produit de l'entreprise Apple doit gérer le début du cycle de vie du nouveau Mac Classic, lancé fin 1990. Le produit est, en décembre 1990, en phase d'introduction, puis enchaîne rapidement une excellente phase de croissance, tout au long de l'année 1991. Le marché des micro-ordinateurs, sur lequel se situe le Mac Classic, est, lui, approximativement en début de phase de maturité.

Synthèse

Pour que le cycle de vie présente un intérêt pour la gestion d'un produit, il faut pouvoir déterminer dans quelle phase de la courbe se situe le marché. La Figure 8-7 montre que les choix stratégiques et la gestion du marketing-mix du produit sont différents selon les phases de la courbe de marché. Il faut ensuite prévoir à quel moment le marché changera de phase. Or, la forme de la courbe n'est qu'indicative. Il existe bon nombre d'exceptions : par exemple, le marché du nylon a subi plusieurs rebondissements successifs. En dépit de ces limites, le cycle de vie d'un produit présente un intérêt en terme de gestion prévionnelle. Il permet de programmer les lancements successifs de produits, et donc d'éviter de laisser vieillir trop longtemps un produit ou une marque. Par exemple, chez Procter & Gamble, la durée de vie moyenne d'un produit est d'environ 2 ans ; chez Volkswagen, le remplacement d'un modèle se fait à peu près tous les 5 ans.

[3] LEVITT (T.) — « Expoit the Product-Life Cycle », in **Harvard Business Review**, n° 6, janvier 1965, p. 81-94.

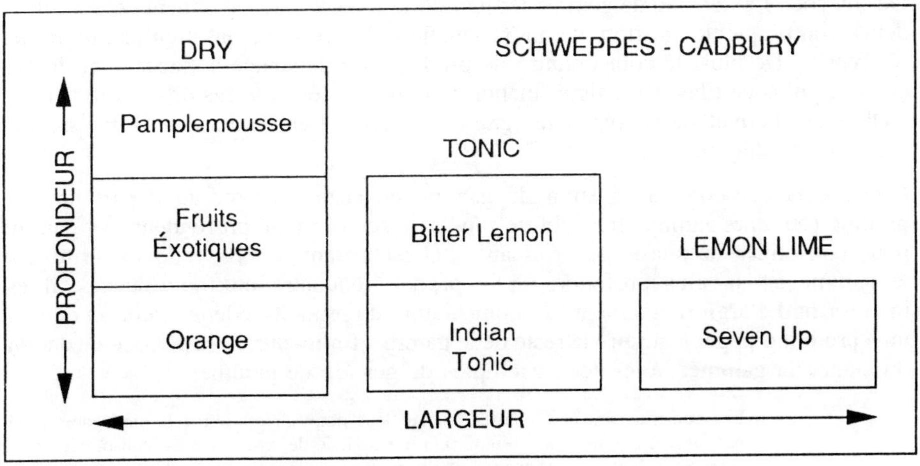

Figure 8-10 : Largeur et profondeur d'une gamme

V-2 Gestion d'une gamme

V-2-1 Largeur et profondeur d'une gamme

Il est rare qu'une entreprise ne commercialise qu'un seul produit. La plupart du temps, elle gère un ensemble de produits qui forme sa **gamme**. L'étendue d'une gamme se mesure à partir de deux éléments :

— *largeur* : c'est le nombre de catégories de produits différents offerts à la clientèle.

— *profondeur* : c'est le nombre de variétés différentes de chaque catégorie de produits.

La Figure 8-10 représente la gamme de soft-drinks commercialisée, début 1991 en France, par le groupe Schweppes-Cadbury.

V-2-2 Politique de gamme

Le marketing a tendance à être favorable à l'extension de la gamme. L'augmentation de la profondeur d'une gamme élargit le choix offert à une même cible de consommateurs, et permet une adéquation plus fine aux attentes. Les résultats des marchés-tests (Bases) montrent que le fait d'ajouter une nouvelle variété à une gamme (par exemple un parfum à la vanille) change et améliore la perception totale de la gamme. Ainsi, si l'on propose quatre variétés au lieu de trois, le potentiel d'essai passe de 18 % à 25 %. Parallèlement à cela l'augmentation de la largeur d'une gamme résulte surtout d'une réflexion stratégique. En effet, cela conduit souvent à attaquer un nouveau segment de marché, sur lequel l'entreprise était absente, en s'appuyant sur la notoriété préalable de la marque. Par exemple, le lancement de Dry de Schweppes, en 1987, correspond à une volonté de pénétrer le segment des sodas de luxe, segment sur lequel le groupe n'était pas présent jusque-là.

De son côté, l'extension de gamme (et particulièrement l'accroissement de la profondeur) complique la gestion de la production, à cause de la multiplication des références. De plus, le coût unitaire de production a tendance à s'accroître, du fait de séries plus courtes. Un calcul financier, fondé sur les données de la comptabilité analytique, permet de savoir si les gains marketing l'emportent sur la hausse des coûts de production.

Un schéma classique de gestion de gamme consiste à lancer au départ un seul produit (ou une gamme très courte), puis à accroître la profondeur de gamme pour consolider la phase de croissance. C'est durant la phase de maturité que la gamme est la plus profonde. Si le produit rencontre un franc succès, il est intéressant d'élargir rapidement la gamme autour du produit-vedette ; celui-ci devient un « produit d'appel » qui tire le reste de la gamme. Enfin, durant la période de déclin, on élague la gamme. Voici deux exemples de gestion de gammes :

— Les constructeurs automobiles lancent leur nouveau produit avec une gamme généralement courte (4 à 6 références). La période de croissance est consolidée par le lancement d'autres versions (nouvelles motorisations) ; durant la phase de maturité les versions se multiplient : variations du nombre de portes, séries spéciales. La gamme de la Peugeot 205 comporte ainsi plus de 25 modèles, en 1991. Le rajeunissement du produit (le *restyling*) permet de prolonger la vie de la gamme. Enfin, durant le déclin, seules quelques versions subsistent.

— Salomon construit ses gammes autour d'un produit d'appel, positionné en haut de gamme (segment de la compétition). Cela permet d'acquérir d'emblée une image de produit performant, et de bénéficier d'une bonne rentabilité. La gamme est ensuite déclinée progressivement vers les segments des bons et moyens skieurs, en s'appuyant sur la réputation acquise par le produit phare.

La décision de retirer un produit d'un marché n'est pas facile à prendre. Le responsable du produit peut faire preuve d'un certain sentimentalisme, et retarder une décision inéluctable. Le critère financier est souvent retenu pour l'arrêt d'un produit : lorsque le produit n'est plus rentable, il est retiré du marché. Sur le plan stratégique, cette décision peut s'avérer trop tardive, surtout si le produit de remplacement était déjà prêt depuis quelque temps. Des procédures d'évaluation périodique des produits existent. Elles se fondent sur une notation de chaque produit avec des grilles comparables, dans leur esprit, aux grilles de filtrage des idées de produits. Lorsque le score d'un produit est inférieur à un niveau critique, défini à l'avance, le produit est retiré.

SYNTHÈSE DU CHAPITRE

La gestion d'un produit comporte deux séquences consécutives : la création et la commercialisation. La séquence de création d'un produit est un processus long (3 à 5 ans) qui se subdivise à son tour en deux étapes : le filtrage des idées de nouveaux produits et la mise au point du produit. Durant cette mise au point, le marketing et la production sont amenés à réaliser une série de tests sur le produit, afin de passer progressivement du prototype à la version finale.

Le marché-test est une étape facultative dont le résultat favorable déclenche la commercialisation du produit. Une fois mis sur le marché, le produit décrit son propre cycle de vie : lancement, croissance, maturité et déclin. Une bonne gestion de la gamme permet d'accroître la durée de vie du produit.

BIBLIOGRAPHIE

(1) CHOFFRAY (J.M.) et DOREY (F.) — **Développement des produits nouveaux**, Mc Graw-Hill, 1983.

(2) FAYE (P.) — **Lancer un nouveau produit**, Éditions Chotard, 1979.

(3) HABIB (J.) et RENSONNET (J.P.) — **Le marketing du nouveau produit**, Dunod-Entreprise, 1975.

(4) LAMBIN (J.J.) — **Le marketing stratégique**, Mc Graw-Hill, 1986.

TEST DE CONNAISSANCE

Choisir une seule réponse pour chaque question :

Q1 — Peut-on considérer comme produit nouveau le produit qui se substitue à l'ancien produit, en offrant simplement un emballage plus pratique ?

1. non
2. oui, à condition que l'emballage représente une innovation technologique
3. oui

Q2 — Le filtrage est une technique qui sert à :

1. contrôler la qualité des produits finis
2. organiser un marché-test simulé
3. éliminer une idée de produit manifestement mauvaise

Q3 — Doit-on disposer obligatoirement d'un exemplaire du produit, lors d'un test de concept ?

1. non
2. oui, mais un prototype en état de marche convient
3. oui, mais il faut un produit fabriqué lors de la pré-série

Q4 — Un marché-test simulé présente l'inconvénient majeur :

1. d'informer la concurrence que l'on s'apprête à lancer un nouveau produit
2. d'être onéreux pour une PME
3. de devoir disposer d'un budget publicitaire

Q5 — Le produit global correspond :

1. aux seules caractérisques techniques du produit, plus les services associés
2. au produit intrinsèque, plus les services associés
3. au produit standard, plus les services associés

Réponses : Q1 = 3 ; Q2 = 3 ; Q3 = 1 ; Q4 = 2 ; Q5 = 3

CHAPITRE 9

GESTION DES PRIX

Objectifs et articulation du chapitre

La fixation du prix de vente d'un produit doit respecter deux contraintes : les réactions psychologiques du consommateur et les impératifs de rentabilité financière. La difficulté majeure pour une entreprise est d'arriver à concilier ces deux contraintes, parfois contradictoires. Nous envisagerons successivement chacune d'entre elles dans un paragraphe distinct. En dernier lieu, la fixation du prix doit être cohérente avec le niveau des autres variables du marketing-mix : ce sera l'objet du troisième paragraphe.

Une bonne compréhension de ce chapitre suppose d'avoir à l'esprit les points-clés du Chapitre 3, c'est-à-dire la connaissance du comportement du consommateur. Une deuxième recommandation est de se remémorer quelques éléments de comptabilité ou de finance, notamment les soldes intermédiaires de gestion, seuil de rentabilité, avant d'aborder la lecture du paragraphe 2 ; la bibliographie, située en fin de chapitre, vous donnera quelques titres d'ouvrages.

Au terme de ce chapitre, vous aurez en main les données essentielles pour comprendre comment se fixe, en marketing, le prix de vente d'un produit.

I — FIXATION DU PRIX ET COMPORTEMENT DU CONSOMMATEUR

Lorsque le consommateur choisit une marque, le prix n'est qu'un critère de choix parmi d'autres. Pour certains segments de marché, le prix peut très bien ne pas être considéré comme un critère de choix. Donc, le chef de produit devra évaluer l'importance du prix en tant qu'élément du choix d'un produit. Les méthodes d'identification de critères de choix (cf. Chapitre 3) permettent de répondre à cette question. Dans un second temps, le responsable marketing doit mesurer les réactions des consommateurs, face aux différentes plages de prix envisagées : « Que se passera-t-il si je fixe le prix à 8 francs, au lieu de 10 francs ? » L'objectif de ce paragraphe est d'apporter des éléments de réponse à cette question, en se fondant sur la connaissance des réactions du consommateur.

I-1 Relation qualité perçue et prix

Principes de la relation

En schématisant, on pourrait dire : « Il existe une corrélation positive entre le prix et la qualité du produit perçue par le consommateur ». Cela voudrait dire que, plus le prix est considéré comme cher, meilleure sera la qualité perçue. L'exemple de la vente d'oranges sur un marché permet d'illustrer cette relation. « Un marchand divise, le matin, en deux tas son stock initial d'oranges. Les deux tas sont de qualité strictement identique. Le prix du premier est de 5,80 francs le kilo ; le second est de 9,95 francs le kilo. A sa surprise, les oranges les plus chères se vendent le mieux. La semaine suivante, il interroge ses clientes habituelles. Celles qui ont acheté les oranges les plus chères, se révèlent, dans l'ensemble, plus satisfaites de leur qualité, que celles qui ont acheté les oranges les moins chères. »

Conditions de la relation

La réalité n'est pas aussi simple. Les recherches montrent que la relation, entre qualité et prix, n'est pas généralisée. Il faut d'abord bien souligner que nous sommes dans un contexte où le consommateur ne connaît pas la réputation de la marque : son nom n'évoque rien de particulier. A partir de là, plusieurs cas de figure sont possibles :

Cas 1 : *Le consommateur considère que l'achat n'a pas de caractère impliquant* (voir Chapitre 3). Il s'agit surtout de produits courants : crème à raser, savon, sucre, etc. Outre ce caractère d'achat non impliquant, le consommateur ne doit pas pouvoir disposer d'autres informations sur le produit que son seul prix de vente : il ne lui est pas possible d'essayer le produit ou de se renseigner auprès d'amis. Si cette double condition est remplie, alors la relation entre qualité et prix fonctionne relativement bien. L'exemple des oranges vendues sur le marché correspond à ce cas.

Cas 2 : *Le consommateur considère que l'achat a un caractère impliquant.* La relation marche surtout avec les consommateurs qui sont peu, ou pas du tout, familiers du produit. En d'autres termes, les consommateurs dont l'expertise est faible auront tendance à considérer que la qualité est bonne, s'ils jugent le prix du produit élevé. En revanche, pour les consommateurs disposant déjà d'une bonne expérience avec le produit, la relation ne fonctionne pas. L'explication vient du fait que l'expert utilise d'autres indicateurs que le prix pour évaluer la qualité du produit. Par exemple, un skieur de compétition observe la cambrure d'un ski, vérifie la composition du noyau à partir des fiches techniques ; pour un débutant, ces informations ne signifient rien, seul le prix a un sens clair.

I-2 Prix et image de marque

A la différence du paragraphe précédent, on considère maintenant que le consommateur connaît la marque du produit, ne serait-ce que de nom. Dans ce contexte, la relation entre prix et qualité perçue joue-t-elle encore ?

Bon nombre d'études montrent que la corrélation est forte entre l'image de la marque et la qualité perçue. Si le consommateur a, préalablement à l'achat, une bonne image de la marque, il y a une bonne chance pour qu'il en déduise que la qualité est bonne. La variation éventuelle du prix aurait un effet mineur sur la perception de la qualité.

Ces résultats sont surtout valables, dans un contexte d'achat impliquant. La marque est alors considérée comme un indicateur, garant d'un niveau de qualité identique d'un produit à l'autre. Une étude faite aux États-Unis[1] montre que l'évaluation des qualités d'une bière dépend essentiellement de l'image préalable du consommateur vis-à-vis des marques :

— quand les marques sont cachées, les consommateurs considèrent qu'elles se valent à peu près toutes. De plus, dans un grand nombre de cas, les consommateurs ne reconnaissent pas, après dégustation, leur marque préférée.

— quand les marques sont apparentes, les consommateurs sur-notent leur marque favorite par rapport aux autres.

Sur un plan stratégique, il est utile de garder en mémoire que l'image de marque a un poids plus important que le prix pour déterminer la qualité perçue d'une marque. En conséquence, il doit exister une bonne cohérence entre la réputation actuelle de la marque et le positionnement prix.

Imaginons que Dior décide d'accroître sa part du marché des parfums, en baissant de 50 % le prix de « Poison ». Un raisonnement, en apparence logique, serait de dire que, puisque l'on veut élargir la cible actuelle, on va attaquer un segment qui dispose de moyens financiers plus limités, d'où la justification de la baisse de prix. Que risque-t-il de se passer ? Pendant quelques mois, les ventes vont probablement fortement augmenter. « La qualité Dior, 50 % moins chère, c'est une affaire en or ! » se diront les acheteurs. Au bout de quelques mois, les anciennes clientes de Dior s'apercevront que la marque est devenu plus courante. L'image de luxe et de prestige, qui sous-tend l'image de qualité, s'effritera. A terme, une trop forte baisse de prix détruit l'image, et donc le niveau de qualité perçue.

En résumé, si une marque bénéficie d'une bonne réputation, elle peut (doit) vendre plus cher que les concurrents. A l'inverse, une marque à réputation faible, peut difficilement améliorer la qualité perçue de ses produits, en vendant ceux-ci plus chers que les concurrents : le positionnement prix n'est pas jugé crédible par le consommateur. Enfin sur certains marchés, très sensibles à la relation image/qualité perçue (parfums, vins, bijoux), un positionnement délibéré en « prix économique » peut se révéler intenable. C'est une des causes de l'échec en 1991 des parfums Bic (voir Flash marketing 9-1).

I-3 Études consommateurs et fixation du prix

Plusieurs techniques permettent d'estimer le prix d'un produit attendu par le consommateur.

I-3-1 Méthode du prix psychologique

L'objectif de la méthode est de déterminer une zone de prix, appelée **prix psychologique**, considérée comme acceptable par le plus grand nombre de consommateurs. Pour ce faire, on interroge un échantillon (200 à 500 personnes) de consommateurs potentiels (voir Fiche technique 9-1). La méthode fait l'hypothèse que le consommateur détermine le niveau de qualité à partir du seul prix de vente.

[1] ALLISON (R.) et UHL (K.) — « Influence of beer brand identification on taste perception », **Journal of Marketing Research**, août 1964, p. 36-39.

Flash marketing 9-1 : Les parfums Bic *

En 1988, Bic lance une gamme de parfums vendue aux alentours de 25 francs et principalement distribuée dans les bureaux de tabac et grandes surfaces. Techniquement irréprochables (la teneur en essence est comparable à celle des grandes marques), les produits s'inscrivent dans la ligne du « jetable économique, mais fiable » qui a contribué au succés des autres produits du groupe : rasoirs, stylos, briquets... En juin 1991, Bic arrête la commercialisation de ses parfums, les ventes étant 5 fois inférieures aux prévisions, en dépit d'un budget promotionnel de 300 millions de francs. A la réflexion, cet échec semblait prévisible, principalement parce que les relations prix/qualité perçue et image/qualité perçue jouent pleinement sur le marché des parfums. D'une manière générale, les études de marché montrent qu'un parfum bon marché tend à être considéré comme un parfum de mauvaise qualité. Si la marque dispose au départ d'une bonne réputation, le prix trop faible sera source de dégradation de l'image. Dans le cas de Bic, le positionnement des autres produits du groupe constitue un lourd handicap pour la pénétration du marché des parfums. En effet, le concept du jetable suggère un environnement dévalorisant pour l'odeur (déchets, poubelle...) qui doit plutôt évoquer le mystère, le rêve ou la séduction. De surcroît, le positionnement prix « ultra-économique » (c'est le moins cher des produits du marché) situe clairement la marque dans l'esprit du consommateur, comme « le bas de gamme du bas de gamme ». De plus, la communication a longtemps insisté sur l'aspect utilitaire et ludique (« C'est dans la poche ») du packaging. Dés lors, il n'est guère surprenant que la qualité perçue du produit soit mauvaise, en dépit d'une qualité intrinsèque tout à fait honorable.

* Les éléments factuels de ce Flash se fondent sur les informations fournies par **La Vie française** (3 mars 1990) et **Le Point** n° 977 (10 juin 1991). Le diagnostic proposé a essentiellement un caractère pédagogique, la réalité commerciale étant par nature plus complexe.

I-3-2 Modèle de mesures conjointes

Ce modèle part du principe que le consommateur considère chaque produit sous la forme d'un panier d'attributs (voir Chapitre 3) : le prix n'est qu'un des éléments du choix du consommateur. Ainsi, un prix jugé élevé peut rester malgré tout acceptable, si, par ailleurs, le produit est considéré comme esthétique. Le choix final repose sur un arbitrage entre différentes solutions : par exemple, « prix élevé et esthétique » contre « prix faible et inesthétique ». Le modèle de mesures conjointes évalue cet arbitrage pour un produit donné, en calculant un score global d'utilité pour chaque solution possible, à partir des réponses fournies par un échantillon de consommateurs (voir Fiche technique 9-2).

I-3-3 Élasticité-prix

Elle mesure là sensibilité des consommateurs à une variation du prix d'un produit (voir Fiche technique 9-3), en supposant que toutes les autres variables marketing sont tenues constantes. On l'estime généralement à l'aide de modèles économétriques.

Fiche technique 9-1 : Méthode d'estimation du prix psychologique

On interroge un échantillon de 100 consommateurs potentiels de champagne, en posant successivement deux questions : « En dessous de quel prix n'achèteriez-vous plus un champagne, parce que vous estimeriez sa qualité insuffisante ? »; « A partir de quel prix, considérez-vous qu'un champagne est vendu à un prix excessif ? ». L'analyse des réponses permet de dégager la zone de prix optimale : le prix proposé garantira une qualité suffisante, tout en restant abordable, au plus grand nombre possible de consommateurs.

Dans notre exemple, les calculs du tableau suivant montre que c'est aux alentours de 100 francs que le potentiel de vente est maximum : 80 francs correspondra à une champagne de bas de gamme, 100 francs à la moyenne gamme, 120 francs au haut de gamme.

Prix de vente en francs	Pourcentage de réponses «qualité insuffisante»	Pourcentage cumulé «qualité insuffisante» (a)	Pourcentage de réponses «prix excessif»	Pourcentage cumulé «prix excessif» (b)	Pourcentage acheteurs potentiels 100-(a+b)
< 80	65	100	0	0	0
80 -100	20	35	10	10	55
101-120	13	15	29	39	46
121-140	2	2	54	93	5
+140	0	0	7	100	0

(a) 100% des acheteurs potentiels estiment qu'en dessous de 80 francs, un champagne ne peut être de qualité suffisante ; 35% des acheteurs (100%-65%) pensent qu'entre 80 et 100 francs le prix est encore trop faible pour avoir un champagne de qualité suffisante etc.

(b) Il n'y a aucun acheteur pour penser que 80 francs est un prix excessif ; mais 39% (0% +10% + 29%) des acheteurs estiment qu'un prix compris entre 101 et 120 francs est excessif.

II — PRIX ET CONTRAINTES FINANCIÈRES

II-1 Prix de vente

Dans le domaine du marketing de grande consommation, l'entreprise cherche à contrôler deux sortes de prix :

Prix distributeur : C'est le prix de vente facturé, par le fabricant, au distributeur. Il est généralement exprimé « hors TVA » (HT) et permet de calculer le chiffre d'affaires en valeur de l'entreprise (voir Chapitre 1). Le chiffre d'affaires s'établit à partir des prix de vente nets, c'est-à-dire après déduction des remises (voir Fiche technique 9-4). L'ensemble des prix de vente d'une entreprise est regroupé dans un document appelé **barème** des prix. Ce document précise les conditions de vente des produits : remises, délais de règlement, frais de livraison, tribunaux compétents en cas de litige, etc. Ce barème de prix s'applique de la même manière à tous

Fiche technique 9-2 : Modèle de mesures conjointes

Exemple

Un promoteur immobilier s'apprête à réaliser une résidence locative dans une station balnéaire. L'emplacement est situé à 2 km de la plage ; la surface des studios serait 30 m². Son calcul prévisionnel montre que l'opération est rentable, si l'on peut louer au moins 4 000 francs la semaine, en haute saison. Quel sera l'accueil des touristes potentiels ? L'analyse de la concurrence identifie 4 produits-types :

— *Produit 1 : « 2 500 francs, 10 km de la plage, studio 40 m² »*

— *Produit 2 : « 3 500 francs, 5 km de la plage, studio 30 m² »*

— *Produit 3 : « 4 500 francs, 1 km de la plage, studio 25 m² »*

— *Produit 4 : « 5 000 francs, au bord de la plage, studio 20 m² »*

Méthode

Les enquêtés classent les produits, par ordre de préférence décroissante. Pour aider le promoteur, on peut tester d'autres possibilités de choix : vaut-il mieux faire un studio de 40 m², loué à un prix de 5 000 francs la semaine, plutôt que la formule envisagée au départ ? A partir des réponses fournies par les enquêtés, le modèle calcule un score d'utilité globale pour chaque produit. Par exemple, le produit n° 2 pourrait obtenir un score de 95 points, alors que le produit n° 1 n'atteindrait que 70 points. Le modèle décompose ensuite chaque utilité globale en scores d'utilité partielle, pour chaque composante du produit. Par exemple, le total de 70 points du produit n° 1 se décomposerait ainsi : 45 points pour le prix de 2 500 francs, 5 points pour la distance de 10 kilomètres, et 20 points pour la surface de 40 m². On en déduit l'importance respective des critères de choix (prix, distance, surface). Le responsable dispose ainsi du système d'arbitrage utilisé par le consommateur pour choisir une location à la mer. En conséquence, il peut prévoir l'impact d'une modification de prix sur le choix du consommateur.

les distributeurs potentiels. Lorsque les conditions de vente sont différentes selon l'acheteur, on est en présence de **conditions discriminatoires**, pratiques jugées généralement abusives par les tribunaux. Logiquement, le prix de vente doit être au moins égal au prix de revient du produit. Sinon, cela revient à vendre à perte ; lorsque qu'il s'agit d'une stratégie délibérée pour prendre des parts de marché à la concurrence, on parle de « **dumping** ».

Prix de vente public : C'est le prix effectivement payé par le consommateur pour se procurer le produit. Il est exprimé « toutes taxes comprises » (TTC). L'ordonnance du 1er décembre 1986 consacre la liberté de fixation du prix « librement déterminé par le jeu de la concurrence ». En conséquence, le fabricant ne peut imposer un

Fiche technique 9-3 : Élasticité de la demande/prix

Définition

$$\frac{\text{Variation de la demande (Q) en pourcentage}}{\text{Variation du prix (P) en pourcentage}} = \frac{\partial Q/Q}{\partial P/P}$$

Exemple

Durant la première semaine de janvier, les yaourts YOGO sont en promotion à 10 francs les 12 ; 1 000 tonnes ont été vendues. La deuxième semaine, la promotion s'achève, le prix revient à 12 francs les 12 ; les ventes passent à 780 tonnes.

L'élasticité prix est de :

$$\frac{(780 - 1\,000)/1\,000}{(12 - 10)/10} = \frac{-0,22}{+0,20} = -1,1$$

Analyse et limites

La demande est dite inélastique si le coefficient est compris entre 0 et −1 : la demande réagit faiblement à une baisse (ou hausse) de prix. Inversement, une demande élastique (<−2) est très sensible à une baisse (ou hausse) des prix : dans ce cas, une baisse de 10 % du prix générera une hausse d'au moins 20 % du volume des ventes. Dans notre exemple, une hausse de 20 % du prix a entraîné une baisse de la demande de 22 % : la demande est modérément sensible à une variation des prix.

Les modèles économétriques cherchent à estimer les différents coefficients pour chaque catégorie de produit. On obtient ainsi une élasticité de −1,7 pour les shampooings, −2,0 pour la confiserie, −0,6 pour l'essence, etc. Malheureusement les coefficients fournis par ces modèles sont sujets à des fluctuations statistiques importantes ; de plus, il faut isoler l'effet-prix de celui dû aux autres variables du marketing-mix (notamment la publicité, la modification de l'emballage, etc). En conséquence, la portée marketing des calculs d'élasticité-prix reste limitée.

prix de vente public au distributeur[2]. Pourtant, nous avons vu que ce prix sert d'indicateur au consommateur pour évaluer la qualité de la marque. De plus, il doit exister une cohérence entre l'image de marque recherchée par l'entreprise, et le prix de vente public de ses produits, par rapport aux prix des concurrents. Une marque trop souvent « bradée » voit sa réputation faiblir. Or l'entreprise peut, tout au plus, conseiller un prix à son distributeur. La seule limite imposée au distributeur

[2] La loi Lang du 10 août 1981 sur le prix du livre constitue une rare dérogation à ce principe : le prix public des ouvrages édités depuis moins de deux ans est fixé par l'éditeur ; les rabais sont limités à 5 % au maximum.

est de ne pas vendre moins cher que son prix d'achat (plus les frais de transport) : c'est le « **prix coûtant** ». Comment l'entreprise peut-elle, malgré tout, contrôler ce prix public ? D'une part grâce à sa politique de remise (voir Fiche technique 9-4), et d'autre part, en montrant au distributeur la cohérence du prix conseillé avec le niveau des autres variables du mix (voir paragraphe III).

Fiche technique 9-4 : Les remises

Une bonne politique de remise cherche à convaincre le distributeur potentiel que l'entreprise lui offre les meilleures conditions de vente possibles. La remise se calcule généralement à partir du prix de vente public « conseillé » au distributeur. Cela permet à la force de vente d'argumenter en disant : « Si vous suivez nos recommandations, vous allez gagner tant, grâce à cette remise ». C'est aussi une forme de pression psychologique pour inciter le distributeur à suivre la politique de prix du fabricant.

Il existe plusieurs types de remises commerciales :

1. **Remises en cascade**
   Une première remise se calcule sur le prix brut de départ ; une deuxième remise s'applique sur le sous-total obtenu, et ainsi de suite. Le chiffre d'affaires réel à enregistrer en comptabilité (compte 70 « Ventes ») correspond au prix net à payer.

   Exemple :

$$\begin{array}{rl} Prix\ brut\ (HT) & 650\ francs \\ -10\% & \underline{-\ 65\ francs}\ \left(1^{\grave{e}re}\ remise\right) \\ & =\ 585\ francs \\ -2\% & \underline{-11,70\ francs}\ (2^{e}\ remise) \\ Net\ \grave{a}\ payer\ (HT) & =\ 573,30\ francs \end{array}$$

2. **Remises quantitatives**
   Il s'agit de remises dont le taux varie en fonction des quantités achetées pour une même commande. Ce taux de remise est souvent calculé par tranches, en se fondant sur le prix public conseillé. Les seuils choisis pour les remises ont un caractère incitatif, pour pousser un client potentiel à accroître son volume d'achat prévu, afin de bénéficier d'un meilleur taux.

   Exemple :

   — *de 2 à 10 unités : 15 % de remise sur le prix public*
   — *de 11 à 50 unités : 25 %*
   — *plus de 50 unités : 30 %*

3. **Remises spécifiques**
   Ces remises sont très diverses. Il est impossible d'en établir une liste exhaustive, car un directeur commercial peut toujours en créer de nouvelles pour développer son chiffre d'affaires. Citons-en quelques-unes : remise pour commande d'avant-saison (ou d'arrière-saison), remise pour un premier référencement en centrale d'achats, remise d'exclusivité, etc.

II-2 Marges, coefficient multiplicateur

Une marge exprime une différence entre un volume de recettes, provenant des ventes, et un ensemble de coûts. Le nom des marges change en fonction de la nature des coûts considérés (voir Fiche technique 9-5).

Fiche technique 9-5 : Les marges

Le calcul d'une marge commerciale concerne essentiellement les entreprises de la distribution : grands magasins, détaillants, hypermarchés, etc. Le Plan comptable indique que cette marge se calcule pour les entreprises qui achètent et revendent une marchandise « en l'état ». C'est sur cette marge que le distributeur paie les salaires, les frais généraux, les amortissements, etc.

Marge commerciale unitaire = Prix de vente (HT) — Prix d'achat des marchandises vendues (HT)

La négociation entre la force de vente des fabricants et les distributeurs porte principalement sur le taux de marque ou le coefficient multiplicateur. Ces ratios sont les indicateurs-clés de la rentabilité d'un distributeur. Le taux de marque indique le poids de la marge commerciale, par rapport au prix de vente. Le coefficient multiplicateur se déduit du taux de marque. Il joue un rôle pratique pour le distributeur : le produit peut ainsi être mis directement en rayon avec son prix de vente TTC, à partir de la connaissance du prix d'achat, généralement exprimé HT sur les factures.

$$\text{Taux de marque} = \frac{\text{Marge commerciale}}{\text{Prix de vente public (HT)}}$$

$$\text{Coefficient multiplicateur (TTC)} = \frac{\text{Prix de vente public (TTC)}}{\text{Prix d'achat (HT)}}$$

La marge sur coûts variables indique dans quelle mesure chaque produit de l'entreprise contribue à la couverture de la masse de frais fixes (c'est-à-dire les frais indépendants de l'activité de production) de l'entreprise[3]. Cette marge permet de suivre la rentabilité de chaque produit de l'entreprise.

Marge sur coûts variable unitaire
- = Prix de vente (HT) — Coûts variables directs (= Matières premières + Frais de personnel)
- = Contribution à la couverture des frais fixes

[3] Pour approfondir, voir LECLERE (D.) — **Comptablité analytique**, Eyrolles-Université, 1990.

Certaines marges font l'objet d'âpres négociations entre la force de vente de l'entreprise et les distributeurs. D'autres reflètent une structure de coûts propre à chaque entreprise : ces indicateurs sont précieux pour la gestion financière.

II-3 Seuil de rentabilité

Le seuil de rentabilité, ou point mort, correspond au chiffre d'affaires (en valeur ou en volume) que doit réaliser l'entreprise pour atteindre l'équilibre financier : ni perte, ni profit. La Fiche technique 9-6 indique une méthode simple de détermination du point mort. La connaissance de ce seuil permet au marketing de calculer la part de marché à atteindre pour arriver à l'équilibre. C'est un indicateur précieux pour le choix d'une cible (voir Chapitre 5), et tout particulièrement lorsque l'on travaille sur des créneaux étroits. Par exemple, on peut s'apercevoir ainsi que, pour arriver à l'équilibre, il faudrait pouvoir convertir 90 % du potentiel de ventes offert par le créneau, en ventes effectives.

Fiche technique 9-6 : Le seuil de rentabilité

Exemple :

Une entreprise évalue son marché potentiel à 500 000 unités par an. Sur ce créneau, la concurrence est faible. La comptabilité analytique de l'entreprise montre que le coût des matières premières et de la main-d'œuvre est de 80 francs, par unité produite. L'ensemble des frais de structure (administration, location du siège social, amortissement, etc.) est de 1,6 million de francs. L'étude de la concurrence montre qu'il est possible de vendre 120 francs HT chaque unité. A ce prix, on devrait pouvoir obtenir 10 % du marché global, 20 % serait un seuil maximum. Le prix de vente fixé est-il suffisant pour atteindre l'équilibre ?

Solution :

Il faut calculer la marge sur le coût variable unitaire. Soit 120 francs (prix de vente) — 80 francs (coût variable d'une unité) = 40 francs. On divise ensuite les frais fixes par cette marge, pour obtenir le seuil de rentabilité: 1 600 000/ 40 = 40 000 unités à vendre. La part de marché que l'on compte obtenir est : 10 % de 500 000 = 50 000 unités. Donc l'opération sera rentable puisqu'il suffit de vendre 40 000 unités pour atteindre l'équilibre. Le point mort, exprimé en part de marché, est égal à : 40 000/ 500 000 = 8 %.

Malheureusement la connaissance du seuil de rentabilité n'est pas aisée à obtenir. Une hypothèse nécessaire au calcul est que l'entreprise ne doit fabriquer qu'un seul produit. Dans le cas contraire, il faut répartir les frais fixes sur chaque type de produit, mais on n'obtient que des points morts partiels. D'autre part, les charges variables ne sont que rarement strictement variables : elles ne le sont qu'entre certains paliers de production. En conséquence, le point mort ne constitue qu'un repère pour la fixation du prix de vente.

		PUBLICITÉ	
		Faible	Forte
PRIX	Fort	Ecrémage progressif	Ecrémage rapide
	Faible	Pénétration progressive	Pénétration rapide

Figure 9-1 : Prix et publicité

II-4 Délais de règlement

Les conditions de vente précisent le délai de règlement des achats. Généralement, si le règlement est effectué comptant, le fabricant propose un escompte : c'est une remise « financière ». La plupart du temps, l'achat est payable à 30, 60 ou 90 jours après la livraison. Ces délais de règlement font partie de la négociation commerciale. Pour le fabricant, l'accord de délais de règlement trop longs comporte des incidences financières négatives : cela accroît le besoin en fonds de roulement[4], et donc diminue la trésorerie disponible.

III — TACTIQUES DE PRIX ET MARKETING-MIX

Les contraintes résultant du comportement du consommateur et des éléments financiers orientent la fixation du prix de vente. Elles doivent être complétées par une bonne cohérence entre le prix et les autres variables du marketing-mix. Ces liens tactiques entre le niveau de prix et les autres variables sont successivement présentés dans les paragraphes suivants.

III-1 Prix et publicité

En prenant en considération la variable publicité, les auteurs considèrent que l'entreprise a le choix entre deux options tactiques pour la fixation du prix de vente : l'écrémage ou la pénétration. La Figure 9-1 présente le schéma classique qui découle de cette analyse.

La **tactique d'écrémage** consiste à fixer d'emblée un niveau de prix public rémunérateur pour l'entreprise et pour le distributeur. La marge unitaire est élevée, mais les

[4] Pour plus d'informations, voir VIZZAVONA (P.) — **Initiation à la gestion**, Atol Éditions, 1984.

perspectives de ventes sont limitées à court terme. Sur le plan financier, cette tactique correspond à une volonté de pouvoir récupérer rapidement les fonds investis. Ce type de tactique est généralement utilisé pour le lancement d'un produit nouveau doté d'une innovation technologique majeure.

La Figure 9-1 montre qu'il existe deux options, en fonction du niveau de la pression publicitaire : l'écrémage rapide et l'écrémage progressif. Si la capacité de réaction de la concurrence est rapide, l'écrémage rapide est préférable. Il permet de récolter rapidement les dividendes d'une stratégie d'innovateur. Le fort volume de dépenses publicitaires accélère la diffusion et l'adoption de l'innovation par la cible visée. Les magnétoscopes, le lecteur de compact-disc laser sont des exemples de produits pour lesquels les entreprises ont largement utilisé cette tactique. En revanche, si les possiblités de réactions de la concurrence sont limitées, l'écrémage progressif est préférable. C'est le cas, par exemple, lorsque le produit est complexe ou protégé par un solide brevet. Les logiciels « sur mesure » des sociétés de services informatiques, la carte à mémoire illustrent cette seconde option.

La **tactique de pénétration** vise une optique de conquête rapide du marché, en proposant un prix de vente faible. Cette tactique suppose qu'il existe de fortes économies d'échelles (i.e. baisse du coût unitaire de production obtenu par allongement des séries), liées à l'augmentation de la production. On suppose d'autre part que la réaction des concurrents sera rapide. Si l'on dispose d'un budget publicitaire élevé, l'objectif est d'obtenir une pénétration massive du marché : Bic, pour l'introduction du rasoir jetable, Moulinex, pour le lancement du sèche-cheveux, ont suivi cette approche. Le Flash marketing 9-2 montre que Sony utiliserait une tactique de pénétration massive pour le lancement du « Data-Discman ». La pénétration progressive correspond souvent à une politique de produit de bas de gamme, visant des marchés saturés. Les pays nouvellement industrialisés ont largement pénétré le marché de la confection, grâce à ce type de tactique.

III-2 Prix et distribution

La fixation du prix doit être cohérente avec la tactique adoptée pour la distribution du produit. D'une manière générale l'entreprise a le choix entre deux options.

La **tactique pull**[5] consiste à faire « tirer » les ventes par l'aval, c'est-à-dire par la demande du consommateur (voir Figure 9-2).

La réussite de cette tactique suppose que plusieurs conditions soient remplies. Tout d'abord, la marque doit bénéficier d'une forte notoriété et d'une bonne image de marque auprès de la cible visée. Cela est obtenu par une pression publicitaire élevée, généralement supérieure à la moyenne des concurrents. Le consommateur « demande » la marque au distributeur ; celui-ci se tourne alors vers le fabricant pour passer commande. En schématisant à l'extrême, l'entreprise « oblige » le distributeur à référencer sa marque en tenant le raisonnement suivant :
« Grâce à l'importance de notre campagne publicitaire, vous êtes assuré de vendre de grandes quantités de notre marque. Notre marque est "pré-vendue". De plus, le

[5] Nous préférons utiliser le terme « tactique », plus approprié, plutôt que celui de « stratégie » retenu par KOTLER (P.) et DUBOIS (B.), op. cit. Cependant notre approche suit de près la leur.

Flash marketing 9-2 : Le lancement du « Data-Discman »

« En lançant le Data-Discman, un "baladeur de bouquins", Sony réaffirme son intérêt pour les produits culturels. De quoi faire frétiller — et frémir — les éditeurs. A la dernière Foire du livre de Francfort, on a vu les hommes de Sony arpenter les allées avec un drôle de petit appareil au creux de la main. Muni d'un clavier alphanumérique, de six touches de fonction (recherche par mots clés, accès à des menus, rubriques) et d'un petit écran à cristeaux liquides, ce livre électronique permet, où l'on veut quand on veut, la lecture immédiate d'ouvrages enregistrés sur un mini-disque optique. L'équivalent de 100 000 pages de texte par disquette, soit plus de 300 livres de poche. Résolument grand public, le Data-Discman, distribué seulement au Japon, coûte 350 dollars. Cette approche "bon-marché" exclut la possibilité d'afficher des images (...) Six mois après le lancement, plus de 50 000 Data-Discman sont déjà vendus au Japon, dans les boutiques d'électronique, mais aussi dans les (bonnes) librairies. Un trentaine de livres sont actuellement disponibles, dont plusieurs dictionnaires, des renseignements sur les 2 500 premières entreprises japonaises, une liste de 9 000 médicaments et leur mode d'emploi, les 15 000 auberges et hôtels nippons (...) A des prix variant entre 15 et 30 dollars. Sony s'est empressé de signer des contrats d'exclusivité avec une trentaine de maisons d'édition (...) Il s'agit en fait de verrouiller le marché et d'éviter qu'un concurrent n'essaye d'imposer un autre format. »

Source : MAURICE (A.) — **Science et Vie Économie**, n° 70, mars 1991, p. 113.

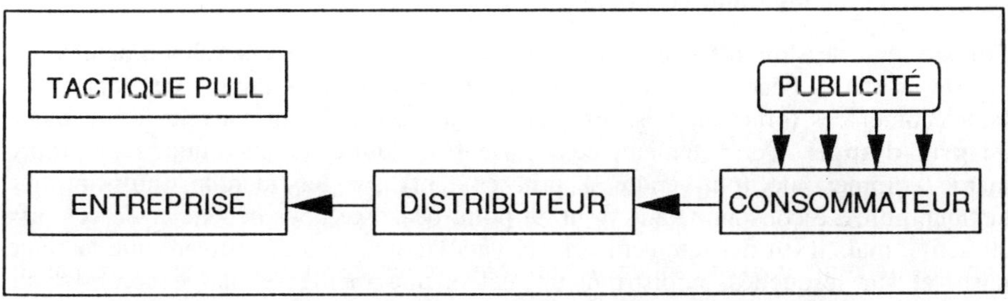

Figure 9-2 : La tactique « Pull »

consommateur connaît bien les caractéristiques de la marque, vous ne perdrez pas de temps à expliquer à l'acheteur les avantages offerts par notre marque .

Lorsque le produit est vendu en libre-service, le consommateur identifie rapidement la marque dans les rayons. La tactique pull conduit fréquemment le fabricant à proposer au distributeur un taux de marque plus faible que les concurrents, pour préserver son équilibre financier : les fortes dépenses de publicité du fabricant sont compensées par un plus faible taux de remise accordé au distributeur. De son côté, le distributeur compense le faible taux de marque par l'assurance d'un plus grand volume de ventes découlant de la publicité du fabricant (voir Figure 9-4).

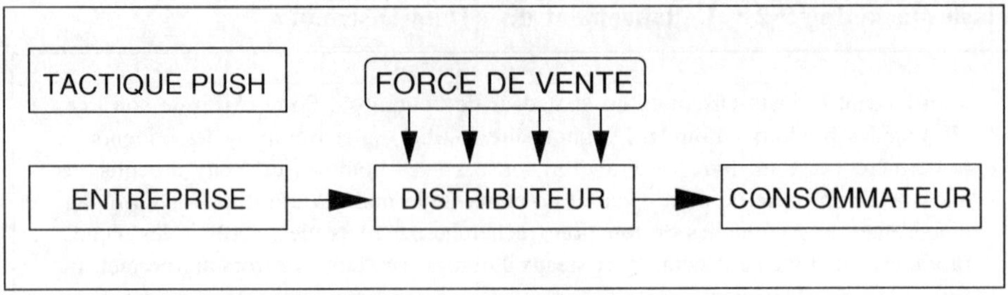

Figure 9-3 : La tactique « Push »

La **tactique push**[6] (voir Figure 9-3) consiste à « pousser » les ventes de l'amont (le fabricant), vers l'aval (le consommateur).

Le distributeur joue un rôle-clé pour la réussite de cette tactique. La marque du fabricant ayant une notoriété et une image moins nette que ses concurrents, c'est le distributeur qui doit la mettre en avant auprès des consommateurs. L'argumentation de la force de vente du fabricant consiste à « allécher » le distributeur par la perspective de taux de marque supérieurs à ceux de la concurrence. En contrepartie, le distributeur devra passer plus du temps avec ses propres clients, pour expliquer les avantages de la marque. Le fabricant qui utilise cette tactique dispose généralement de faibles budgets publicitaires. Pour le distributeur, la forte marge commerciale unitaire proposée n'entraîne pas forcément une marge commerciale totale plus élevée qu'avec une tactique pull (voir Figure 9-4).

Compte tenu de l'importance de leur volume de ventes, les centrales d'achats des grandes surfaces bénéficient de fortes remises quantitatives auprès des fabricants. Pour écouler ces forts volumes, les grandes surfaces utilisent souvent la technique du **prix d'appel**. Concrètement, cela revient à réduire au maximum leur propre marge commerciale (ou vendre à prix coûtant) sur les marques utilisant une tactique pull. Le consommateur vient au point de vente pour bénéficier de ces prix attractifs, mais il est discrètement orienté vers les marques qui suivent une tactique push, et sur lesquelles le distributeur réalise une meilleure marge commerciale unitaire.

III-3 Prix et gamme de produit

Avec une gamme de produits relativement large, le fabricant doit harmoniser les prix de la gamme de façon cohérente. Généralement chaque produit de la gamme s'adresse à une cible différente : le prix de vente doit être conforme aux attentes de chaque cible, et compétitif par rapport à celui des concurrents. D'autre part, la gamme doit être globalement rentable.

---

[6] Nous préférons utiliser le terme « tactique », plus approprié, plutôt que celui de « stratégie » retenu par KOTLER (P.) et DUBOIS (B.), op. cit. Cependant notre approche suit de près la leur.

TACTIQUE PULL	
FABRICANT	DISTRIBUTEUR
Prix public conseillé (HT) 100 francs - Remise au distributeur (15%) - 15 francs	Prix public conseillé (HT) 100 francs - Prix facturé au distributeur - 85 francs
= Prix facturé au distributeur 85 francs	
- Publicité (12% du CA) - 10 francs - Coût variable unitaire - 62 francs	= Marge commerciale unitaire 15 francs x Quantités vendues 6 000
Marge brute unitaire = 13 francs x Quantités vendues 6 000	= Marge commerciale totale = 90 000 francs
= Contribution aux frais fixes 78 000 francs	

TACTIQUE PUSH	
FABRICANT	DISTRIBUTEUR
Prix public conseillé (HT) 100 francs - Remise au distributeur (20%) - 20 francs	Prix public conseillé (HT) 100 francs - Prix facturé au distributeur - 80 francs
= Prix facturé au distributeur 80 francs	
- Publicité (1% du CA) - 1 francs - Coût variable unitaire - 62 francs	= Marge commerciale unitaire 20 francs x Quantités vendues 3 000
Marge brute unitaire = 17 francs x Quantités vendues 3 000	= Marge commerciale totale = 60 000 francs
= Contribution aux frais fixes 51 000 francs	

Figure 9-4 : Impact financier des tactiques Pull et Push

L'entreprise peut jongler avec les prix de certains modèles de sa gamme, en fonction d'objectifs stratégiques. Voici quelques exemples illustratifs :

— Début 1990, la gamme 405 Peugeot est constituée d'un modèle de base vendu à un prix attractif, par rapport aux prix de la concurrence : c'est la 405 GL 1,3 vendue légèrement moins chère que son modèle concurrent la Renault 21 TL : 74 800 francs contre 75 200 francs. Ce prix attractif est un prix d'entrée pour la gamme 405 : « Offrez-vous la qualité d'une 405 Peugeot, à ce prix-là ce n'est pas du luxe.... ». Le modèle de base, bien que dépouillé d'options, n'offre au constructeur qu'une marge unitaire réduite. Le rôle du concessionnaire est d'argumenter auprès du client potentiel pour le pousser vers les modèles du milieu de gamme : « Avec 6 000 francs de plus, vous disposeriez d'une motorisation et d'un équipement nettement plus adaptés aux qualités du véhicule : la 405 GL1,6, à 81 600 francs, vous convient tout à fait ». La comparaison avec le modèle équivalent chez Renault est maintenant nettement à l'avantage de Renault : la 21 TS coûte 80 000 francs, soit 2 % moins cher que la 405 GL1,6. Sur tout le reste de la gamme on retrouve des écarts de prix en faveur de Renault. Le modèle de base de chez Peugeot joue ainsi le rôle d'un prix d'appel pour le reste de la gamme 405, sur laquelle les marges unitaires sont meilleures.

— Inversement, Salomon a lancé durant la saison 1990/91 son ski avec un positionnement prix délibérément tourné vers le haut de gamme. A plus de 3 000 francs, il est environ 10 % plus cher que le haut de gamme de chez Rossignol. Les fondements stratégiques de ce choix sont la volonté d'asseoir d'entrée une image de ski de qualité, en avance technologiquement sur la concurrence. Dans un premier temps, on « écrème » la cible (bons et très bons skieurs) ; puis progressivement, au cours des saisons suivantes, on déclinera la gamme vers le bas. La cohérence avec le positionnement de qualité recherché amènera Salomon à fixer à chaque fois des prix légèrement supérieurs à ceux des modèles équivalents de la concurrence.

SYNTHÈSE DU CHAPITRE

La gestion des prix impose de concilier plusieurs contraintes : le respect des attentes des consommateurs ciblés, la préservation des équilibres financiers de l'entreprise et des distributeurs, la compétitivité au regard des prix des concurrents.

Le consommateur établit une relation entre le prix et la qualité perçue d'une marque dans un nombre limité de cas, notamment lorsqu'il s'agit d'un consommateur peu familier avec un produit, et lorsque l'achat présente un caractère impliquant. Mais, dans la réalité, c'est surtout la réputation de la marque qui joue un rôle important pour refléter la qualité perçue du produit.

Les contraintes financières conduisent à proposer au distributeur un prix de vente qui lui offre une marge commerciale suffisante, tout en assurant la rentabilité à long terme de l'entreprise.

L'entreprise dispose de plusieurs tactiques, fondées sur la cohérence des variables du mix, afin de concilier ces différentes contraintes.

BIBLIOGRAPHIE

(1) BARANGER (P.) et al. — **Gestion**, Vuibert-Gestion, 1985.

(2) CHEVALIER (M.) — **Fixation des prix et stratégie marketing**, Dalloz-Gestion, 1977.

(3) GRIFFITHS (S.) — **Gestion financière**, Eyrolles-Université, 1990.

(4) TASSINARI (R.) — **Le rapport qualité/prix**, Éd. d'Organisation, 1985.

TEST DE CONNAISSANCE

Choisir une seule réponse par question :

Q1 — Un fabricant conseille à son distributeur un prix de 10 francs (HT). Il pratique sur ce prix, 2 remises en cascade, de 10 % chacune. Le prix net facturé au distributeur sera égal à :

1. 9 francs
2. 8,10 francs
3. 8 francs

Q2 — En reprenant les mêmes informations qu'à la question précédente, le taux de marque du détaillant sera, s'il suit la recommandation du fabricant :

1. 19 %
2. 20 %
3. 23 %

Q3 — Un très bon joueur de tennis teste une nouvelle marque de raquette dont il n'a jamais entendu parler. Le prix proposé pour la raquette est supérieur à celui des marques concurrentes. Après l'essai, il est probable que le joueur :

1. n'aura guère d'idée sur la qualité technique de la raquette
2. considérera plutôt que la qualité est bonne, parce qu'il juge son prix élevé
3. aura une idée précise de la qualité technique, indépendante du prix jugé élevé

Q4 — Un fabricant de montres prestigieuses, vendues chez les bijoutiers à un prix minimum de 5 000 francs, songe à élargir sa cible actuelle. Quelle serait, à long terme, la meilleure solution :

1. baisser de 50 % le prix actuel de sa gamme
2. faire une offre spéciale « -50 % » pendant 15 jours »
3. lancer une collection plus jeune, vendue 50 % moins cher, tout en conservant les prix et les modèles de la gamme actuelle

Q5 — Un fabricant de logiciel conseille un prix public (HT) de 8 000 francs à ses revendeurs ; sur ce prix, les détaillants bénéficient d'une remise moyenne de 40 %. Sachant qu'il a été vendu 1 000 logiciels, le chiffre d'affaires (HT) du fabricant est de :

1. 8 millions de francs
2. 6,4 millions de francs
3. 4,8 millions de francs

Réponses : Q1 = 2 ; Q2 = 1 ; Q3 = 3 ; Q4 = 3 ; Q5 = 3

CHAPITRE 10
COMMUNICATION

Objectifs et articulation du chapitre

Pour respecter la terminologie usuelle des « 4 P », on aurait dû parler de « promotion », plutôt que de communication. Le choix du terme de « communication » permet d'insister sur la notion de transmission d'un message à un acheteur potentiel. Ce message cherche à faire évoluer favorablement une mémorisation, une motivation ou une attitude, en vue de provoquer un comportement, matérialisé généralement par un achat. A l'inverse, le mot « promotion », plus restrictif, est focalisé sur l'obtention d'un résultat rapide, généralement l'accroissement du chiffre d'affaires de l'entreprise.

La publicité et les techniques de promotion des ventes forment les deux branches majeures de la communication. Les relations publiques et le sponsoring, bien que faisant partie de la communication, sortent du cadre de cet ouvrage ; la force de vente, autre forme de communication, sera traitée dans le chapitre sur la distribution, parce qu'elle est en relation directe avec les distributeurs.

Il est utile d'avoir relu le Chapitre 3, avant d'aborder celui-ci. Au terme de ce chapitre, vous pourrez apprécier et juger la qualité d'un message publicitaire. Vous connaîtrez aussi les principales techniques de promotion des ventes.

I — THÉORIES DE LA COMMUNICATION

I-1 Concepts de base

Communiquer consiste à transmettre un message à un partenaire. Les auteurs distinguent traditionnellement l'émetteur du message et le récepteur (voir Figure 10-1). En marketing, c'est généralement l'entreprise qui est l'émetteur du message, et la cible qui en est le récepteur. Le message est véhiculé par un canal. Ce canal peut être matérialisé par une chaîne de télévision, une affiche, un vendeur ou encore une offre gratuite d'essai.

Pour établir une bonne communication, plusieurs difficultés doivent être résolues :

— sélectionner la bonne cible : c'est le rôle de la stratégie marketing (voir Chapitre 5).

— choisir un support de communication performant : c'est l'objectif du **média-planning** (voir paragraphe II-4).

— transmettre le « bon » message : c'est nettement plus délicat ! Implicitement, cela revient à préciser l'objectif assigné à la communication. Que veut-on faire : Attirer l'attention des acheteurs potentiels ou convaincre un consommateur d'acheter sans délai une marque donnée ?

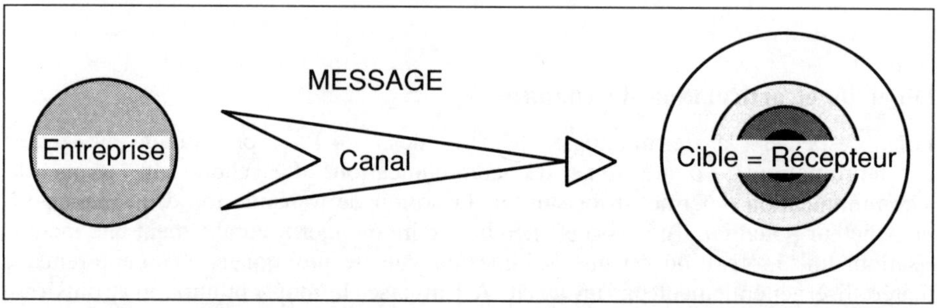

Figure 10-1 : Principe de la communication

Un grand nombre de théories cherchent à définir les conditions d'une communication efficace. Brochand et Lendrevie[1] notent que la plupart des théories explicatives privilégient l'un des deux axes suivants : susciter l'attention ou persuader l'acheteur potentiel. Cela les amène à dire qu'un message efficace doit, au minimum, pouvoir capter l'attention du récepteur et développer une force de persuasion. A leur suite nous allons présenter les principales théories de la communication, en reprenant leur approche, illustrée par la Figure 10-2.

COMMMUNICATION EFFICACE = RETENIR L'ATTENTION X FORCE DE PERSUASION

Figure 10-2 : Efficacité de la communication

[1] BROCHAND (B.) et LENDREVIE (J.) — **Le Publicitor**, Dalloz-Gestion, 1989.

I-2 Capter l'attention du consommateur

Le consommateur est exposé à une quantité importante de messages publicitaires ; on estime qu'aux USA, l'exposition est comprise entre 300 et 600 messages par jour. Pour se protéger contre cette « overdose » d'informations, l'attention du consommateur est sélective. Avant d'être effectivement décodée, l'information doit passer préalablement au travers de plusieurs filtres. Le consommateur accorde en priorité son attention à l'information jugée utile pour résoudre un problème quelconque. Si l'achat d'un produit présente un caractère impliquant (voir paragraphe I du Chapitre 3), le consommateur est réceptif aux informations concernant le produit en question. En d'autres termes, bon nombre d'auteurs pensent qu'il est indispensable que le consommateur se sente un minimum impliqué par l'achat pour qu'une publicité puisse retenir son attention. C'est ce qu'on appelle la théorie de l'**implication minimale**, développée notamment en France par Laurent et Kapferer. Cette absence d'implication serait une cause majeure de la grande mortalité des messages publicitaires : sur les 300 à 600 messages reçus quotidiennement, seuls 30 à 76 sont effectivement décodés par le consommateur.

Lorsque l'achat est jugé impliquant, le consommateur accorde une grande importance à la réputation de la marque. Les croyances sont fortement ancrées et fondées sur une solide recherche d'informations. La publicité constitue une de ces sources. Si l'achat ne présente pas de caractère impliquant, la publicité doit chercher à dramatiser les conséquences d'un « mauvais choix », par exemple en attirant l'attention du consommateur sur un attribut qu'il négligeait auparavant.

> La poudre à récurer Cif, fabriquée par Lever, a longtemps communiqué en dramatisant les conséquences d'un mauvais choix : « Savez-vous ce que subit votre émail, si vous utilisez une poudre ordinaire ? » La publicité montre alors, sur une patinoire, un patin à glace tournant comme une toupie affolée. Puis, sur l'image suivante, apparaît un ongle féminin effleurant avec grâce le rebord d'une baignoire, « récurée avec Cif, la poudre qui respecte l'émail ».

La théorie de la **dissonance cognitive**, proposée par Festinger, complète la théorie précédente. Elle concerne l'achat jugé risqué (voir paragraphe I du Chapitre 3), et, d'une manière plus générale, tout achat à caractère impliquant. La dissonance cognitive représente un état de tension qui suit, ou précède, l'achat du produit impliquant ; elle atteint un niveau extrême, si le consommateur est confronté à des informations contradictoires avec son attitude ou son comportement préalable. Par exemple, si avant l'achat d'une nouvelle voiture, un ami jugé compétent dénigre totalement la marque que l'on s'apprête à acheter, un état de doute intense s'installe : « Vais-je faire le bon choix ? ». De même, après l'achat, le consommateur inquiet, cherche à se conforter dans son choix.

Les conséquences publicitaires sont importantes. Le consommateur est très réceptif aux informations qui le confortent dans ses croyances initiales vis-à-vis de la marque ou du produit. L'attention portée à la publicité est grande avant, mais aussi, juste après l'achat. La communication doit donc chercher à rassurer le consommateur, pour réduire ou prévenir toute dissonance. La référence aux leaders d'opinion, le témoignage d'acheteurs satisfaits, le rappel de la position de leader de la marque permettent de limiter la dissonance cognitive.

> Toyota rassure les acheteurs sur la robustesse de la marque, en montrant qu'il n'est pas nécessaire de disposer d'un garagiste à proximité, si l'on possède une Toyota. Voici le texte d'une des publicités parues dans la presse magazine : « Scott base (Pôle Sud) : 12 habitants,

un gros porteur, une Toyota, et toujours pas de garagiste. Sur ce continent de 13 millions de km², où la température moyenne est de −65° en juillet, le choix d'une voiture est vital. Donc, si les chercheurs de la base ont opté pour une Toyota, c'est qu'ils savaient qu'ils ne se tromperaient pas. » Alors, Monsieur-tout-le monde peut dormir tranquille, Toyota c'est vraiment robuste !

I-3 Convaincre le consommateur

Il existe deux manières de convaincre le consommateur : en utilisant une démarche rationnelle, ou en déployant une capacité de séduction. Ce clivage théorique se retrouve dans la communication publicitaire.

La première approche fait l'hypothèse que le consommateur suit un raisonnement logique pour choisir une marque. La communication se doit d'être pédagogique pour faciliter ce choix. Elle s'articule autour d'une argumentation du type : « Parce que nous connaissons vos besoins, nous pouvons les satisfaire ». Il faut démontrer que la marque est supérieure à ses concurrentes sur les critères de choix que le consommateur considère. Dans ce cas, une publicité est efficace, si elle est informative et crédible.

Philips utilise cette approche pour vendre sa gamme de micro-ordinateurs, en montrant, point par point, que ces PC sont conçus pour satisfaire toutes les attentes des consommateurs. L'argumentation se fonde sur un système de questions-réponses. « Vous souhaitez plus de puissance ? notre 486 a toutes les capacités nécessaires pour devenir le centre nerveux de grands réseaux locaux. Vous vous déplacez souvent ? tous nos portables allient vitesse, puissance et compacité ; par exemple, les PCL 200 ne pèsent que 3 kilos et sont moins encombrants qu'une feuille A4 ».

La **théorie de l'apprentissage** s'inscrit dans le courant précédent, mais elle postule, de surcroît, que le consommateur est un être passif. En conséquence, il est possible de lui faire apprendre « une autre logique », en respectant un schéma mécanique, fondé sur une progression par étapes. Il existe différents modèles d'apprentissage ; la Figure 10-3 présente les deux principaux.

Pour le publicitaire, l'idéal est d'obtenir une réponse-réflexe, à partir d'un stimulus quelconque. Le stimulus prend plusieurs formes : il peut être lié à une musique, un slogan, une couleur, etc. L'efficacité d'une publicité vient de sa répétition. C'est en sens que l'on peut parler de « conditionnement » du consommateur.

Heineken utilise une communication publicitaire de ce type. La construction de ses films publicitaires s'articule autour de plusieurs stimuli qui ont pour but commun de créer une simple association : « Une bière ? c'est Heineken ». La reconnaissance de la marque est rapide : elle est déclenchée par les premières notes du thème musical « Every kind of people... », véritable stimulus initial. Les couleurs pastels, la variété des personnages présents dans le pub, les scènes très brèves contribuent à créer des associations visuelles fortes avec la marque. Le slogan final est invariable, « Heinenken, la bière qui fait aimer la bière ». L'importance du budget publicitaire permet une répétition fréquente du message, favorisant ainsi l'apprentissage de la communication.

La deuxième approche part du principe qu'une publicité ne convaincra le consommateur que si elle cherche à le séduire. Une bonne communication publicitaire suggère, évoque, mais ne doit pas démontrer. L'éventail des principes de séduction est large. Certains se fondent sur une approche psycho-sociale pour donner à la marque les signes d'un groupe valorisant ou pour lui conférer une personnalité forte ; d'autres préconisent l'utilisation du rêve, du mystère ou de l'anticonformisme pour séduire l'acheteur.

Modèles d'apprentissage	AIDA	Hiérarchie des effets
Niveau cognitif	Attention (attirer) ↓	Notoriété ↓ Connaissance ↓
Niveau affectif	Intérêt (provoquer) ↓ Désir (susciter)	Appréciation ↓ Préférence ↓
Niveau conatif (comportemental)	↓ Achat (déclencher)	Conviction ↓ Achat

Source : PRAS (B.) et TARONDEAU (J.C.) — **Comportement de l'acheteur**, Sirey, 1981.

Figure 10-3 : Modèles d'apprentissage

Cartier décline sur l'ensemble de ses produits une communication fondée sur l'exception. Les Must représentent une « obligation » pour montrer que l'on appartient à une classe sociale prestigieuse et rare. La montre « Pasha » est une montre d'exception, « façonnée dans un lingot d'or ». La création en joaillerie se présente simplement comme « l'art d'être unique », symbole d'un art inégalable.

II — PUBLICITÉ

II-1 Marché publicitaire

L'IREP (Institut de recherche et d'études publicitaires) fournit régulièrement des statistiques permettant de suivre l'évolution du marché publicitaire français. La Figure 10-4 montre qu'il s'agit d'un secteur porteur dont le rythme moyen de croissance est supérieur à 10 % par an. Mais pour les dépenses publicitaires par habitant, on constate que le marché publicitaire français est assez en retard par rapport aux pays anglo-saxons : en 1986, selon l'IREP, la dépense publicitaire par habitant était de 810 francs pour la France, contre plus de 4 000 francs pour les USA.

En ventilant les dépenses globales sur chacun des cinq grands médias, on constate que la part de la télévision tend à s'accroître sensiblement, au détriment de la radio et du cinéma. Cette tendance s'amplifie depuis l'arrivée des télévisions commerciales : en 1986 la télévision ne représentait 19 % des recettes publicitaires, contre près de 25 % en 1990.

Années	Dépenses publicitaires (en milliards de francs courants)	Évolution annuelle	Répartition en pourcentage des recettes publicitaires dans les grands médias				
			Presse	Télévision	Affichage	Radio	Cinéma
1988	58,3	+ 12,0%	55,7	24,5	11,7	7,2	0,9
1989	65,0	+ 11,5%	56,3	24,6	11,5	6,8	0,8
1990	70,2	+ 8,0%	56,1	24,8	11,7	6,6	0,8

Source : IREP — **Le marché publicitaire français**, Paris, 1991.

Figure 10-4 : Le marché français de la publicité

II-2 Annonceur

L'annonceur est une organisation (entreprise, administration, association) qui achète un espace publicitaire pour y insérer un message payant. Chaque annonceur détermine le volume de son budget publicitaire, puis le confie généralement à une agence de publicité chargée de le gérer. Le choix d'une agence de publicité est une question délicate, comme le révèle le Flash marketing 10-1.

La détermination du montant du budget publicitaire suit, la plupart du temps, des règles simples. La plus utilisée consiste à consacrer à la publicité, un pourcentage moyen du chiffre d'affaires, par référence à ce que font les concurrents. On dispose généralement des scores moyens par secteur d'activité. Par exemple, certains secteurs comme les soft-drinks ou la bière consacrent environ 10 % de leur chiffre d'affaires à la publicité, les parfums de 10 à 20 %. Mais dans l'ensemble, les chiffres moyens sont plus modestes : 2 à 3 % pour les biens de grande consommation, environ 1 % pour les biens industriels.

Trois catégories d'annonceurs dominent le marché publicitaire : le secteur automobile, l'hygiène-entretien et les grandes surfaces. Les chiffres de la Figure 10-5 sont établis par Sécodip, à partir de *piges* publicitaires : c'est la reconstitution d'un budget publicitaire, obtenu par une comptabilisation permanente de toutes les annonces publicitaires passées dans les cinq grands médias.

II-3 Agence de publicité

Il est rare que l'annonceur réalise lui-même sa publicité, car il est admis que l'indépendance et la variété des campagnes réalisées par les agences, favorisent la créativité. En conséquence, l'agence de publicité agit comme un prestataire de services : elle crée et fabrique le message publicitaire, puis sélectionne les supports, pour le compte de l'annonceur.

Flash marketing 10-1 : Le choix d'une agence de publicité

« Chaque année, quatre à cinq cents budgets changent d'agence. Conscients de l'enjeu que représente ce choix, les annonceurs font de plus en plus appel aux méthodes de présélection. Les motifs qui justifient ces mouvements sont multiples. Ils concernent aussi bien les résultats obtenus que des changements de partenaires. Il n'est pas rare que le départ d'un homme provoque le déplacement d'un budget. Pas rare non plus qu'un annonceur souhaite travailler avec plusieurs agences. Ils sont 44 % à estimer que la diversification est nécessaire pour créer l'émulation ou pour répartir les risques. Pour choisir l'agence à laquelle il va confier son budget, l'annonceur dispose de plusieurs filières. Il peut être séduit par la qualité d'une campagne ou la notoriété d'un ou plusieurs groupes qu'il ira consulter directement, sans toujours avoir le temps ou les moyens de faire le tour du marché. Il peut aussi se laisser convaincre par la prospection. Les agences, notamment les plus importantes, disposent de démarcheurs officiels ou officieux qui sont rémunérés à la commission, sur la base de 1 %, voire 2 %, parfois 3 %, sur le montant des budgets qu'ils "rabattent" (...) Il existe bien sûr la solution de faire appel aux *spéculatives*, ces sortes de bancs d'essai, gratuits ou rémunérés, qui mettent en compétition plusieurs agences, mais qui sont loin de satisfaire tout le monde. Certaines agences s'y refusent même totalement. A ces voies classiques, s'est ajouté, depuis quelques années, le "conseil en choix d'agences", une formule qui, selon l'étude Ballester, tend à gagner du terrain : 11 % des interviewés y avait recours voici trois ans. Ils sont, aujourd'hui, 24 % à le souhaiter. (...) L'idée consiste à rassembler, en un même lieu, une documentation fournie par les agences qui se présentent sur des bandes vidéo pouvant être visionnées par les annonceurs, sans que ceux-ci aient besoin d'alerter le marché sur leurs recherches. D'une manière rapide et discrète, ils découvrent tout ce qu'il faut connaître sur les agences : leurs réalisations, bien sûr, mais aussi la liste de leurs clients gagnés et perdus, les chiffres d'affaires, etc. (...) »

Source : DALINVAL (M.) — « Comment les entreprises choisissent-elles leur publicitaires », **Figaro-Économie**, 22 juin 1987.

La rémunération des agences se fait généralement au prorata du budget publicitaire traité, sous forme d'une commission, reversée directement à l'agence par les supports sélectionnés. Le taux de commission est de l'ordre de 15 %. Il représente ce qu'on appelle la marge brute de l'agence, c'est-à-dire la différence entre le budget de l'annonceur et la facturation effective des supports publicitaires retenus. La tendance actuelle est à la généralisation d'une rémunération, versée sous forme d'honoraires (création, fabrication), et plus ou moins liée au volume du budget confié à l'agence.

Les agences publicitaires françaises ont connu ces dernières années de nombreux regroupements. Le marché français présente la particularité d'être un des rares marchés occidentaux à ne pas être dominé par des agences nord-américaines. Les deux premières agences RSCG (Roux, Séguela, Cayzac et Goudard) et Publicis sont françaises (voir Figure 10-6). Cependant, à l'échelle mondiale, le poids des agences françaises reste faible.

Annonceurs	Budget 1982 (millions de francs)	Rang	Budget 1986 (millions de francs)	Rang
Renault	238	1	598	1
Procter & Gamble	186	2	258	5
Sopad (Nestlé, ...)	180	3	293	3
Colgate & Palmolive	155	4	256	7
Ford	130	5	291	4
Darty	114	6	134	26
Conforama	112	7	156	20
Hachette	109	8	101	35

Source : Sécodip-pige.

Figure 10-5 : Volume des budgets publicitaires

Groupes	Marge brute 1988 du groupe (en millions de francs)	Marge brute 1987 du groupe (en millions de francs)
1 - RSCG	759	472
2 - Publicis	740	631
3 - HDM	566	368
4 - Bélier WCRS	512	420
5 - BDDP	410	272
6 - Young et Rubicam	359	277
7 - Ogilvy et Mather	252	194
8 - FCAB	241	180
9 - DDB	230	187
10 - Synergie	226	220

Source : Médias — n° 269, 11 mars 1989.

Figure 10-6 : Classement des agences sur le marché français

II-4 Médias et supports

Nous avons déjà indiqué dans le Chapitre 2 la différence entre médias et supports : un média (i.e. la radio) résulte d'un regroupement de supports de même nature (i.e. RTL, Europe 1, RMC, etc.). Le **média-planning** correspond à la répartition du budget de publicité de l'annonceur sur différents types de supports ; il est établi par l'agence de publicité. Le souci de l'agence est de proposer la combinaison de supports la plus efficace possible, pour atteindre les objectifs de la campagne. Ce choix tient compte, bien entendu, du coût de l'espace publicitaire propre à chaque support. Mais ce coût n'a guère de signification en lui-même. La Fiche technique 10-1 récapitule les principaux critères utilisés par les agences pour construire le plan-média d'un annonceur.

Fiche technique 10-1 : Choix des médias et supports

La construction du plan média se fait en deux étapes.

Étape 1 : choix des médias

Les critères de sélection sont de nature qualitative et quantitative. Sur le plan qualitatif, la nature du média joue un rôle important pour déterminer l'impact d'un message. Par exemple, une publicité faite au cinéma a un impact puissant, parce que le grand écran et la captivité des spectateurs permettent d'obtenir une bonne qualité de réception du message. A l'inverse, une publicité passée dans un magazine laisse une trace plus faible. Armand Morgenzstern de l'agence Publicis, propose un indice (le β) représentant le pourcentage de personnes qui se souviennent d'une publicité, après y avoir été exposées une fois. On dispose du β moyen pour chaque média : par exemple, il est de 5 % pour la radio, 10 % pour la presse magazine et de 70 % pour le cinéma. Il faut aussi tenir compte de la nature du produit et de son adéquation avec les caractéristiques techniques du média. La télévision et le cinéma permettent une bonne « mise en situation » des produits ; l'affichage est cohérent pour les messages simples ; la presse quotidienne est bien adaptée à un message à caractère événementiel.

Sur le plan quantitatif, les critères de sélection sont liés à la couverture de la cible par le média (voir paragraphe suivant), et à sa flexibilité (délai de réservation, sélectivité des cibles, budget minima, etc). Par exemple, il est admis que la télévision est un média peu flexible : nécessité d'un budget important (1 million de francs au minimum), réservation assez longtemps à l'avance des écrans publicitaires, déperdition importante des effets (beaucoup de téléspectateurs n'appartiennent pas à la cible).

.../...

Fiche technique 10–1 (suite) : Choix des médias et supports

Étape 2 : Choix des supports

Le choix se fait par comparaison des résultats obtenus par les supports sur une batterie d'indices ; ces derniers sont présentés dans les tableaux suivants :

Audience globale

Presse = nombre de lecteurs ayant lu le support
Radio = nombre d'auditeurs ayant écouté l'émission
TV, cinéma = nombre de spectateurs
Affiche = nombre de personnes passant devant l'affiche

Audience utile

Nombre de lecteurs, auditeurs ou spectateurs appartenant effectivement à la cible visée

Audience nette utile de 2 supports A et B

= Audience utile du support A + Audience utile du support B
— Audience commune à A et B

*Le média-planneur considère surtout la fraction de l'audience du support qui correspond à la cible de l'annonceur : c'est l'*__audience utile__*. Par exemple, pour vendre des produits financiers, l'audience utile de l'*__Expansion__ *sera plus forte que celle de* **France-Soir**.

Contact

Nombre de fois où le message a été vu, lu, ou entendu
NB : parfois appelé ODE (occasion d'entendre) ou ODV (occasion de voir)

Affichage : une même personne passe plusieurs fois devant l'affiche
Presse : le support est lu en plusieurs fois («reprises en main»)
Cinéma, TV, Radio : nombre d'auditeurs ou téléspectateurs effectivement présents lors du passage de la publicité

Contact utile = nombre de contacts réalisés avec les personnes appartenant à la cible

Les informations sur la nature de l'audience sont généralement fournies par chaque support. Elles sont à la base des calculs permettant de déterminer le plan média le plus efficace. Si l'on privilégie l'axe financier, on retiendra le plan média qui minimise le coût au mille utile ; si l'on préfère maximiser l'impact de la campagne, on sélectionnera le plan qui développe le GRP le plus puissant.

.../...

Fiche technique 10–1 (suite) : Choix des médias et supports

Coût du support

$$\text{Coût au mille} = \frac{\text{Prix de la publicité}}{\text{Nombre de contacts}} \times 1\,000$$

$$\text{Coût au mille utile} = \frac{\text{Prix de la publicité}}{\text{Nombre de contacts utiles}} \times 1\,000$$

Couverture du plan

$$\text{Taux de couverture} = \frac{\text{Audience nette utile}}{\text{Effectif de la cible}}$$

$$\text{GRP (Gross Rating Point)} = \frac{\text{Nombre total de contacts utiles}}{\text{Effectif de la cible}}$$

Exemple :

Une cible marketing est composée de 400 000 personnes ; le budget publicitaire est de 60 000 francs. Le média planneur hésite entre 2 supports A et B. Le support A permet 4 insertions, et le support B, une seule.

Supports	Coût de l'insertion (1)	Audience globale	Audience utile	Contacts utiles (2)	Coût/ mille utile [(1)/ (2)] x 1 000
A	15 000 Frs	100 000	80 000	150 000	100 Frs
B	60 000 Frs	600 000	200 000	300 000	200 Frs

Taux de couverture de la cible : $A = 20\% = \left(\frac{80\,000}{400\,000}\right)$; *et* $B = 50\% = \left(\frac{200\,000}{400\,000}\right)$

GRP : $A = 1,5 = \frac{(150\,000 \times 4)}{400\,000}$; *et* $B = 0,75 = \left(\frac{300\,000}{400\,000}\right)$

Le support A est le plus économique et le plus puissant ; le support B offre une meilleure couverture de la cible.

Des publications professionnelles, actualisées chaque année, recensent les tarifs d'insertion d'une publicité dans un support donné : **Tarif-Média**, **Média-Poche**. La Figure 10-7 donne quelques tarifs, à titre illustratif. Il faut noter que ces tarifs changent fréquemment, car ils varient avec l'audience du support. Le CESP (Centre d'étude des supports publicitaires) ou l'OJD (Office de justification de la diffusion de la presse) contrôlent, ou établissent, périodiquement, l'audience des supports.

	PRESSE	TÉLÉVISION	RADIO	CINÉMA	AFFICHAGE
Descriptif	une page en noir et blanc	30 sec, semaine à 20h30	30 sec, semaine à 8h30	1 mn, 359 salles à Paris	825 abribus à Paris, 7 jours
Support	FIGARO	TF1	RTL	MEDIAVISION	JC DECAUX
Coût pour un passage	273 000 Frs	300 000 Frs	42 000 Frs	278 300 Frs	278 850 Frs

Le tableau est construit sur la base des tarifs fournis par **HDM** in supplément à BROCHAND (B.) et LENDREVIE (J.) — **Le Publicitor**, Dalloz-Gestion, 1989.

Figure 10-7 : Tarifs publicitaires selon les supports

II-5 Déroulement d'une campagne publicitaire

La réalisation d'une campagne publicitaire comporte cinq étapes (voir Figure 10-8). Le choix des médias et supports ayant déjà été abordé, nous allons détailler dans ce paragraphe le « *brief-agency* » et la création du message ; le contrôle de l'efficacité sera traité dans le paragraphe suivant.

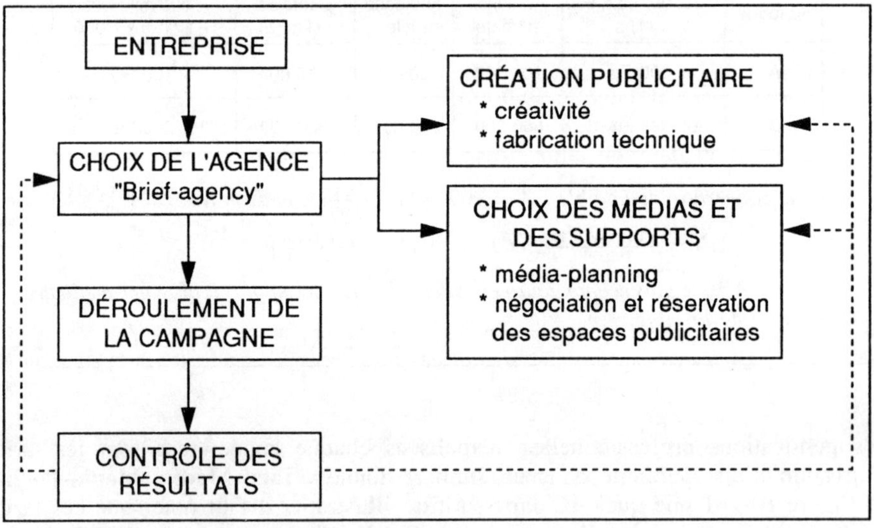

Figure 10-8 : Déroulement d'une campagne publicitaire

Le brief-agency

C'est un document écrit, élaboré par l'annonceur (chef de publicité, chef de produit ou directeur marketing), et destiné à fixer les grandes lignes de la future campagne. Le document résume la stratégie marketing de l'entreprise, sa position concurrentielle, les forces et faiblesses du produit, les cibles visées. Il précise, en outre, les objectifs spécifiques de la communication : par exemple, accroître la notoriété de la marque, développer la fidélité, faire connaître une caractéristique spécifique du produit, etc. Ce document est remis à l'agence de publicité, ou aux différentes agences candidates s'il y a eu un appel d'offres.

La création publicitaire

Un message publicitaire s'analyse à partir de trois éléments :

1. **Axe** : c'est l'argumentation centrale du message. Il répond à la question : « Que veut-on dire ? ». Il s'exprime à travers une **promesse** de base, équivalente au bénéfice que retirera le consommateur de la consommation de la marque : « Soyez beau », « Gagnez du temps ». L'axe doit être distinctif de celui des concurrents et correspondre à une attente forte du consommateur. Il est inutile de mettre en avant un avantage que le consommateur ne recherche pas (voir Chapitre 5, paragraphe III). Logiquement, la promesse doit être « démontrée » par une **preuve** crédible et propre à la marque.

   — « Grâce au Fluor MFP, dont l'efficacité est prouvée par de nombreux tests scientifiques, Colgate donne des dents plus dures et moins de caries. »
   — « La compagnie aérienne Northwest Airlines vous offre un gain de temps de 2 à 4 heures, grâce à une liaison directe Paris-Détroit. »

2. **Thème :** c'est la manière dont on illustre l'axe, pour qu'il soit compris, admis et mémorisé. On peut utiliser un ton particulier (humour, anticonformisme, transposition dans un autre univers, etc.), des symboles (animaux, couleurs), des témoignages (leader d'opinion, prescripteurs).

   — Colgate montre le visage d'un jeune enfant, tout fier de se brosser les dents.
   — Northwest Airlines utilise l'humour pour illustrer le gain de temps offert par la laison directe Paris-Détroit : le slogan affirme que « les voyages, c'est comme les plaisanteries, les plus courts sont les meilleurs », tandis que l'on voit un brave cadre américain s'impatientant à l'aéroport, à cause de l'attente interminable d'un collègue français.

3. **Mise en scène :** c'est la part respective occupée par le texte et l'image, dans le message. La création publicitaire est guidée par un document important, appelé **copy-stratégie**. La copy-stratégie précise ce que la marque devient dans l'esprit du consommateur ($\approx$ image recherchée) au cours du temps. Elle indique le fond du message (ce qu'il doit être), mais pas sa forme. L'agence de publicité la rédige généralement, en collaboration plus ou moins étroite avec l'annonceur. La copy-stratégie sert à fixer les grandes lignes directrices de la création : elle canalise et oriente l'imagination des créatifs. Cependant, son importance est très variable selon les différentes écoles de création. La Figure 10-9 indique la forme de la copy-stratégie selon ces écoles. La théorie de l'USP, privilégiée

	U.S.P. (Unique Selling Proposition) Agence : Ted Bates	P.T.C. (Plan de travail créatif) Agence : Young & Rubicam	STAR-STRATÉGIE Agence : RSCG
Importance de la Copy-stratégie	Grande	Moyenne	Faible ou nulle
Caractéristiques et instructions données à la création	Une seule promesse (bénéfice offert par la marque) Une seule preuve (= raison pour laquelle la promesse sera tenue)	Spécifie la nature du problème à résoudre et le type de réponse que la publicité doit apporter Stratégie créative, privilégiant le concept d'évocation (= idée créative qui fixe l'argumentation centrale du message)	Séduction de la marque Personnalité de la marque (physique, caractère, style)
Liberté laissée à la création	Réduite	Moyenne	Grande

Figure 10-9 : Copy-stratégie et création publicitaire

par les fabricants de produits d'entretien (les « lessiviers »), consiste à retenir un axe unique, bâti sur une promesse simple, justifiée par une preuve solide. A l'inverse, la Star-Stratégie préconise de donner une personnalité à la marque : celle-ci doit séduire, posséder un caractère et un style identifiable.

— Pampers suit l'approche USP. La promesse est attractive : « Avec Ultra, même mouillé, votre bébé reste sec ». La preuve est fournie par la présence de nombreux « micro-capteurs » à pouvoir gélifiant, répartis dans la couche.

— Samsara, le parfum de Guerlain, est une application de la Star-Stratégie. La personnalité du parfum est créée par celle de la femme qui présente le produit : séductrice, envoûtante et mystérieuse ; la couleur rouge, fortement prédominante, accentue la chaleur du message.

L'évaluation de la création publicitaire est délicate. Il est possible de pré-tester l'efficacité du message, notamment lorsque l'annonceur hésite entre deux ou trois messages. Trois catégories de critères sont généralement retenus par les auteurs (voir Figure 10-10).

L'évolution récente de la réglementation française tend à légitimer la publicité comparative, jusque-là interdite. Quels seraient les effets en matière de création publicitaire ? Le Flash marketing 10-2 montre qu'il s'agit d'une arme délicate à manier.

II-6 Contrôle de l'efficacité publicitaire

La publicité n'a pas qu'un seul objectif : faire vendre une marque. La Figure 10-11 montre la diversité des objectifs susceptibles d'être atteints par l'action publicitaire.

TYPE DE CRITÈRES	ÉLÉMENTS DE VÉRIFICATION
Critères marketing	* Acceptation du message par la cible * Cohérence du message et de l'axe
Critères de communication	* Force de l'accroche (= ce qui retient l'attention) * Identification de l'émetteur par la cible * Compréhension du message par la cible
Critères techniques	* Budget et délai de production * Respect de la réglementation en vigueur

Figure 10-10 : Évaluation de la création publicitaire

Flash marketing 10-2 : La publicité comparative

« Au Secrétariat d'État à la Consommation, on s'étonne de tout le bruit fait autour du projet de loi qui sera discuté à la session de printemps : "Dans des pays comme les États-Unis et le Royaume-Uni, où la pub comparative est autorisée, elle ne représente que 5 % des budgets. Pas de quoi faire peur aux apôtres de la libre concurrence." Leclerc, lui, fonce, demande des garanties pour que l'affrontement soit loyal, que le fort ne puisse dénigrer le faible. (...) Dans ce combat Leclerc n'est pas le seul. Les industriels redoutent des combats fratricides, qui pourraient, en plus, profiter à des étrangers. Les distributeurs craignent une envolée de leur budget de publicité. Les publicitaires — et en premier lieu Jacques Séguela, l'auteur de la campagne Leclerc — ont peur d'être en procès permanent. Leclerc résume les positions du cartel des mécontents : "L'agresseur sera avantagé, car on ne retient que le premier message. L'agressé qui n'a le choix ni du terrain, ni de la date de la bataille, ne maîtrisera plus ses budgets de pub." Il est vrai que l'expérience faite aux États-Unis (Pepsi contre Coca, Chrysler contre Honda...) tourne assez souvent à la querelle de chiffonniers (...) »

Source : BONAZZA (P.) — « L'effet Leclerc », **Le Point**, n° 966, 25 mars 1991.

Les méthodes de contrôle dépendent de la nature des objectifs[2]. On peut cependant en tirer quelques grandes lignes.

Le contrôle fondé sur des enquêtes permet de comparer le *score d'impact* obtenu avant la campagne de publicité, avec celui obtenu après. Il peut s'agir d'un score de **notoriété spontanée** (« Citez-moi des marques de bières que vous connaissez »)

[2] Pour un approfondissement, voir GRÉGORY (P.) — « Le contrôle de l'efficacité publicitaire », **Recherche et Applications en Marketing**, 1986, vol. 4, p. 71-83.

Niveau de l'action publicitaire	Objectifs publicitaires (*)	Indices et méthodes de mesure
Connaissance (Cognitif)	Faire connaître une marque Faire connaître les bénéfices procurés par un produit, marque	Scores d'impact brut, prouvé → mémorisation → notoriété spontanée, assistée → reconnaissance de caractéristiques
Attitude (Affectif)	Faire apprécier les bénéfices procurés par un produit ou une marque Rendre sympathique une marque Susciter une préférence globale pour la marque	Etude ponctuelle d'image de marque → échelles d'attitudes, tests projectifs Etude baromètre d'image → évolution dans le temps des scores d'image de marque
Comportement (Conatif)	Inciter la cible à acheter la marque ou le produit Faire vendre le produit ou la marque Modifier un comportement	Suivi du taux d'essai et de rachat Suivi de la part de marché → panels, marchés-tests simulés ou réels → comptage de coupons-réponses

(*) Pour un recensement de ces objectifs, voir GRÉGORY (P.), 1986, op. cit.

Figure 10-11 : Objectifs et méthodes de contrôle de la publicité

ou **assistée** (« Dans cette liste de marques de bières, quelles sont celles que vous connaissez ? ») ; ou encore un score de **mémorisation** (« Citez-moi les marques dont vous vous rappelez avoir vu la publicité »). Ces enquêtes peuvent être faites ponctuellement ou de façon régulière. Dans ce dernier cas, il s'agit de baromètres qui permettent de suivre l'évolution d'une marque, tout en intégrant l'effet des campagnes des concurrents.

Les panels offrent la possiblité de suivre l'évolution des ventes, avant, pendant et après la campagne publicitaire. Mais il est difficile de distinguer la part de l'évolution des ventes qui revient à la publicité, de celle due à une modification du produit ou de l'emballage, etc.

NOMS DES TECHNIQUES	DESCRIPTION DES PRINCIPES
OFFRE SPÉCIALE	➔ Baisse de prix temporaire * immédiate : le prix indiqué tient compte de la réduction * différée : remboursement effectué contre présentation de preuves d'achat ➔ Produit en plus (par ex : +20%) au même prix qu'avant
CONCOURS & LOTERIES	➔ Concours : implique des questions présentant un minimum de difficultés ➔ Loteries : gagnant désigné par tirage au sort
VENTE PAR LOTS	➔ Réduction de prix liée à l'achat d'une quantité minimum par exemple : «Vous en payez 2, le 3e est gratuit»
OFFRE DE REMBOURSEMENT	➔ Offre d'essai gratuit : le prix du produit est remboursé sur preuve d'achat ➔ Offre de fidélité : le remboursement d'une unité du produit s'obtient après un certain nombre d'achats
PRIMES CADEAUX GRATUITS	➔ Prime : cadeau inclus dans l'emballage du produit ➔ Cadeau gratuit : cadeau obtenu sur preuve d'achat
ÉCHANTILLONS GRATUITS	➔ Quantité minime d'un produit offerte sans condition d'achat
REPRISE DU PRODUIT	➔ Prix d'achat forfaitaire d'un ancien produit, venant en déduction du prix d'achat d'un nouveau produit

Figure 10-12 : Principales techniques de promotion des ventes

III — PROMOTION DES VENTES

III-1 Principales techniques

L'entreprise dispose d'une série de techniques pour promouvoir ses ventes. La Figure 10-12 présente les techniques les plus connues.

La mesure de l'efficacité des techniques de promotion des ventes est, comme pour la publicité, difficile à évaluer, car elle suppose que l'on puisse maintenir constantes toutes les autres variables du mix, et contrôler l'action des concurrents.

Les hommes de marketing ont surtout cherché à mesurer l'effet d'une réduction de prix temporaire. Les études marketing montrent qu'un taux de promotion trop faible ($\approx$10 %) n'a pas d'effet sur le chiffre d'affaires. Un taux élevé ($\approx$20 %) a un effet dopant important pendant quelques semaines, puis l'érosion des ventes est rapide. Lorsque l'opération promotionnelle s'achève, la chute du chiffre d'affaires est sensible : la part de marché peut être inférieure à celle précédant le déclenchement de l'opération. Le risque des réductions promotionnelles vient de l'accoutumance du consommateur : le prix promotionnel est rapidement assimilé au prix normal. Malgré tout, si peu de concurrents utilisent cette arme, son efficacité s'accroît sensiblement. Par ailleurs, cette technique se révèle performante, lorsqu'elle accompagne

Fiche technique 10-2 : Réglementation de la promotion des ventes

Ventes par lots.

Elles sont interdites par l'ordonnance n° 86-1243 du 1er décembre 1986, si elles n'offrent pas au consommateur, la possibilité d'acquérir le produit à l'unité (au prix « hors promotion »). Toutefois, la Cour de Cassation admet que plusieurs unités de la même marchandise réunies par un conditionnement spécifique (yaourt, chocolat, café,...) forment un seul produit.

Primes, cadeaux, échantillon.

La remise d'un échantillon gratuit est autorisée, si sa taille est inférieure à celle du plus petit produit de la gamme. Les primes sont interdites si elles dépassent une certaine valeur ; en dessous de ce seuil, elles sont assimilées à des cadeaux. Les seuils admis sont : 7 % du prix de vente TTC (pour les produits ayant une valeur inférieure à 500 francs), et 30 à 350 francs (pour les produits ayant une valeur supérieure à 500 francs, et selon leur prix de revient).

Loteries.

Elles sont interdites, sauf si elles sont totalement gratuites (pas d'obligation d'achat, timbre remboursable, dépôt du règlement).

Soldes.

Il existe 3 types de soldes. Les soldes permanents (soldeurs professionnels vendant des produits dégriffés ou de seconde main) sont autorisés. Les soldes saisonniers (maximum 2 fois par an) sont considérés comme des ventes au rabais ; ils doivent respecter un délai maximum (2 mois), des conditions d'affichage et de publicité (ancien prix barré, indication claire du taux de réduction). Les liquidations (avant travaux, fermeture) sont soumises à une autorisation du maire ou de la préfecture.

Sources : Synthèse établie sur la base des informations de la revue **Le Particulier**, n° 723, janvier 1987, p. 43-47.

le lancement d'un nouveau produit. En revanche, son efficacité est médiocre si le chef de produit l'utilise pour contrer l'arrivée d'un nouveau concurrent.

III-2 Réglementation juridique

Les techniques de promotion des ventes sont sévèrement encadrées par le législateur, afin d'éviter tout abus dont le consommateur serait la victime. Par exemple, une offre spéciale mensongère : le produit est annoncé en solde « –50 % », alors que le prix initial a été subitement multiplié par deux, juste avant la promotion. Il est difficile de donner des avis tranchés sur ce qui est autorisé et ce qui ne l'est pas, d'une part parce que la jurisprudence des tribunaux évolue, et d'autre part parce que les cas d'espèces sont nombreux. La Fiche technique 10-2 tente de dégager quelques constantes.

RANG	TECHNIQUES	1987	1988	1989
1	loteries, concours	23,6 %	23,2 %	25,1 %
2	offres spéciales	35,4	36,2	23,8
3	primes	9,1	9,5	8,8
4	offres de remboursement	8	5,1	6,9
5	ventes par lots	1,5	2,1	4,1
6	reprise du produit	3,3	2,9	3,5
7	échantillons gratuits	0,9	0,9	1,2

Source : d'après le **BIPP**, in **Médias**, n° 314, novembre 1990.

Figure 10-13 : Utilisation des techniques de promotion

III-3 Utilisation des techniques par les entreprises

Les entreprises tendent à privilégier deux techniques de stimulation des ventes : les réductions temporaires de prix (i.e. offres spéciales) et les jeux et concours. Ces actions représentent environ 50 % du total des opérations de promotion des ventes (voir Figure 10-13). On note la croissance rapide des ventes par lots, favorisée par les distributeurs qui y trouvent un vecteur puissant pour accroître la rotation des stocks.

IV — MARKETING DIRECT

IV-1 Différentes approches

Le marketing direct a opéré ces dernières années une percée spectaculaire dans les entreprises. Bien qu'il soit de plus en plus utilisé, il reste cependant assez malaisé à définir. Deux approches sont possibles pour en cerner le champ et les méthodes :

1. **Axe technique**

   Il réduit le marketing direct à une mise en relation d'un produit avec un consommateur final, sans autre intervention que celle d'un support de communication. Ce dernier a pour rôle de transmettre l'offre de produit au consommateur potentiel. Les supports les plus courants sont : le téléphone (appelé *phoning*), le courrier (*mailing*) et la télévision (*télé-achat*). Dans ce cas, le marketing direct est considéré comme une forme particulière de communication, utilisée généralement pour compléter et soutenir l'action de la force de vente : prise de rendez-vous, visite des clients ayant retourné un coupon-réponse, informations sur les produits, etc.

1. **Axe stratégique**

Le marketing direct devient une approche stratégique[3] des marchés fondée sur la gestion de fichiers informatisés et nominatifs décrivant les consommateurs (potentiels ou effectifs). Les objectifs de ventes et la cible résultent de l'analyse des fichiers de consommateurs sur des variables-clés (âge, profession, quantités achetées, revenu, etc), jugées pertinentes pour expliquer le comportement d'achat.

Un marketing-mix un peu spécifique est ensuite élaboré pour atteindre les objectifs. Si la détermination des variables prix et produit ne diffère pas fondamentalement du cas général, la variable distribution est comprise dans la variable communication. Cette dernière joue un rôle fondamental pour la réussite du plan, car elle véhicule à elle seule l'offre de produit, en l'absence de force de vente et de distributeurs.

IV-2 Portée et limites

Compte tenu de l'imprécision du concept, l'appréciation du développement du marketing direct est délicate. L'IREP estime qu'il représentait, en 1984, 10 % des dépenses de publicité des entreprises françaises, soit environ 3,5 milliards de francs. Il semblerait qu'en 1990 son poids représente environ 20 % de ces mêmes dépenses.

De nombreuses sociétés de conseil, spécialisées en marketing direct, sont apparues ces dernières années. Elles proposent des techniques innovantes et variées, mais de qualité souvent inégale. La nécessité de faire le point sur ce nouveau domaine commence à se faire sentir dans la littérature spécialisée[4].

SYNTHÈSE DU CHAPITRE

Certaines théories de la communication indiquent comment capter l'attention du consommateur : il faut chercher à accroître l'implication des acheteurs, particulièrement pour les produits courants ; à l'inverse, pour les produits dont l'achat est perçu comme risqué, il convient de rassurer le consommateur, avant et après l'achat. D'autres théories proposent différents axes pour convaincre le consommateur : rationaliser et mécaniser l'acte d'achat, ou au contraire séduire le consommateur.

L'élaboration d'une campagne de publicité concerne trois types de partenaires : l'annonceur, l'agence et les supports de publicité. L'agence est chargée de la création publicitaire selon les directives contenues dans la copy-stratégie. Le plan média répertorie l'ensemble des médias et supports retenus par l'agence pour sa publicité.

Les offres spéciales (réduction temporaires de prix) et les loteries sont les techniques de promotion les plus utilisées ces dernières années par les entreprises. L'usage des techniques de promotion doit respecter un cadre juridique contraignant.

[3] Pour approfondir cet axe, le lecteur consultera avec profit : DUBOIS (P.L.) et NICHOLSON (P.) — **Le marketing direct intégré**, Éditions Chotard, 1987.

[4] La **Revue Française du Marketing** s'inscrit dans cette perspective, avec un numéro complet consacré au marketing direct (n° 126, 1990/1).

BIBLIOGRAPHIE

(1) BROCHAND (B.) et LENDREVIE (J.) — **Le Publicitor**, Dalloz-Gestion (3e édition), 1989.

(2) OLGIVY (D.) — **La publicité selon Olgivy**, Dunod, 1983.

(3) PIQUET (S.) — **Publicité**, Vuibert-Gestion, 1988.

(4) RAPP (S.) et COLLINS (T.) — **Maximarketing**, Mc Graw Hill, 1988.

TEST DE CONNAISSANCE

Choisir une seule réponse par question :

Q1 — Un consommateur faiblement impliqué par un produit :

1. mémorise un grand nombre de publicités sur ce produit
2. écoute avec attention les publicités du produit
3. ne fait guère attention aux publicités du produit

Q2 — L'annonceur, c'est :

1. l'entreprise qui fait une campagne de publicité
2. l'agence de publicité
3. le support qui passe la publicité

Q3 — L'axe d'un message publicitaire correspond :

1. au slogan publicitaire
2. à la mise en page du message
3. à l'argumentation centrale du message

Q4 — Le G.R.P. mesure le :

1. nombre de contacts utiles divisé par l'effectif de la cible
2. nombre de contacts utiles multiplié par l'effectif de la cible
3. nombre de contacts utiles d'un plan média

Q5 — Une offre spéciale est une technique de promotion qui a pour but de :

1. proposer une prime exceptionnelle
2. faire baisser provisoirement le prix d'une marque
3. faire baisser durablement le prix d'une marque

Réponses : Q1 = 3 ; Q2 = 1 ; Q3 = 3 ; Q4 = 1 ; Q5 = 2

CHAPITRE 11

VENTE ET DISTRIBUTION DES PRODUITS

Objectifs et articulation du chapitre

Nous allons aborder dans ce dernier chapitre la phase cruciale du marketing opérationnel : la vente et la distribution des produits. Après avoir étudié les mécanismes d'achat du consommateur, sélectionné une stratégie d'approche du marché, conçu et annoncé une offre adéquate, l'entreprise doit encore mettre son produit à la disposition du consommateur final. C'est le rôle conjoint de la force de vente de l'entreprise et des distributeurs.

Ce chapitre ne présente pas de difficultés particulières. Nous avons choisi de mêler la gestion de la vente avec la distribution, pour bien souligner l'interdépendance existant entre ces deux variables.

I — TECHNIQUES DE VENTES

I-1 Négociation et vente

Dans une négociation, les conditions commerciales sont fixées après discussion entre les parties. Les domaines industriels (grands contrats à l'exportation) et de la grande distribution (centrales d'achats et fabricants) représentent les terrains classiques de la négociation.

La vente pure suppose que les conditions de la transaction commerciale sont fixées par le vendeur. C'est le cas d'une grande entreprise avec un petit détaillant, ou encore dans un grand magasin lorsqu'un vendeur présente un produit à un consommateur. Le tarif (barème des prix de vente) du vendeur s'applique purement et simplement ; la seule marge de manœuvre de l'acheteur peut résider dans les conditions de livraison ou de règlement.

Dans la réalité, la plupart des échanges commerciaux mêlent négociation et vente. Tout dépend du rapport de force entre acheteur et vendeur, et de l'importance des sommes en jeu. La négociation est souvent considérée comme la forme la plus noble de la vente. En effet, elle met en jeu des niveaux élevés de responsabilité et implique une bonne connaissance des centres de décision du partenaire. Dans une négociation internationale, la connaissance de la culture de son partenaire[1] est importante : il faut connaître les valeurs dominantes, savoir interpréter le sens des silences, etc.

I-2 Phases de la vente

Chaque responsable commercial de l'entreprise a en charge une clientèle de détaillants ou de grossistes, visitée régulièrement (voir paragraphe III-2). En schématisant, il existe trois types de visites : la commande de base, le réassortiment, le service. La première correspond à l'entretien de vente classique ; la Figure 11-1 en présente les différentes étapes. La seconde permet de compléter le volume de la commande initiale. Enfin, la visite de service est utile pour mettre en place des éléments promotionnels (présentoirs, posters, ...) et pour s'assurer que le client ne rencontre pas de problème particulier avec le produit ; accessoirement, elle permet de passer des commandes supplémentaires.

I-3 Tactiques

L'**argumentaire** de vente est un document écrit, élaboré par le chef de produit ou le directeur commercial, recensant les points forts et faibles du produit ; il répond par avance aux objections formulées par les clients, au sujet du produit. L'argumentaire est donc une aide à la vente qui sert de trame à l'entretien commercial.

Outre l'argumentaire, le bon vendeur utilise un certain nombre de « trucs » pour faire démarrer une vente, sonder un client ou pour conclure une vente. Ces éléments se fondent sur des méthodes et sur l'expérience acquise, et permettent de répondre aux objections fréquemment formulées par un client. La Figure 11-2 en présente quelques-uns.

D'une manière générale, on recommande, lorsque le client formule une objection, de le laisser parler jusqu'au bout et de considérer que toute objection équivaut à une question déguisée. Par exemple : « C'est trop cher = Quel avantage tirerai-je de mon argent ? ». « Je n'ai pas le temps = Prouvez-moi que vous valez la peine que j'arrête ce que je suis en train de faire ».

II — STRATÉGIE DE DISTRIBUTION

Un **canal de distribution** est « un ensemble d'agents de distribution possédant des caractéristiques juridiques et commerciales communes[2] ».

Un **circuit de distribution** est « une filière d'agents de distribution assurant les transferts successifs du produit entre le producteur et le client final[3] ». En d'autres termes, un circuit regroupe un ensemble de canaux interdépendants. L'entreprise

[1] Pour un approfondissement de ces points, voir JOLIBERT (A.) — « Le contexte culturel de la négociation commerciale », **Revue Française de Gestion**, novembre 1988, p. 15-24.

[2] LINDON (D.) — **Le marketing**, Nathan, 2e éd, 1989.

[3] LINDON (D.) — **ibid.**

ÉTAPES D'UNE VENTE	OBJECTIFS ET DÉROULEMENT DE L'ÉTAPE (*)
PRÉPARATION DE LA VENTE	— Vérification du matériel de vente : bons de commande, PLV, fiches techniques — Prise (éventuelle) de rendez-vous avec le client — Lecture du dossier client (potentiel, situation de la marque, caractéristiques)
PRÉLIMINAIRES	— Briser la glace : phase de «non-vente» pour détendre l'atmosphère — Annoncer l'objectif de la visite • définir un potentiel : «Est-ce que cela vous intéresse d'augmenter vos ventes de 30 % ?» • dramatiser : «Prenez-moi cette bouteille» «Sentez-moi cet arôme» • crédibiliser : «Un de mes clients m'a commandé 7 caisses, il y a 3 semaines ; aujourd'hui, il est en rupture de stock»
DÉMARRAGE & CONDUITE	— Identifier le contexte concurrentiel : • fort : montrer les points de supériorité du produit, les bénéfices pour le consommateur • faible : axer sur la communication, l'image de marque — Déterminer les priorités de l'acheteur, faire définir ses propres clients — Prouver que les promesses faites seront tenues (références aux panels, études consommateurs, exemples proches du client) — Accrocher l'attention, provoquer l'intérêt (promesses, démonstration technique) Déclencher le désir : utiliser des mots positifs (succès, concret, bénéfice)
CLÔTURE	— Choix du moment : • quand le client a le produit en main depuis 30 secondes • après un silence (quelques secondes) — Méthodes : • fausse alternative : «Préférez-vous 50 % en blanc, le reste en rouge, ou tout en blanc ?» • proposer de faire un «brouillon de commande»

* Adapté de COFFRE (P.) — **Action et gestion commerciales**, Nathan, 1982.

Figure 11-1 : Étapes et déroulement d'une vente

utilise généralement plusieurs circuits pour commercialiser ses produits. La longueur du circuit dépend du nombre d'intermédiaires rencontrés par le produit pour parvenir jusqu'au consommateur (voir Chapitre 2).

OBJECTIONS CLASSIQUES	RÉPONSES POSSIBLES
«Je n'ai pas le temps de vous recevoir»	➡ «Voila quelque chose qui me fait plaisir, parce que cela veut dire que vous vendez beaucoup. Alors comme je ne reviens pas avant 4 semaines, je me permets de vous demander 4 minutes pile»
«J'ai déjà trop de marques pour en prendre une nouvelle»	➡ «Cela veut dire que vous savez choisir les marques qui se vendent bien. C'est justement notre cas. Votre collègue X vient d'en vendre 15 cartons en 3 jours»
«Mes clients préfèrent Z»	➡ «Voila une remarque intéressante. Nous savons bien tous les deux que c'est vous qui conseillez vos clients. Or justement, vous bénéficiez d'une promotion spéciale sur X»

Source : d'après COFFRE (P.) — **Action et gestion commerciales**, Nathan, 1982.

Figure 11-2 : Réponses aux objections générales

Exemple : Un minotier souhaite commercialiser une farine haut de gamme destinée aux ménagères. Après étude, il répertorie deux circuits longs (n° 1 et n° 2), composés chacun de deux canaux, et un court (n° 3), formé d'un seul canal.

Circuit n° 1: Grossistes (canal) → Boulangeries (canal) → Consommateurs

Circuit n° 2: Grossistes (canal) → Épiceries fines (canal) → Consommateurs

Circuit n° 3: Hypers & Supers (canal) → → → → → → → → Consommateurs

II-1 Structure de la distribution française

En simplifiant, on peut considérer que la distribution s'articule autour de trois types d'intermédiaires :

II-1-1 Grossiste

Il regroupe les ventes, puis les répartit sur un grand nombre de petits détaillants. Pour le fabricant, ce rôle de relais permet la présence des produits dans un grand nombre de points de vente, et évite de contacter directement des points de vente présentant un potentiel trop faible. En contrepartie, le grossiste constitue un écran important pour la remontée des informations en provenance du marché, et pour la mise en place d'aides à la vente (PLV, présentoirs, etc.). La part des grossistes dans la distribution est faible, et tend à diminuer au profit des centrales d'achats. Elle est aujourd'hui de l'ordre de 10 % du chiffre d'affaires total des entreprises de commerce.

II-1-2 Détaillant

On le désigne souvent, dans le langage courant, du terme quelque peu péjoratif de « petit commerçant ». Dans le domaine alimentaire, son rôle consiste, de plus en plus, à rendre un service de proximité et de dépannage ; il ne représente plus que 34 % des achats des ménages en 1986, contre 38 % en 1982. Dans le domaine non alimentaire, son poids, bien qu'en constante baisse, reste important : il réalise 54 % des achats des ménages. Le Flash marketing 11-1 indique quelques précautions à prendre pour réussir dans cette voie.

Flash marketing 11-1 : Réussir dans le petit commerce

« Rétro le petit commerce ? Allons donc ! D'abord c'est toujours lui qui "tire" la création d'entreprises. Et pour cause : pour un fabricant de parfums, de pull-over ou de foie gras, le rêve est toujours le même : avoir pignon sur rue, là où l'on retrouve le consommateur et les meilleures marges (...) L'enquête que nous avons menée à travers les régions et la consultation des professionnels, nous a permis de retirer quelques grandes tendances :

D'abord l'emplacement.

Les experts du commerce, notamment le CECOD, classent le commerce de détail en quatre grandes zones :

1. les centres-villes des grosses capitales : ils ne cessent de se renforcer et d'afficher une santé insolente ;
2. les villes de 20 à 50 000 habitants : elles souffrent souvent du développement du chef-lieu de région ;
3. les petites villes (5 à 10 000 habitants) : en jouant un rôle d'animation sur le plan local, les fonds de commerce à vendre trouvent preneur sans trop de difficultés ;
4. les localités rurales : invendables, à cause de l'exode vers les villes.

Le taux de marque.

L'INSEE remarque que "ce sont fréquemment les entreprises pratiquant un taux très faible ou au contraire un taux de marque élevé, qui se sont développées ou ont qui résisté". Dans le commerce, comme ailleurs, la loi des économies d'échelles se vérifie. Le rendement des magasins progresse avec leur taille. En le mesurant à l'aide du chiffre d'affaires par mètre carré ou par personnes, l'INSEE a observé qu'il augmente avec la surface de vente, jusqu'à un seuil de 8 000 mètres carrés (...).

L'évalution des fonds de commerce.

C'est un peu le Moyen Age. Les boulangeries sont évaluées en fonction des quintaux de farine traités, le bar selon la recette journalière. Recommandation de la FNAIM : "Il faut procéder à l'estimation d'un fonds de commerce en fonction de son bénéfice et non plus de son chiffre d'affaires" » (...)

Source : Extraits de VILLENEUVE (C.) — **l'Entreprise**, n° 28, novembre 1987, p. 80-92.

II-1-3 Centrale d'achats

Elle opère pour le compte d'un groupement de points de vente. Ces groupements peuvent prendre plusieurs formes juridiques, selon la nature des liens existants entre la centrale et le point de vente. Ce circuit de distribution est en constante progression. Il représente plus de 50 % des achats des ménages en 1986, dans le domaine alimentaire. On identifie quatre types de groupements d'achats :

1. **Commerce associé :** des détaillants s'associent pour obtenir de meilleures conditions d'achats ou de stockage.
   Exemples : Opticiens Krys, La Hutte, Codec, Mr. Bricolage.
2. **Chaînes volontaires :** des détaillants et grossistes se groupent dans une même chaîne commerciale, généralement avec la même enseigne commerciale. Le marketing, les achats et la logistique sont généralement assurés par la centrale.
   Exemples : Catena (quincaillerie) ; Ami, Spar (alimentaire).
3. **Chaînes intégrées :** une même entreprise de distribution, possédant un nombre généralement important de points de vente, centralise ses achats. Cela donne naissance à de puissantes chaînes qui cumulent les fonctions de gros et de détail. L'entité juridique est souvent unique, mais les formes sont multiples : on les désigne fréquemment par le terme de « grandes surfaces » (voir Figure 11-3).
   Exemples : Carrefour, Auchan, Printemps, FNAC.
4. **Franchise :** une même entreprise assure un transfert de savoir-faire commercial auprès de plusieurs détaillants indépendants. Le franchiseur assure le marketing de la marque, commune à tous les adhérents, et le groupement des achats. Il établit les collections et l'agencement des points de vente. Les adhérents (franchisés) apportent leurs capitaux et assurent la gestion courante du point de vente.
   Exemples : Phildar, Rodier, La Vie Claire.

II-2 Sélection des canaux

Le choix des canaux dépend, en grande partie, des choix stratégiques opérés par l'entreprise (voir Chapitres 5 et 6). La Figure 11-4 récapitule quelques éléments à considérer pour cette décision.

La cohérence entre l'image du canal et le positionnment du produit constitue un critère important pour le choix d'un canal. Par exemple, un shampooing à positionnement médical choisira le canal des pharmacies ; un parfum prestigieux ne devrait être référencé que dans les parfumeries de haut de gamme. Une trop grande sélectivité dans le choix des canaux conduit au refus de vendre la marque à certains canaux. En règle générale, le refus de vente est illégal, sauf si le fabricant peut prouver que le distributeur ne dispose pas de personnel qualifié pour assurer la vente, ou si le cadre de vente n'est manifestement pas approprié (circulaire Fontanet du 31 mars 1960). L'évolution actuelle de la jurisprudence de la Cour de Cassation tend à restreindre ces exceptions. Par exemple, dans le cas des parfums Chanel, vendus dans un point de vente Leclerc à Boulogne-Billancourt, la Cour (arrêt du 4 décembre 1990) ne considère pas qu'il s'agit d'un acte de concurrence déloyale vis-à-vis du réseau de distribution sélective de Chanel.

Dénomination	Exemples	Eléments caractéristiques
Grandes surfaces à dominante alimentaire	CARREFOUR AUCHAN LECLERC	* 807 hypermarchés en 1990 (*) (+ de 2 500 m²) * 6 757 supermarchés en 1990 (*) (de 400 à 2 500 m²) — Assortiment large et peu profond : 25 000 à 40 000 références — Politique de fort volume de ventes à bas prix — Libre-service, vaste parking, rotation des stocks élevée — Fréquentation régulière (hebdomadaire)
Grandes surfaces spécialisées	CASTORAMA FNAC DARTY IKEA	— Spécialisation dans un domaine spécifique (+ 400 m²) (meubles, électro-ménager, hi-fi, moquette, bricolage, ...) — Libre-service, vaste parking, plutôt à la périphérie des villes — Assortiment large (dans la spécialité) et profond — Fréquentation extensive (quelques fois par an)
Grands magasins	PRINTEMPS NOUVELLES GALERIES BHV	* 226 grands magasins (*) (+ 1 000 m², sur plusieurs étages) — Assortiment large et profond : grand choix — Rotation des stocks moyenne à faible — Situation en centre-ville ou centres commerciaux — Image de produits de qualité, vente assistée (libre-choix)
Magasins populaires	PRISUNIC MONOPRIX	* 598 magasins populaires (*) (1 000 à 1 500 m²) — Assortiment restreint, rotation des stocks assez rapide — Image de produits de bas de gamme — Situation en centre-ville

(*) Source : IFLS (chiffres établis au 1er janvier 1990).

Figure 11-3 : Les formes de grandes surfaces

OBJECTIFS	ÉLÉMENTS À CONSIDÉRER POUR LE CHOIX
Cohérence de l'image du canal avec l'image de la marque	* Quelle est l'image respective de chaque canal ? * Crédibilité du positionnement du produit par rapport à cette image * Le produit permet-il de justifier un refus de vente à un canal ?
Contrôler le prix public	* Comparaison de la rentabilité par canal * Comparaison des taux de marques des distributeurs par canal → Probabilité que la marque serve de prix d'appel → Conséquence pour l'image de marque si la marque est «bradée»
Présence au point de vente	* Stratégie de couverture du territoire ou sélectivité ? → Cohérence avec le positionnement : produit courant ou luxe ? → Facilité de référencement selon les canaux (coût, concurrence)

Figure 11-4 : Choix d'un canal de distribution

Les panels permettent de connaître avec précision la diffusion d'une marque au travers des différents canaux de vente. Ces résultats sont importants pour suivre les efforts de la force de vente. Le succès commercial d'une nouvelle marque nécessite qu'elle soit référencée dans un minimum de points de vente. La Fiche technique 11-1 présente quelques indices de mesure du référencement.

II-3 Négocation avec les distributeurs

Comment négocier avec les distributeurs ? D'abord, la force de vente doit connaître les attentes des distributeurs (voir Figure 11-5). Ensuite, elle doit prouver que ses produits permettent de dégager une marge attractive et (ou) un fort volume de vente. Les résultats dégagés par les panels permettent à la force de vente d'étayer son argumentation. Par exemple : « Les hypermarchés X, Y et Z, qui nous ont accordé 3 mètres de linéaire, ont réalisé un chiffre de 100 000 francs, avec un taux de marque moyen de 20 % ».

Les grandes surfaces alimentaires disposent d'un argument de poids dans les négociations, grâce à la présence de leurs propres marques de distributeurs (les *produits libres* de Carrefour (les *produits Orange* d'Euromarché, etc.). Les marges de ces

Fiche technique 11-1 : Mesure de la présence au point de vente

Le panel Nielsen calcule deux ratios pour appécier la pénétration d'une marque dans les différents canaux de distribution :

Distribution Numérique (DN)

Elle mesure le taux de présence de la marque dans les points de vente. Une DN de 100, signifie que la marque est présente dans tous les points de vente qui référencent la catégorie de produit dont dépend la marque.

$$\text{Distribution Numérique (DN)} = \frac{\text{Nombre de points de ventes où la marque est présente}}{\text{Nombre total de points de ventes référençant la catégorie de produits}}$$

Exemple :

On trouve la nouvelle marque de lessive liquide « Doulinge » dans 344 hypers sur 807 ; mais seulement 409 proposent de la lessive liquide dans leurs rayons. La DN de Doulinge est égale à : 84 % = (344/409).

Distribution Valeur (DV)

Elle représente la part de marché réalisée par les points de vente où la marque est présente. En d'autres termes, une DV de 60 % signifie que les points de vente où l'on trouve la marque réalisent 60 % du total des ventes de la catégorie de produit. Si la DV est plus élévée que la DN, cela veut dire que la marque est surtout présente dans les plus gros points de vente.

$$\text{Distribution Valeur (DV)} = \frac{\text{CA réalisé par les points de ventes où la marque est présente}}{\text{CA total des points de ventes référençant la catégorie de produits}}$$

Exemple :

Supposons que le chiffre d'affaires total du marché de la lessive liquide soit de 2,5 milliards de francs, réalisé à 90 % par les hypers. Les hypers, où Doulinge est présente, réalisent un chiffre d'affaires de 1,2 milliards avec la lessive liquide. La DV de Doulinge est de : 53 % = [1,2 /(0,9 x 2,5)], contre une DN de 84 %. On peut en conclure que Doulinge est bien référencée dans les petits hypers, et moins bien dans les hypers les plus importants.

marques étant plus flexibles, certains distributeurs pourraient être tentés d'obtenir quelques points de remises supplémentaires d'un fabricant, en tenant le raisonnement suivant : « Si vous ne me faites pas 2 % de remise supplémentaire, je mets mes produits de distributeur en promotion pendant 10 jours, ce qui fera chuter vos ventes de 10 % ». Les relations entre distributeurs et fabricants risquent alors de

Critères d'évaluation d'un fabricant selon les distributeurs		Critères de référencement d'un fabricant selon les distributeurs	
1 - Produits de bonne qualité	77%	1 - Notoriété de la marque	34%
2 - Fait des promotions Prix bas	40%	2 - Publicité importante	26%
3 - Rotation rapide des stocks	35%	3 - Prix et conditions commerciales	15%
4 - Publicité importante	32%	4 - Promotion	10%
5 - Connaît les consommateurs	25%	5 - Notoriété du fabricant	8%

Source : SCARAMUZZINO (B.) — **Action Commerciale**, n° 43, avril 1986.

Figure 11-5 : Attentes des distributeurs vis-à-vis des fabricants

devenir conflictuelles. Le Flash marketing 11-2 propose un nouveau système de remises pour améliorer les relations entre ces partenaires.

III — GESTION DE LA FORCE DE VENTE

Pour atteindre les objectifs découlant de la stratégie de distribution, la force de vente doit être dynamisée et présenter un certain nombre de qualités spécifiques. Le recrutement et la motivation des vendeurs sont des points importants pour une gestion efficace de la force de vente.

III-1 Recrutement

III-1-1 Compétences

Un bon vendeur présente plusieurs qualités, fréquemment mentionnées dans les offres d'emploi. Ces qualités forment le profil courant du poste de vendeur.

Écoute. A l'inverse d'une image encore trop souvent répandue, le bon vendeur n'est pas celui qui noie son client sous un flot de paroles. Au contraire, il doit être capable de comprendre et de cerner la situation spécifique de chaque client. Pour cela, il est important de poser, durant l'entretien de vente, différentes questions pour amener le distributeur à parler de sa clientèle personnelle, de ses attentes en matière de produit et de service après-vente. L'analyse des réponses permet au bon vendeur de mieux « cibler » son argumentaire.

Sens des relations humaines. C'est la capacité à communiquer et à être acepté facilement par son entourage. Ce sens du contact est évidemment un atout important pour le vendeur qui, par définition, est amené à tisser un réseau de relations avec sa clientèle.

Flash marketing 11-2 : Les relations distributeurs et fabricants

« En raison de la position dominante qu'elle a conquise en vingt ans, la grande distribution a imposé son système de tarification à ses fournisseurs. Si le système actuel de remises en cascade semble conforme aux intérêts des distributeurs, il ne correspond guère à ceux des fournisseurs (...) Un fabricant se verra obligé de rémunérer la position de revendeur (par exemple, remise de base de 20 % sur le tarif public), le service rendu (remise de l'ordre de 7 %), le volume de ventes (remises s'étageant de 1 à 5 %) ainsi que celui du service rendu par la centrale d'achat qui référence les produits (remise de l'ordre de 1 %) (...). On peut envisager que les distributeurs acceptent un autre mode de calcul, à la condition que leurs intérêts financiers soient respectés. Dans sa stratégie un industriel s'efforce :

1. d'assurer la présence de l'ensemble de sa gamme (et non un écrémage qui perturbe, voire annihile, ses plans marketing) ;
2. de promouvoir les produits les plus rentables et les plus stratégiques (en général, les produits nouveaux) ;
3. d'obtenir le volume d'affaires qui lui permet de mettre en fabrication des séries longues, plus économiques à produire.

Il est certain que de tels objectifs ne peuvent être atteints qu'à travers la collaboration et le soutien du distributeur. Les deux partenaires doivent s'accorder sur un nouveau système de remises qui répondrait au schéma suivant : remise de référencement de la gamme de produits, remise de volume (versée à la centrale et répartie à chaque point de vente au prorata de sa part dans le chiffre d'affaires global) ; remise d'exposition au linéaire, remise-bonus pour les produits à forte marge pour le fabricant et les produits stratégiques, remise-prime de dépassement de commande (...). »

Source : Extraits de R. MOULINIER — **Top-Ventes**, n° 16, janvier 1991, p. 25-26.

Régularité et ténacité. Le métier de vendeur n'est pas toujours facile : déception due à plusieurs ventes ratées, attentes et déplacements fréquents. Aussi, une bonne stabilité d'humeur permet au vendeur « d'encaisser » rapidement les mauvaises nouvelles, et la ténacité favorise la conclusion de contrats de longue haleine.

III-1-2 Statut

Schématiquement, deux statuts sont envisageables pour la force de vente.

VRP. C'est un « Voyageur Représentant Placier » au statut de travailleur indépendant. Le VRP peut être *exclusif* ou *multicartes :* dans le premier cas, il ne vend que les produits d'une seule entreprise, et dans le second, il opère pour le compte de plusieurs entreprises. Le VRP est propriétaire de son fichier-clients, et en cas de rupture de contrat (sauf s'il y a faute grave de sa part), il bénéficie d'une indemnité pour la perte de sa clientèle. Il n'est pas propriétaire des marchandises vendues, et en conséquence, n'a pas la possiblité de faire des actes de commerce, c'est-à-dire acheter et revendre pour son propre compte.

Attaché commercial. C'est un salarié de l'entreprise : il fait partie à part entière du personnel de l'entreprise, et bénéficie d'un contrat de travail classique.

III-1-3 Formation et profil de carrière

La tendance actuelle du recrutement des futurs commerciaux est d'exiger une formation commerciale d'un niveau allant de Bac + 2, à Bac + 4 (BTS, Écoles Supérieures de Commerce). Mais l'expérience préalable de vente sur le terrain, même acquise à un bas niveau, constitue une référence appréciée des entreprises. L'évolution de carrière classique part du terrain, puis passe par la responsabilité d'un groupe de vendeurs (chef de secteur, directeur régional) et aboutit à la direction commerciale. La bifurcation vers les carrières du marketing est fréquente, dans la mesure où bon nombre d'entreprises font débuter leur chef de produit comme attaché commercial.

III-1-4 Missions

La mission principale est bien sûr liée directement à l'activité de vente : le vendeur est responsable d'une partie du chiffre d'affaires de l'entreprise. D'autres tâches sont de son ressort : prospection (recherche de nouveaux clients), rédaction des rapports de visites, mise en place de matériels promotionnel (PLV, échantillons, présentoirs de vente, etc).

III-2 Objectifs commerciaux

III-2-1 Fixation des secteurs

Le **secteur de vente** est un territoire de vente délimité géographiquement et placé sous la responsabilité exclusive d'un seul vendeur. Chaque secteur regroupe généralement un ou plusieurs départements. La délimitation d'un secteur se fait sur la base d'un potentiel minimum de ventes, du nombre total de clients à visiter et du temps moyen de déplacement entre deux vistes.

Le directeur commercial établit, pour ses vendeurs, des « normes » quotidiennes de visites. L'ordre de grandeur est compris entre 3 à 8 visites quotidiennes, sur la base de 150 à 200 jours de ventes par an. Pour un client déterminé, la durée et le nombre de visites annuelles sont fonction de son poids commercial : le client à fort potentiel est visité plus souvent que les autres, et d'une manière plus approfondie. En tenant compte de ces différents éléments, le directeur commercial peut calculer le nombre de vendeurs à recruter pour couvrir un territoire de ventes donné.

III-2-2 Fixation des quotas de vente

Le **quota de ventes** correspond à un objectif de ventes à réaliser durant une période déterminée. Il est exprimé en valeur et en volume de chiffre d'affaires, avec une ventilation sur chaque produit de la gamme. Dans la pratique, l'objectif global de chiffre d'affaires est décomposé successivement par pays, région de ventes et enfin par vendeur. La détermination du potentiel de ventes d'un secteur se fait en utilisant différentes sources statistiques : niveau de développement économique, composition du tissu industriel, résultats de panels, intensité de la concurrence. Pour les produits de grande consommation, on dispose d'indices de consommation spécifiques à une

SYSTÈMES DE RÉMUNERATION	AVANTAGES	INCONVÉNIENTS
FIXE PREDOMINANT Fixe = 90 à 100% du salaire + Prime d'objectif	* sécurisant * facilite la prospection et la qualité du suivi de clientèle	* peu incitatif pour les meilleurs vendeurs
MIXTE Fixe = 30 à 70% du salaire + Prime d'objectif + Variable	* bon équilibre sécurité/incitatif	* complexe à gérer * secteurs plus attractifs que d'autres
VARIABLE PREDOMINANT Fixe= 10 à 20% du salaire + Commissions sur ventes	* incitatif pour les meilleurs vendeurs	* rotation élévée des vendeurs * prospection délaissée * favorise la vente « à l'arraché »

Figure 11-6 : Systèmes de rémunération des vendeurs

région, à une ville, voire à un quartier de cette ville. Ces indices, appelés **indices de richesse vive**, sont calculés par l'institut Proscop. Ils permettent de savoir si une ville est sur ou sous-consommatrice d'une catégorie de produit, par rapport à la moyenne nationale.

La fixation du niveau du quota est une décision importante, parce qu'elle représente l'objectif de ventes à atteindre pour le vendeur. Si le niveau du quota est trop élevé, peu de vendeurs l'atteindront, d'où un risque de démotivation de la force de vente. De plus, très souvent, une partie de la rémunération du vendeur dépend de la réalisation de son quota.

III-3 Animation de la force de vente

Le système de rémunération de la force de vente est une composante importante du plan d'animation. L'entreprise a le choix entre trois systèmes (voir Figure 11-6). Le système avec fixe prédominant convient bien pour des attachés commerciaux, salariés de l'entreprise. Le variable pur, ou un système mixte, est préférable, lorsque les vendeurs ont un statut de VRP.

L'existence d'un réel esprit d'équipe entre les vendeurs constitue une forte source de motivation. Cet esprit se crée et s'entretient par des réunions de vente régulières, des séminaires de formation, ou encore lors des conventions qui réunissent l'équipe de vente à l'occasion du lancement d'un produit nouveau. Les concours entre vendeurs (compétitions fondées sur des objectifs de vente à atteindre) sont aussi source de motivation pour la force de vente, à condition de ne pas être pratiqués trop fréquemment.

Le contrôle des résultats commerciaux se fait par un suivi régulier du « tableau de marche » de chaque vendeur : il s'agit de comparer, par exemple chaque quinzaine, les ventes enregistrées avec les ventes prévues, et de déterminer la cause d'écarts éventuels trop importants. Ce contrôle est du ressort du directeur des ventes régional ou national.

IV — GESTION DU POINT DE VENTE

Le distributeur est responsable de la gestion de son point de vente. Mais l'entreprise a intérêt à connaître sa gestion pour l'aider à vendre plus efficacement ses produits.

IV-1 Choix d'un point de vente

Le choix d'un point de vente est déterminé par sa zone de chalandise. La **zone de chalandise** correspond à la zone d'attraction du point de vente sur les consommateurs habitant (ou travaillant) dans les environs. La surface de cette zone est fonction principalement de la taille du point de vente. Pour un petit détaillant, on estime que la zone de chalandise se situe dans un rayon de 800 mètres maximum autour du magasin. Pour un hypermarché, cette distance maximum correspond à environ 20 minutes de trajet en voiture. Avec une grande surface non alimentaire (bricolage, meubles), la zone de chalandise atteint un rayon de 30 à 45 minutes de voiture.

Les habitants situés dans la zone de chalandise correspondent à des clients potentiels du point de vente. En tenant compte de la concurrence déjà installée, il est possible de calculer le chiffre d'affaires prévisionnel d'un nouveau magasin. La Fiche technique 11-2 indique les étapes principales de ce calcul.

Fiche technique 11-2 : Calcul du potentiel d'un magasin

1. *Tracer sur une carte géographique, les* **courbes isochrones** *représentant des temps de trajet équivalents. Ces courbes tiennent compte des voies rapides qui raccourcissent les trajets et des obstacles naturels (fleuves, montagnes) ou psychologiques (zones industrielles, quartiers défavorisés à traverser).*

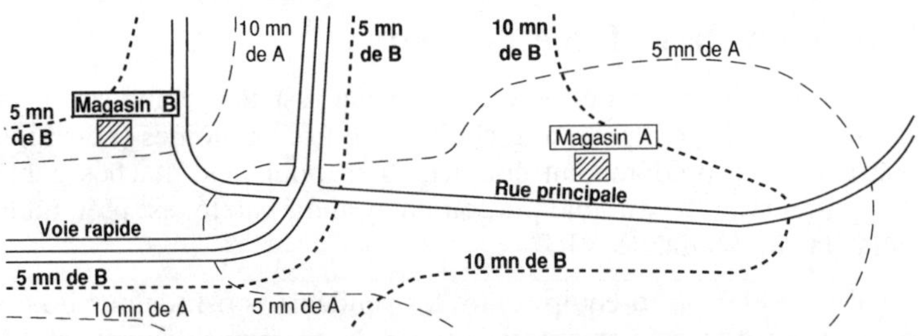

2. *Calculer le nombre de personnes résidant (et travaillant) à l'intérieur de chaque courbe, en tenant compte des perspectives d'évolution. Chaque total est multiplié par un coefficient (compris entre 0 et 1), pour tenir compte de la probabilité de fréquenter le point de vente : ce coefficient diminue avec l'éloignement.*
3. *Évaluer l'évasion de clientèle due à l'impact de la concurrence, lorsque deux courbes isochrones se croisent.*
4. *Déterminer le niveau des dépenses, pour chaque catégorie de produits, des clients potentiels de la zone de chalandise (utilisation des indices de richesse vive).*

Pour une grande surface, la décision d'ouverture d'un point de vente est soumise à des contraintes juridiques découlant de la loi Royer du 27 décembre 1973, si la surface de vente est supérieure à 1 500 m^2. L'ouverture dépend de l'accord d'une commision départementale paritaire.

IV-2 Gestion du linéaire : le merchandising

Le linéaire correspond à la longueur (exprimée en mètres) occupée par une marque dans un rayon. En règle générale, un rayon se décompose en trois niveaux : yeux, mains, sol. On répartit le linéaire disponible au sol, sur chacun des niveaux : cela donne le linéaire développé (voir Figure 11-7). Chaque marque dispose d'une certaine longueur de linéaire, lui permettant d'exposer de front plusieurs fois une même référence : c'est le **facing.** Pour pouvoir être reconnu par le consommateur, une marque doit disposer d'un linéaire minimum : ce seuil est de 20 cm dans un supermarché, et de 50 cm dans un hypermarché. Le niveau le plus favorable à la vente est le niveau de l'œil : il convient bien pour les articles à faible rotation et à marge commerciale unitaire élevée. L'emplacement le plus défavorable est le niveau du sol : on y mettra de préférence les produits volumineux et courants, à forte rotation et marge moyenne. On estime que le fait de faire passer une marque du niveau du sol au niveau des mains augmenterait le chiffre d'affaires de la marque d'environ 30 %, à linéaire constant. Le passage du niveau des mains au niveau des yeux, produirait une croissance des ventes de la marque de l'ordre de 50 %.

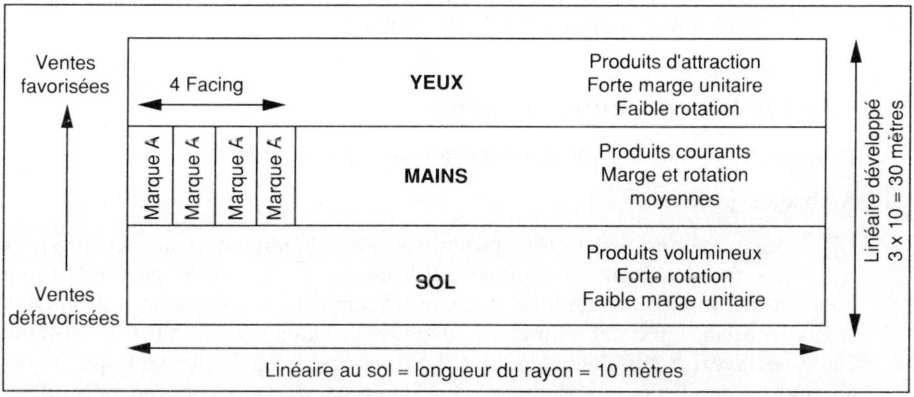

Figure 11-7 : Le linéaire dans les rayons d'un point de vente

Le **merchandising** est « l'ensemble des techniques concourant à donner au produit un rôle actif de vente par sa présentation et son environnement, pour optimiser sa rentabilité[4] ». En d'autres termes, le merchandising favorise la mise en avant du produit au point de vente : c'est mettre le bon produit au bon endroit et au bon

[4] MASSON (J.E.) et WELLHOFF (A.) — **Qu'est-ce que le merchandising ?**, Dunod, 1985.

moment ! Le rôle du merchandiseur consiste notamment à conseiller le chef de rayon, ou le responsable d'un magasin, sur le choix de l'emplacement de vente optimum, pour une marque donnée. Cette fonction de gestion du linéaire est généralement assurée par le fabricant, en collaboration avec le distributeur.

La gestion du linéaire commence par une répartition du linéaire total disponible entre les différentes catégories de produits constituant l'assortiment du magasin. Puis, pour une catégorie de produit donnée, on ventile le linéaire entre les différentes marques référencées. Chaque marque doit encore pouvoir répartir les produits composant sa gamme, au sein du linéaire qu'elle a su négocier. On se rend compte ainsi qu'une difficulté majeure du lancement d'un nouveau produit en grande distribution consiste à obtenir un linéaire suffisant dans les rayons des grandes surfaces. Cela passe souvent par la suppression de l'ancien produit, ou par le déférencement d'une marque concurrente.

D'une manière générale, il existe une relation positive entre la longueur du linéaire occupée par une marque et le volume de ventes obtenu : les ventes s'accroissent avec le linéaire. Mais cette relation dépend de la catégorie de produits : pour les produits courants, dont l'achat est planifié (biscottes, sel, épices, farine, etc), l'influence du linéaire sur le chiffre d'affaires est très faible ou nul. Pour les produits d'usage généralisé (céréales, fruits et légumes, conserves), l'influence est modérée ; pour les produits d'achat impulsif ou occasionnel (barres chocolatées, produits mode, bazar), la relation est forte.

Les principes d'agencement d'un point de vente et les méthodes visant à optimiser sa rentabilité sortent, pour l'essentiel, du cadre de cet ouvrage. La Fiche technique 11-3 recense cependant quelques principes fondamentaux.

IV-3 Animation du point de vente

Plusieurs formes d'actions promotionnelles sont envisageables :

1. Ambiance générale

   L'éclairage met en valeur les produits, particulièrement pour des produits frais, tels que les fruits et légumes. Il contribue à valoriser les produits en donnant une impression de luxe ou de fraîcheur. Un volume sonore raisonnable (fond musical) crée un climat de détente favorable à l'achat ; le volume élevé ne favorise pas l'achat, sauf s'il est associé à un événement spécifique, tel que « l'anniversaire » du magasin. Le choix de la décoration dépend du positionnement de l'enseigne : Leclerc réduit la décoration pour crédibiliser son image de discounter ; à l'inverse, Carrefour soigne cet aspect, car il cherche à se positionner dans le haut de gamme des grandes surfaces. Pour les grands magasins, la décoration joue un rôle majeur dans la perception de l'image globale du magasin. Les Galeries Lafayette présentent une décoration haut de gamme, conforme à leur positionnement ; le BHV a une décoration sobre, reflétant mieux le grand choix offert.

2. Têtes de gondoles

   Les deux extrémités d'un rayon, appelées **têtes de gondole**, sont des emplacements priviliégiés de ventes, parce que situés sur des lieux de passage important.

Fiche technique 11-3 : Techniques de base en merchandising

Implantation des rayons dans le magasin :

— *Rentabilisation du m^2 : on établit un sens giratoire de circulation, à partir de l'emplacement de l'entrée et des sorties de caisse. On cherche à ce que les têtes de gondoles constituent un point de passage obligé. Les produits d'appel sont dispersés entre les différents îlots d'attraction composés de produits impulsifs.*

— *Satisfaire la clientèle : cela compense les effets du point précédent, car il serait finalement nuisible de trop multiplier les déplacements au sein du magasin. Il faut respecter un sens logique d'achat, en groupant les produits par famille : purées, pâtes et légumes secs ; confitures, biscuits et produits pour petits déjeuners.*

— *Respecter les contraintes techniques : les produits lourds nécessitent des allées plus larges pour la manutention et doivent être près des zones de stockage ; des têtes de gondoles trop larges génèrent des encombrements lors des heures d'affluence.*

Implantation des produits dans le rayon :

Deux présentations sont possibles. Avec le rangement horizontal, les facings sont répartis sur un niveau unique, et avec le rangement vertical, les facings sont ventilés sur trois ou quatre niveaux. Le rangement vertical est de plus en plus fréquent, car il favorise la reconnaissance visuelle et les achats d'impulsion.

Les produits d'appel (à faible marge) alternent avec les produits d'impulsion (à forte marge) ; en bout de rayon, on trouve plutôt les produits d'appel, pour inciter le client à parcourir ensuite le reste de l'allée.

Contrôle de la rentabilité:

$$Rotation\ des\ stocks = \frac{Chiffre\ d'affaires\ annuel}{Stock\ moyen\ du\ produit}$$

$$Productivité\ du\ linéaire = \frac{Chiffre\ d'affaires\ du\ produit}{Linéaire\ accordé}$$

$$Indice\ de\ passage = \frac{Nombre\ de\ passages\ devant\ la\ famille\ de\ produits}{Nombre\ d'entrées\ dans\ le\ magasin}$$

$$Indice\ de\ manipulation = \frac{Nombre\ de\ prises\ en\ main\ de\ la\ marque}{Nombre\ d'arrêts\ devant\ la\ famille\ de\ produits}$$

$$Indice\ d'achat = \frac{Nombre\ d'achats}{Nombre\ de\ prises\ en\ main\ de\ la\ marque}$$

Les fabricants paient une indemnité au distributeur, lorsqu'ils souhaitent réserver ces espaces pour promouvoir leurs produits. L'entassement des produits crée un effet de masse qui renforce le sentiment de prix de vente attractif. Pour obtenir une bonne efficacité, il est souhaitable de ne mettre qu'un seul produit par tête de gondole, et de limiter sa durée à une ou deux semaines. Par ailleurs, les têtes de gondole servent aussi à l'animation générale du magasin, lors de démonstrations de produits ou lors de dégustations spéciales (par exemple, les produits régionaux).

3. Événements

Chaque point de vente met en scène des actions périodiques destinées à fidéliser sa clientèle et à développer la surface de sa zone de chalandise. Il s'agit le plus souvent d'événements liées au saisons ou aux fêtes : Noël (cadeaux, vins et chocolats), le blanc en janvier, le jardinage en février-mars, etc. D'autres événements dépendent de dates spécifiques telles que la date d'inauguration du magasin, puis les différents anniversaires de son ouverture. L'impact de ces événements sur les ventes diminue rapidement, lorsqu'ils se répètent trop fréquemment.

SYNTHÈSE DU CHAPITRE

Lors d'une négociation, les conditions commerciales (prix) sont discutées entre les partenaires, alors que pour une vente l'acheteur ne peut les modifier. Une vente se déroule en quatre étapes (préparation, démarrage, conduite et clôture), sur la base de l'argumentaire du vendeur. Les principales qualités d'un vendeur sont la capacité d'écoute et le sens des relations humaines. Chaque vendeur doit réaliser les objectifs de vente fixés dans son quota, dans le cadre du secteur de vente qui lui a été attribué. Le mode de rémunération (fixe pur, mixte ou variable) est une composante majeure de la motivation des vendeurs.

La distribution française se résume par trois types d'intermédiaires : les grossistes, les petits détaillants et les centrales d'achats. Ces dernières opèrent pour le compte des grandes surfaces (hypers et supermarchés, grandes surfaces spécialisées, magasins populaires et grands magasins) et connaissent une croissance régulière, en dépit d'une réglementation contraignante. La puissance accrue des centrales d'achats occasionne des conflits entre les fabricants et les distributeurs. Le merchandising a pour objectif de mettre en valeur les produits sur le point de vente, tout en optimisant la gestion du linéaire.

BIBLIOGRAPHIE

(1) COFFRE (P.) — **Action et gestion commerciales**, Nathan, 1982.

(2) JALLAIS (J.) ORSONI (J.) et FADY (A.) — **Le marketing de la distribution**, Vuibert-Gestion, 1987.

(3) FADY (A.) et SERET (M.) — **Le Merchandising**, Vuibert-Gestion, 1981.

(4) MASSON (J.E.) et WELLHOFF (A.) — **Qu'est-ce que le merchandising ?**, Dunod, 1985.

(5) MOULINIER (R.) — **Les techniques de la vente**, Éd. d'Organisation, 1984.

(6) MOULINIER (R.) — **La direction d'une force de vente**, Éd. d'Organisation, 1989.

(7) NÉGRO (Y.) — **Vente**, Vuibert-Gestion, 1990.

TEST DE CONNAISSANCE

Choisir une seule réponse par question :

Q1 — L'argumentaire est un document qui :

1. résume les points forts du produit et les réponses aux objections
2. présente les caractéristiques techniques du produit
3. décrit la campagne de publicité faite pour le produit

Q2 — Pour être qualifié d'hypermarché, la surface de vente doit être supérieure :

1. à 1 500 m^2
2. à 2 500 m^2
3. à 3 500 m^2

Q3 — La distribution valeur correspond à :

1. à la part de marché de la marque dans les magasins où elle est présente
2. au pourcentage de magasins où la marque est présente
3. à la part de marché réalisée par les points de vente où la marque est présente

Q4 — La délimitation du secteur de ventes doit tenir compte :

1. de la répartition entre petits commerçants et grandes surfaces
2. de l'intensité de la concurrence
3. du potentiel de ventes offert par le secteur

Q5 — La zone de chalandise d'un magasin se détermine à partir :

1. des courbes isochrones
2. des indices de richesse vive
3. des secteurs de vente de la force de vente

Réponses : Q1 = 1 ; Q2 = 2 ; Q3 = 3 ; Q4 = 3 ; Q5 = 1

CONCLUSION

Le marketing est une discipline des sciences de gestion dont l'étude comporte de nombreux écueils. Pour notre part, nous avons surtout essayé d'éviter dans cet ouvrage deux types de risques. Le premier risque résulte d'une approche exclusivement fondée sur le « bon sens », où l'intuition et l'expérience sont les justifications majeures des analyses et des choix marketing proposés. Dans ce cas, il devient rapidement difficile pour le lecteur de trancher entre ces différentes opinions. Le second risque réside dans une présentation exhaustive de techniques sophistiquées dont la superposition finit par nuire à la prise de décision : le lecteur ne discerne plus très clairement l'objectif du marketing.

Le principal mérite du marketing est, à notre sens, d'obliger l'entreprise à s'interroger régulièrement sur l'adéquation de ses produits à l'évolution (plus ou moins rapide) des attentes du consommateur. L'acceptation de cette contrainte conduit l'entreprise à effectuer des études de marché et à formuler un diagnostic régulier pour comprendre le consommateur, pour surveiller la concurrence et pour détecter d'éventuelles opportunités dans l'environnement. L'élaboration et l'application d'un plan marketing complète logiquement cette phase d'analyse et souligne la complémentarité naturelle qui existe entre le marketing et la stratégie.

LEXIQUE

Achat impulsif : achat non réfléchi, généralement déclenché par une simple rencontre visuelle du consommateur avec une marque.

Analyse documentaire : technique de réutilisation d'informations déjà disponibles par ailleurs.

Analyse multivariée : technique de traitement statistique considérant simultanément un ensemble d'informations complexes.

Argumentaire : document d'aide à la vente, recensant les points forts du produit par rapport à la concurrence, et les réponses à faire face aux objections prévisibles des clients.

Attaché commercial : salarié de l'entreprise qui a pour mission majeure de vendre les produits de l'entreprise.

Attitude : prédisposition favorable ou défavorable vis-à-vis d'une marque ou d'un produit, fondée sur un ensemble de **croyances** durables.

Axe : Argumentation centrale d'un message publicitaire ; il comporte une promesse de base (ou **bénéfice**) et une preuve que la promesse sera tenue.

Barème : liste récapitulative des **prix de vente facturés** par une entreprise à ses distributeurs.

Bénéfice recherché (ou avantage recherché) : avantage spécifique que le consommateur s'attend à retirer de la consommation d'une marque.

Besoin : situation inconfortable provoquée par un état de manque physiologique (faim, soif) ou psychologique (affection, reconnaissance).

Cahier des charges : document rédigé par le chef de produit, décrivant les fonctions et les contraintes que doit remplir le nouveau produit.

Canal de distribution : groupe d'agents de distribution présentant des caractéristiques commerciales et juridiques identiques.

Chiffre d'affaires : En volume : quantités physiques d'un produit vendues durant une période déterminée ; en valeur : quantités physiques multipliées par le prix de vente moyen de l'unité vendue.

Cible : segment de marché sélectionné par une entreprise pour y vendre un produit.

Circuit de distribution : filière d'agents de distribution utilisés successivement par une entreprise pour faire parvenir ses produits jusqu'au consommateur. Un circuit regroupe un ensemble de **canaux**.

Copy-stratégie : document qui oriente le création publicitaire ; il précise notamment ce que devient la marque dans l'esprit du consommateur au cours du temps.

Courbe de marché (ou cycle du métier) : évolution des ventes dans le temps d'une catégorie de produit depuis sa première apparition sur le marché, jusqu'à sa disparition. Elle se caractérise par 5 phases typées : introduction, croissance, maturité, saturation, déclin.

Critère de choix : caractéristique d'une marque considérée comme déterminante par le consommateur, au moment du choix final.

Croyance : présupposé favorable ou défavorable, propre à un consommateur donné, attribué à une marque ou un produit.

Cycle de vie d'un produit : évolution des ventes d'un produit ou marque d'une entreprise depuis son lancement commercial, jusqu'à son retrait du catalogue de l'entreprise ; le cycle de vie se décline au sein de la **courbe de marché**.

Diagnostic : jugement d'ensemble sur l'état de santé de l'entreprise, assorti des raisons majeures qui sont à l'origine de la situation actuelle.

Échantillon : groupe de personnes que l'on a extrait d'une population mère afin de les observer ou de les interroger.

Échelle de mesure : mode d'enregistrement des réponses dans un questionnaire fermé.

Environnement : ensemble des éléments gravitant autour ou dans l'entreprise ; il est qualifié d'interne lorsqu'il concerne les éléments sous le contrôle de l'entreprise (finance, savoir-faire, hommes), et d'externe pour les éléments situés autour de l'entreprise (technologie, économie, législatif, culturel).

Ensemble évoqué : marques connues du consommateur et considérées sérieusement par celui-ci pour un achat.

Fidélité : séquence d'achat durant laquelle le consommateur choisit toujours la même marque.

Gamme : ensemble de tous les produits de même nature offerts par une entreprise sur un marché quelconque.

Image de marque : ensemble des croyances favorables ou défavorables attribué par le consommateur à une marque.

Implication : type d'achat considéré par le consommateur comme risqué mais passionnant à réaliser.

Linéaire : longueur occupée (exprimée en mètres) par une marque dans les rayons d'un magasin.

Logotype (ou logo) : représentation graphique stylisée (dessin, forme des lettres, couleur, etc.) associée à une marque.

Mapping : représentation graphique de marques ou de groupes de consommateurs issue d'**analyse multivariée**.

Marché : ensemble multiforme dont la surface varie avec la caractérisque utilisée pour le définir : type de produits offert, catégorie des acheteurs, modalité et objectif de consommation.

Marché-test : ultime étude, fondée sur des ventes effectives d'un produit, ayant pour but de décider du lancement d'un nouveau produit.

Marge commerciale : marge réalisée par un distributeur en retirant du prix de vente public d'un produit, le prix d'achat facturé par le fabricant.

Marketing-mix : combinaison harmonieuse de quatre types d'action marketing : produit, prix, promotion (ou communication) et distribution. Comme en anglais ces mots commencent tous par la lettre P, on parle souvent des « 4 P » pour le désigner.

Média : ensemble de **supports** de même nature utilisé par l'entreprise pour y insérer une publicité. On répertorie 5 grands médias : télévision, presse, radio, cinéma, affichage.

Média-planning : sélection minutieuse d'une série de **supports** sur lesquels l'annonceur répartit son budget de publicité.

Merchandising : ensemble des techniques de mise en avant du produit sur le lieu de vente.

Motivation : force qui pousse le consommateur vers l'achat, déclenchée par un besoin considéré comme critique. Le contraire d'une motivation est un frein.

Notoriété : mesure de connaissance d'une marque par le consommateur.

Panel : échantillon identique sur lequel on effectue, à intervalles réguliers, des enquêtes répétitives.

Part de marché (marque) : chiffre d'affaires de la marque, divisé par le chiffre d'affaires total des marques présentes sur un même marché.

Plan marketing : document rédigé par la direction marketing, détaillant le plan d'action marketing : **stratégie**, **cible**, objectif, **marketing-mix**.

Positionnement : stratégie marketing visant à agir sur les **croyances** du consommateur pour que celui-ci distingue clairement la marque de celle des concurrents.

Prescripteur : personne qui recommande fortement l'achat d'une marque donnée.

Prix de vente public : prix effectivement payé par le consommateur final pour acquérir un produit.

Qualité : on distingue la **qualité intrinsèque**, désignant un niveau mesurable de qualité physique d'un produit, et la **qualité perçue**, représentant l'évaluation subjective, propre à chaque consommateur, du niveau de qualité physique du produit. La réputation préalable de la marque et la perception du niveau de prix sont deux déterminants majeurs de la qualité perçue.

Remise : réduction consentie par un fabricant à un distributeur. Elle peut être permanente : elle fait partie alors du **barème** de prix de l'entreprise. Si elle est exceptionnelle, elle correspond à une action promotionnelle.

Segment : partie d'un marché composée de consommateurs homogènes par rapport à un critère quelconque (âge, revenu, **bénéfice recherché**, etc).

Sondage : technique de prélèvement d'un **échantillon** parmi la population mère.

Stratégie : mouvement d'ensemble opéré par une entreprise en vue d'atteindre un objectif fixé à l'avance.

Support : instrument de communication, contrôlé par une organisation quelconque, et disponible pour accueillir une publicité.

Taux de marque : indice de mesure de la rentabilité d'un produit pour le distributeur ; il est égal au rapport entre la **marge commerciale** et le prix de vente public du produit.

Taux de pénétration : nombre de consommateurs actuels d'un produit, divisé par le nombre de consommateurs potentiels.

Veille technologique : suivi systématique de l'environnement technologique de l'entreprise.

Zone de chalandise : distance maximale d'attraction exercée par un point de vente sur les consommateurs habitant ou travaillant à proximité.

INDEX

Imprimé en France. - JOUVE, 18, rue Saint-Denis, 75001 PARIS
N° 241431E. - Dépôt légal : Décembre 1996
N° d'éditeur : 5322